정말 야훼가
다 죽이라고 명령했을까?

정말 야훼가 다 죽이라고 명령했을까?

—

1판 1쇄 펴냄 2023년 10월 20일

지은이 곽건용
펴낸이 한종호
디자인 임현주
인쇄·제작 미래피앤피

펴낸곳 꽃자리
출판등록 2012년 12월 13일
주소 경기도 의왕시 백운중앙로 45, 2단지 207동 503호(학의동, 효성해링턴플레이스)
전자우편 amabi@daum.net
블로그 http://fzari.com

—

ISBN 979-11-86910-49-8 03230
값 18,000원

정말 야훼가
다 죽이라고 명령했을까?

곽건용 지음

| 여호수아서의 가나안 정복 이야기 |

이 책을

한국전쟁에 참전하셨으나

차마 사람을 향해 총을 쏠 수 없어서

허공을 향해 사격하셨다는

제 아버지 곽우현 님(1922-1999)께 바칩니다.

차
례

'가나안' 하면 떠오르는 것

요즘 들어 '가나안' 하면 제일 먼저 떠오르는 말은 '가나안 교인'이 겠다. '(교회는) 안나가'를 거꾸로 읽으면 '가나안'이 되므로 이 말은 기독교인이지만 교회는 나가지 않는 사람을 부르는 이름이 됐다. 지금은 널리 알려져서 기독교인이 아니어도 이 말 뜻을 안다.

구약성서를 아는 사람은 '가나안' 하면 '약속의 땅'이나 '젖과 꿀이 흐르는 땅'을 떠올릴 터이다. 좀 더 많이 아는 사람은 이스라엘이 그 땅을 정복하기 전에 거기 살던 일곱 종족이 떠오를 것이다. 헷, 기르가스, 아모리, 가나안, 브리스, 히위, 그리고 여부스 종족의 이름은 외우지 못할지라도 말이다.

지금은 '팔레스타인'이라고 불리는 '가나안'은 유럽, 아프리카, 아시아 대륙을 잇는 지역으로서 남북으로 약 240킬로미터, 동서로 북단이 약 45킬로미터, 남단이 약 85킬로미터 정도 되는 땅이다. 면적은 22,000제곱킬로미터 정도란다. 넓다고 할 수는 없는 땅이다.

이 땅은 기원전 13-2세기경 이스라엘이 침입하기 전에는 위에 이름을 든 일곱 종족이 살던 곳이다. 지금보다 생존조건이 열악했던 고대에는 살아남기 위한 전쟁이 자주 벌어졌다. 전쟁에서 빼앗고 빼앗기고 죽거나 죽이거나 포로로 잡거나 잡혀서 노예로 삼는 일이 흔했다. 가나안 종족도 예외가 아니었다. 이들도 다른 종족들과 사이좋게만 지내지는 않았다. 그들 역시 크고 작은 전쟁을 벌였지만 상대방을 모조리 멸절하지는 않았다.

이집트에서 노예생활 하다가 기원전 13세기경에 '야훼' 신의 파견을 받은 '모세'라는 사람의 인도로 탈출한(또는 해방된) 집단이 있었다. '히브리인' 또는 '이스라엘'이라고 불렸던 이 집단이 가나안에 진입했을 때는 전무후무한 일이 벌어졌다. 가나안 일곱 종족이 멸절당할 위기에 놓인 것이다.

모조리 죽여라!

남이 살던 땅에 들어가 살려면 그럴만한 명분이나 자격을 갖춰야 하고 거기 살고 있는 사람들도 그것을 인정해야 한다. 일단 거기 살고 있다는 사실 자체가 명분과 자격이므로 나중에 온 사람들이 그걸 부정하기는 쉽지 않다. 선발주자의 거주가 '불법적'이어야 하는데 땅문서 같은 게 없던 시절에 불법성 여부를 따지는 일은 애초에 불가능하다. 불법성 여부를 판결할 재판관도 없었으니 거주권 문제는 '평화적'으로 해결될 일이 아니었다. 후발주자 이스라엘이 거기 들어가 살려면 기존의 종족들과 함께 살기로 합의하거나 싸워서 그들을 몰아내야 했다.

일곱 종족이 어느 편을 택했는지는 알 수 없다. 구약성서에는 이들이 이스라엘에게 어떻게 반응하고 대처했는지 알 수 있는 자료가 거의 없다. 이스라엘의 선택은 분명했다. 평화공존은 그들의 선택지에 없었다. 일곱 종족을 몰아내고 그 땅을 독차지하는 쪽을 택했다. 엄밀하게는 그것조차 그들의 선택이 아니었다. 가나안 땅을 차지하는 것은 수백 년 전에 야훼가 그들 조상에게 주겠다고 한 약속을 성취하는 일이었다. 싫다고 해야 하지 않을 수 있는 그런 일이 아니었다.

입장을 바꿔 놓고 가나안 종족 처지에서 생각해 보면 이처럼 황당한 일이 어디 있을까 싶다. 듣도 보도 못한 자들이 나타나서 자기들 신이 자기들에게 주겠다고 약속했으니 땅을 내놓고 나가거나 죽어야겠다고하니 말이다. 같이 살자는 것도 아니고 땅을 독차지하겠다는데 누가 거기에 동의하겠는가. 야훼는 그들이 인정하지도 믿지도 않는 신이다. 그는 이스라엘의 신일뿐, 그 이상도 이하도 아니다. 그 신이 그들에게 어떤 약속을 했든 이들이 알 바는 아니었다. 이스라엘의 주장은 가나안 일곱 종족에게는 억지일 뿐이다.

이보다 더 큰 문제는 땅을 차지하는 '방법'이었다. 야훼가 일곱 종족을 남녀노소 불문하고 모조리 죽이고 땅을 차지하라고 명령했다니 말이다.

주 당신들의 하나님이 당신들이 들어가 차지할 땅으로 당신들을 이끌어 들이시고 당신들 앞에서 여러 민족 곧 당신들보다 강하고 수가 많은 일곱 민족인 헷 족과 기르가스 족과 아모리 족과 가나안 족과 브리스 족과 히위 족과 여부스 족을 다 쫓아내실 것입니다. 주 당신들의 하나님은 그들을 당신들의 손에 넘겨주셔서 당신들이 그들을 치게 하실 것이니 그때에 당신들은 그들을 전멸시켜야 합니다. 그들과 어떤 언약도 세우지 말고 그들을 불쌍히 여기지도 마십시오. 그들과 혼인관계를 맺어서도 안 됩니다. 당신들 딸을 그들의 아들과 결혼시키지 말고 당신들 아들을 그들의 딸과 결혼시키지도 마십시오. 그렇게 했다가는 그들의 꾐에 빠져서 당신들의 아들이 주님을 떠나 그들의 신들을 섬기게 될 것이며 그렇게 되면 주님께서 진노하셔서 곧바로 당신들을 멸하실 것입니다. 그러므로 당신들은 그들에게 이렇게 하여야 합니다. 그들의 제단을 허물고 석상을 부수고 아세라 목상을 찍고 우상들을 불사르십시오.(신명기 7:1-5)

그러나 주 당신들의 하나님이 당신들에게 유산으로 주신 땅에 있는 성읍을 점령하였을 때에는 숨 쉬는 것은 하나도 살려 두면 안 됩니다. 곧 헷 사람과 아모리 사람과 가나안 사람과 브리스 사람과 히위 사람과 여부스 사람은 주 당신들의 하나님이 당신들에게 명하신 대로 전멸시켜야 합니다. 그렇지 않으면 그들이 그들의 신을 섬기는 온갖 역겨운 일을 당신들에게 가르쳐서 당신들이 주 당신들의 하나님께 죄를 짓게 할 것입니다.(신명기 20:16-18)

원주민들이 살고 있는 땅을 침범해서 그들을 몰아내고 그 땅을 차지하라고 야훼가 명령했다는 것도 이해하기 힘든데 더 당혹스러운 점은 야훼가 일곱 종족을 전멸시켜서 숨 쉬는 것은 하나도 살려 두지 말라고 명령했다는 사실이다. 생각 있는 사람이라면 여기에 당황하지 않기가 어렵다. 구약성서를 하나님의 말씀으로 믿는 기독교인이라면, 그 하나님이 "자비롭고 은혜로우며 노하기를 더디하고 한결같은 사랑과 진실이 풍성한 하나님"(출애굽기 34:6)이라면 어떻게 이런 명령을 내릴 수 있냐고 놀래야 맞다.

때때로 야훼의 명령을 그대로 실행하지 않았던 이스라엘이 이 명령은 글자 그대로 실행했단다.

> 여호수아가 이들 원주민을 조금도 불쌍하게 여기지 않고 전멸시켜서 희생 제물로 바친 까닭은 주님께서 그 원주민들이 고집을 부리게 하시고 이스라엘에 대항하여 싸우다가 망하도록 하셨기 때문이다. 그래서 여호수아는 주님께서 모세에게 명령하신 대로 그들을 전멸시킨 것이다.(여호수아 11:20. 앞으로 여호수아서를 인용할 때는 책 이름을 명기하지 않고 인용한다)

> 여호수아는 주님께서 모세에게 말씀하신 대로 모든 땅을 점령하고 그것을 이스라엘 지파의 구분을 따라 유산으로 주었다. 그래서 그 땅에서는 전쟁이 그치고 사람들은 평화를 누리게 되었다.(11:23)

구약성서에는 현대인이 이해할 수 없고 수긍할 수도 없는 내용이 많다. 시대가 달라져서 그것이 쓰였을 때와는 다르게 이해하고 행해야 할 내용도 많고 지금 그대로 행해서는 절대 안 되는 내용도 많다. 잘못을 저질렀으니 처벌이 불가피하다 해도 처벌이 저지른 잘못에 비해 과도한 경우도 많다. 그 중 가장 공감하기 어려운 것이 야훼가 가나안 일곱 종족을 남녀노소 막론하고 모두 죽이라고 명령했고 이스라엘이 그대로 실행했다는 얘기다. 구약성서가 특정 종교의 '경전'이 될 자격이 없다고 주장하는 사람은 말할 것도 없고 유대교나 기독교에 호의적인 사람도 이 이야기는 수긍하기 어렵다. 그럴 만하다. 대단한 사정이 있다 해도 '자비롭고 은혜로우며 노하기를 더디하고 한결같은 사랑과 진실이 풍성한' 하나님이라면 그럴 수는 없고 그래서는 안 된다. 성서의 말이라면 '무조건' 옳다고 믿는 사람이 아니라면 이런 이야기가 나오는 구약성서의 권위를 의심하거나 이렇게 명령한 야훼라는 신을 신뢰하지 않는 게 당연하다. 안 그런가?

가나안 종족들은 좀비였나?

이스라엘의 가나안 정복을 전하는 여호수아서를 읽다 보면 고개를 갸우뚱하게 된다. 야훼는 이스라엘에게 가나안 종족을 남녀노소 할 것 없이 모두 죽이라고 명령했고 이스라엘은 그대로 실행했다는데 그 이후에도 가나안 사람들이 끊이지 않고 계속 등장하니 말이다.

여호수아가 죽은 뒤에 이스라엘 자손이 주님께 여쭈었다. "우리 가운데 어느 지파가 먼저 올라가서 가나안 사람과 싸워야 합니까?" 주님께서 대답하셨다. "유다 지파가 먼저 올라가거라. 내가 그 땅을 유다 지파의 손에 넘겨주었다." 그때에 유다 지파 사람들이 자기들의 동기인 시므온 지파 사람들에게 제안하였다. "우리와 함께 우리 몫으로 정해진 땅으로 올라가서 가나안 사람을 치자. 그러면 우리도 너희 몫으로 정해진 땅으로 함께 싸우러 올라가겠다." 그리하여 시므온 지파가 유다 지파와 함께 진군하였다. 유다 지파가 싸우러 올라갔을 때에 주님께서 가나안 사람과 브리스 사람을 그들의 손에 넘겨주셨으므로 그들은 베섹에서 만 명이나 무찔렀다.(사사기 1:1-4)

앞에서 인용한 여호수아 11장 23절은 여호수아 생전에 정복이 완성되었고 땅을 지파 별로 분배함으로써 전쟁은 끝났고 평화를 누리게 됐다고 말한다. 그런데 위의 인용문은 여호수아가 죽은 후에도 여전히 가나안 사람들이 살아 있었고 그래서 그들과 싸워야 했다고 말한다. 가나안 사람들이 죽여도 죽지 않는 좀비란 말인가? 살아남은 가나안 사람들 목록까지 나온다.

므낫세 지파가 벳산과 그 주변 마을들과 다아낙과 그 주변 마을들과 돌과 그 주변 마을들과 이블르암과 그 주변 마을들과 므깃도와 그 주변 마을들에 사는 주민을 몰아내지 못하였으므로 가나안 사람들은 그 땅에서 살기로 마음을 굳혔다. 그런데 이스라엘 백성은 강성해진 다음에도 가나안 사람을 모조리 몰아내지 않고 그들을 부역꾼으로 삼았다. 에브라임 지파가 게셀에 사는 가나안 사람을 몰아내지 못하였으므로 가나안 사람이 아직도 게셀에서 그들 가운데 섞여 살고 있다. 스불론 지파가 기드론의 주민과 나할롤의 주민을 몰아내지 못하였으므로 가나안 사람들이 그들 가운데 살면서 부역꾼이 되었다. 아셀 지파는 악고의 주민과 시돈의 주민과 알랍과 악십과 헬바와 아벡과 르홉의 주민을 몰아내지 못하였다. 아셀 지파가 그 땅의 주민인 가나안 사람과 섞여 산 까닭은 그들을 쫓아내지 못하였기 때문이다. 납달리 지파는 벳세메스 주민과 벳아낫 주민을 몰아내지 못하고 그 땅의 주민인 가나안 사람과 섞여 살면서 벳세메스와 벳아낫 주민을 부역꾼으로 삼았다. 아모리 사람은 단 지파 자손을 힘으로 산간지방에 몰아넣어 낮은 지대로 내려오지 못하게 하였다. 그리고 아모리 사람은 헤레스 산과 아얄론과 사알빔에 살기로 마음을 굳혔으나 요셉 가문이 강성하여지니 그들은 요셉 가문의 부역꾼이 되었다.(사사기 1:27-35)

인용문이 길고 낯선 종족 이름과 지명이 많아서 지루하지만 참고 잘 읽어 보면 이스라엘이 그들을 일부러 몰살하지 않았는지, 그렇지 않으면 몰살할 수 없어서 하지 못했는지가 분명치 않다. 어쨌든 가나안 사람들은 살아남아서 이스라엘의 부역꾼이 됐다고 한다. 여호수아 11장 20, 23절과는 정면으로 모순되는 서술이다. 여호수아서와 사사기가 관련 없는 별개의 책이라면 모를까 곧바로 이어지는 책이니 둘은 앞뒤가 안 맞는 얘기를 한다고 볼 수밖에 없다.

분명히 남녀노소 가리지 않고 다 죽였다는데 어떻게 된 걸까? 이들은 어디서 나타났을까? 둘 중 하나일 수밖에 없다. 가나안 사람들은 죽여도 죽지 않는 좀비거나 이스라엘이 그들을 다 죽이지 않았거나, 둘 중 하나겠다. 전자라면 여호수아서와 사사기는 '호러물'이 되겠고 후자라면 이스라엘이 야훼의 명령을 제대로 실행하지 않은 게 된다.

돌이켜 보면 일곱 종족을 전멸하라는 야훼의 명령에 앞뒤가 안 맞는 대목이 있다. 신명기 7장 1절은 야훼가 일곱 종족을 '다 쫓아내실 것'이라고 말한다. 그 땅에는 더 이상 그들이 살지 않게 하겠다는 뜻이다. 그렇게 되면 그들은 그 땅에 없어야 한다. 그런데 2절은 이스라엘이 그들을 '전멸시켜야' 한다고 말한다. 쫓아내는 것과 전멸시키는 것은 별개의 행위다. 쫓아내든 전멸시키든 둘 중 하나지 둘을 한꺼번에 할 수는 없다. 야훼는 양립할 수 없는 두 가지 명령을 내린 셈이다. 논리적으로 맞지 않는다.

바로 다음에 야훼는 '그들과 어떤 언약도 세우지 말고 그들을 불쌍히 여기지도' 말라고 명령한다. 그들은 쫓아내든 전멸시키든 불쌍히 여길 수는 있다. 쫓아낸 자들과도 언약을 세울 수 있지만 전멸시킨 자들과 그렇게 할 수는 없다. 전멸시켜 있지도 않은데 누구와 어떻게 언약을 맺겠는가. 그러니 이 명령에서 적어도 일부는 애초에 불가능한 일을 금지한 셈이다. 그들이 좀비라면 얘기가 다르지만 말이다. 가능하지도 않은 일을 금지한 이유가 뭘까?

좀 더 넓은 시야로 바라보자

이스라엘의 가나안 정복 이야기에는 이 밖에도 많은 문제점과 모순이 있다. 이 이야기를 이해하려면 왜 이런 모순이 있는지를 밝혀야 한다. 이제 가나안 정복 이야기를 들여다 볼 텐데 그 전에 해야 할 일이 있다. 먼저 구약성서라는 책이 어떤 책이며 그 책에 서술되어 있는 야훼라는 신이 어떤 신인지를 이해해야 한다. 이 문제에 대해서는 다양한 견해가 존재하고 그 스펙트럼이 넓어서 짧게 요약할 수는 없다. 스펙트럼 양극단에 위치한 학자들이 학문적인 대화를 통해 의견의 일치를 보는 일은 불가능하다. 대화 자체가 불가능할 수도 있다. 그러니 구약성서가 어떤 책이고 야훼가 어떤 신인지에 대한 이해와 인식은 선택의 문제일 수밖에 없다. 구약성서라는 책을 어떻게 볼지, 야훼라는 신을 어떤 신으로 여길지는 옳은 답이 있는 문제가 아니라 기존의 답들 중에서 선택해야 한다. 새로운 이론을 내놓지 않는다면 말이다.

이제 필자는 구약성서가 어떤 성격의 책이고 야훼라는 신이 어떤 신인지에 대해 얘기해 보려 한다. 이에 대한 필자의 생각을 밝히지 않으면 다음 얘기를 이해하기 어렵다. 독자의 생각과 다르더라도 인내를 갖고 읽어주기 바란다.

이 책을 쓰기 위해 참고한 자료는 각 장의 말미에 짧은 해설과 함께 제시했고 전체적으로 도움을 받은 여호수아서 주석서는 1장 말미에 밝혔다. 전체 참고문헌은 책 말미에 수록했다. 성서는 별도의 언급이 없으면 대한성서공회에서 발간한 '새번역성경'에서 인용했다. 외경은 '공동번역개정판'에서 가져왔다.

구약성서는 어떤 책인가?

구약성서는 하나님의 말씀을 사람이 기록한 책

기독교와 유대교에서 구약성서는 '하나님의 말씀이 기록된 책'이다. 유대교는 구약성서를 '타낙'(TaNak)으로 부르고 책의 배열도 다르지만 '하나님의 계시의 책'이라고 믿는 점에서는 기독교와 같다.

구약성서를 계시된 하나님 말씀을 기록한 책으로 믿는다 해도 계시가 어떻게 주어졌는지, 이 책이 어떻게 쓰여졌는지에 대해서는 의견이 다양하다. 구약성서 한 글자 한 글자가 모두 하나님의 영감을 받아 기록됐으므로 신앙적으로는 물론이고 역사적, 과학적으로도 오류가 없다고 믿는 극단적인 문자주의자로부터, 이 책은 전적으로 사람이 쓴 책이므로 하나님의 영감과는 무관하다고 믿는 극단의 자유주의자까지 스펙트럼이 매우 넓다. 양극단 간에는 의미 있는 대화가 불가능한 게 현실이다. 전자는 후자를 '인본주의자' '불신앙'의 극치라고 폄하하고 후자는 전자를 '앞뒤가 꽉 막힌 비상식적, 비이성적인 문자주의자'로 낙인찍는다. 양자가 합의하는 방향으로의 건설적인 대화는 불가능하다.

대부분의 학자들은 양극단 사이 어디쯤에 자리 잡고 있다. 필자의 입장에서 구약성서는 '하나님의 뜻을 담은 계시를 영감 받은 사람이 적은 글'이라고 믿는다. 필자는 양극단의 견해 모두에 동의하지 않는다. 구약성서에는 하나님의 계시가 담겨 있다. 그 계시가 사람에게 주어졌고 그 사람은 말 또는 글로 자신이 받은 계시를 타자에게 전달했으며 그렇게 전달받는 사람들 중에서 누군가가 전달받은 내용을 문자화해서 문서로 만들었고 그 문서가 오랜 기간 동안 전해져 오면서 수정되어 오늘날 우리가 갖고 있는 성서가 됐다.

필자는 구약성서에 하나님의 뜻이 담겨 있다고 믿지만 이를 증명할 길은 없다. 그렇지 않다고, 곧 구약성서에 하나님의 뜻이 담겨 있지 않다고 믿는 사람도 있지만 그 역시 그것을 증명할 길은 없다. 이것은 학문의 영역이 아니라 믿음의 영역에 속한 일이다. 독자가 둘 중 어느 편이든 증명할 수 있다고 믿는다면 이 책 읽기를 중단하기 바란다. 이 책은 구약성서가 하나님의 뜻을 담고 있지만 그걸 증명할 수는 없다는 전제 하에 쓰였다.

구약성서가 '계시의 말씀'을 담고 있다는 말은 거기에는 사람이 스스로 알아낸 것이 아니라 하나님이 알려줘서 알게 된 내용이 담겨 있다는 의미이다. '담겨 있다'고 쓴 이유는 구약성서 글자 하나하나가 모두 하나님의 말씀은 아니란 뜻이다. 하나님의 말씀과 사람의 말이 기계적으로 섞여 있어서 나누려면 나눌 수 있다는 의미도 아니다. 구약성서는 어떤 방법으로든 사람에게 전달된 하나님의 뜻을 사람들이 지성, 감성, 영성 등 그가 갖고 있는 모든 정신능력을 동원해서 이해하고 해석해서 쓴 문서다. 하나님이 불러준 내용을 그대로 받아 적은 글이 아니므로 어디까지가 하나님 말씀이고 어디부터 사람의 말인지 구분하는 것은 불가능하다. 하나님에게 계시를 받은 사람과 그것을 글로 기록한 사람 모두 앵무새처럼 하나님이 한 말을 글자 하나도 바꾸지 않고 그대로 적지는 않았다. "야훼께서 이렇게 말씀하셨다."라는 선언에 이어진 말, 곧 성서가 인용부호 안에 넣은 말도 예언자가 귀로 들은 말을 그대로 받아 적은 것이 아니라 그 나름으로 이해하고 해석해서 내놓은 말이다. 겉으로 보면 받아 적은 것 같지만 사실은 그렇지 않다. 뭘 근거로 이런 과감한 주장을 하는지를 설명하겠다.

종을 '어떻게' 내보내라는 걸까?

필자가 하나님의 말씀으로서 구약성서의 성격을 이렇게 이해하게 된 데에는 거기에 서로 상응하지 않거나 모순되는 이야기들이 적지 않다는 사실이 결정적으로 작용했다. 만일 구약성서가 한 글자 한 글자 모두 하나님의 영감을 받아서 기록되었다면, 그래서 신앙적으로나 역사적, 과학적으로 추호도 오류가 없는 문서라면 서로 일치하지 않거나 모순되는 대목이 없어야 할 것이다. 안 그런가? 그런데 실제는 그렇지 않다. 구약성서 안에는 서로 상응하지 않는 얘기들이 많다. 히브리 종에 관한 규정을 예로 들어보겠다.

출애굽기에는 동족 히브리인을 종으로 삼는 데 대한 다음과 같은 규정이 있다.

> 너희가 히브리 종을 사면 그는 여섯 해 동안 종살이를 해야 하고 일곱 해가 되면 아무런 몸값을 내지 않고서도 자유의 몸이 된다. 그가 혼자 종이 되어 들어왔으면 혼자 나가고 아내를 데리고 종으로 들어왔으면 아내를 데리고 나간다. 그러나 그의 주인이 그에게 아내를 주어서 그 아내가 아들이나 딸을 낳았으면 그 아내와 아이들은 주인의 것이므로 그는 혼자 나간다. 그러나 그 종이 '나는 나의 주인과 나의 처자를 사랑하므로 혼자 자유를 얻어 나가지 않겠다.' 하고 선언하면 주인은 그를 하나님 앞으로 데리고 가서 그의 귀를 문이나 문설주에 대고 송곳으로 뚫는다. 그러면 그는 영원히 주인의 종이 된다.(출애굽기 21:2-6)

신명기에도 같은 규정이 있는데 여기에는 출애굽기의 규정과 미세한 차이가 있다.

> 당신들 동족 히브리 사람이 남자든지 여자든지 당신들에게 팔려 와서 여섯 해 동안 당신들을 섬겼거든 일곱째 해에는 그에게 자유를 주어서 내보내십시오. 자유를 주어서 내보낼 때에 빈손으로 내보내서는 안 됩니다. 당신들은 주 당신들의 하나님으로부터 복을 받은 대로 당신들의 양 떼와 타작마당에서 거둔 것과 포도주 틀에서 짜낸

것을 그에게 넉넉하게 주어서 내보내야 합니다. 당신들이 이집트 땅에서 종살이한 것과 주 당신들의 하나님이 당신들을 거기에서 구속하여 주신 것을 생각하십시오. 그러므로 내가 오늘 이러한 것을 당신들에게 명하는 것입니다. 그러나 그 종이 당신들과 당신들의 가족을 사랑하고 당신들과 함께 있는 것을 좋아하여 '나는 이 집을 떠나가지 않겠습니다.' 하고 당신들에게 말하거든 당신들은 그의 귀를 문에 대고 송곳으로 그 귓불을 뚫으십시오. 그러면 그는 영원히 당신들의 종이 될 것입니다. (신명기 15:12-17)

누가 봐도 두 계명은 같은 내용이다. 히브리인, 여섯 해, 일곱째 해, 종의 주인 가족과 자기 가족에 대한 사랑, 귀, 송곳 등 공통적으로 쓰인 단어도 여럿이다. 그런데 중요한 대목에서 차이가 있다.

첫째로 출애굽기는 "그가 혼자 종이 되어 들어왔으면 혼자 나가고 아내를 데리고 종으로 들어왔으면 아내를 데리고 나간다."라고 규정한다. 남자 종에 관한 규정임이 명백하다. 반면 신명기는 "당신들 동족 히브리 사람이 남자든지 여자든지 당신에게 팔려 와서 여섯 해 동안 당신을 섬겼거든…."이라고 해서 남녀 종 모두에 관한 규정임을 분명히 한다.

둘째로 출애굽기는 해방되는 종이 몸값을 내지 않고도 자유의 몸이 된다고 규정하는데 신명기는 주인이 그를 빈손으로 내보내서는 안 된다고 규정한다. 전자는 종에게 몸값 지불의 의무를 면제하는 데 그치지만 후자는 반대로 주인에게 빈손으로 내보내지 말라는 의무를 부과한다. 셋째로 전자의 경우에는 여자 종은 독립적인 존재로 취급되지 않고 남자에게 종속되어 있지만 후자에서는 '남자든지 여자든지'라고 해서 남녀에게 동일한 자격을 부여한다.

두 규정을 동시에 지킬 수는 없다. 히브리 종을 놓아줄 때 그렇다. 주인은 어떻게 하라는 말일까? 빈손으로 내보내도 되나, 아니면 어느 정도의 재물을 주고 내보내야 하나? 주인은 둘 중 하나를 택해야지, 둘 다 택할 수는 없다.

구약성서에는 이러한 경우처럼 서로 모순되는 내용이 있다. 작은 차이라고 무시해서는 안 된다. 아무리 작아도 동시에 옳거나 동시에 실행할 수 없는 경우도 많으니 말이다. 중요한 대목에서 서로 모순되는 경우도 있다. 하나 더 예를 들어보자.

전쟁이냐 평화냐?

전쟁을 선택할지 평화를 선택할지는 생사가 달린 문제다. 언제 어디서든 가볍게 다룰 수 없다. 부득이 둘 중 하나를 선택해야 한다면 신중하게 결정해야 한다. 구약성서가 이에 대해서 모순된 주장을 한다면 어떻게 해야 할까?

> 주님께서 민족들 사이의 분쟁을 판결하시고 뭇 백성 사이의 갈등을 해결하실 것이니 그들이 칼을 쳐서 보습을 만들고 창을 쳐서 낫을 만들 것이며 나라와 나라가 칼을 들고 서로를 치지 않을 것이며 다시는 군사훈련도 하지 않을 것이다.(이사야 2:4)

주님께서 민족들 사이의 분쟁을 판결하시고 원근 각처에 있는 열강 사이의 갈등을 해결하실 것이니 나라마다 칼을 쳐서 보습을 만들고 창을 쳐서 낫을 만들 것이며 나라와 나라가 칼을 들고 서로를 치지 않을 것이며 다시는 군사훈련도 하지 않을 것이다.(미가 4:3)

보습을 쳐서 칼을 만들고 낫을 쳐서 창을 만들어라. 병약한 사람도 용사라고 외치고 나서라.(요엘 3:10)

세 구절 모두 칼과 보습, 창과 낫이 짝을 이룬다. 이사야서와 미가 서는 칼을 쳐서 보습을 만들고 창을 쳐서 낫을 만들라고 한다. 전쟁 을 그치고 평화를 추구하라는 메시지다. 요엘서는 이를 뒤집는다. 보 습을 쳐서 칼을 만들고 낫을 쳐서 창을 만들란다. 평화는 생각하지 말고 전쟁하라는 얘기다. 이사야서와 미가서는 요엘서와 정반대 메 시지를 내놓는다. 이 모순을 어떻게 이해해야 할까?

세 구절을 평면적으로만 읽으면 문제를 해결할 수 없다. 히브리 종을 놓아줄 때 빈손으로 보내는 게 옳은지, 재물을 주고 보내는 게 맞는지 알 수 없는 것처럼 말이다. 칼과 창을 녹여서 보습과 낫을 만 드는 것과 보습과 낫을 녹여서 칼과 창을 만드는 것, 어느 편이 야훼 의 뜻에 맞는지 겉으로만 봐서는 판단할 수 없다. 평소에는 언어게 임이라고 봐줄 수 있지만 실제로 전쟁에 직면한다면 얘기가 달라진 다. 어떻게 해야 할까?

구약성서학은 19세기부터 역사비평학(historical-critical method)이라 는 성서연구방법을 발전시켜왔다. 이 방법을 한마디로 말하자면 구약성서를 바르게 이해하고 해석하려면 해당 문서가 어떤 역사적 배경에서 쓰여졌고 전해졌는지를 알아야 한다는 것이다. 그 문서가 어느 시대에 어떤 정치, 사회, 경제, 문화, 종교적 배경에서 쓰여졌는지를 모른다면 그것을 제대로 해석할 수 없다. 히브리 종의 해방에 관한 계명을 해석할 때도 출애굽기가 쓰인 시대와 신명기가 쓰인 시대가 어떻게 다른지 알아야 왜 그런 차이가 생겼는지 알 수 있다. 이사야서와 미가서, 그리고 요엘서가 쓰인 시기의 역사적 배경을 알아야 왜 상반되는 주장이 야훼의 이름으로 선포됐는지를 납득할 수 있다. 언제나 창칼을 들어야 하는 것은 아니고 언제나 창칼을 녹여서 보습과 낫을 만들어야 하는 것도 아니다. 무기를 들고 전쟁해야 할 때가 있고 농기구를 들고 농사를 지어야 할 때가 있다. 때와 상황을 고려하지 않고 텍스트를 평면적으로만 읽으면 왜 일치하지 않는지, 어떻게 해야 모순을 해결할 수 있는지 이해할 수 없다.

어떻게 영감을 받았을까?

그래도 여전히 문제는 남는다. 야훼가 역사적 상황이 달라질 때마다 거기에 맞게 자신의 뜻을 계시해 주었고 사람은 그걸 그대로 받아 적었다고 보면 될 터인데 왜 굳이 그의 뜻이 담긴 계시를 '영감받은 사람'이 적었다고 봐야 하느냐는 것이다. 이를 위해서는 모세오경이 어떤 성격의 문서인지 '예언'이 무엇이고 '예언자'가 누구며 어떤 역할을 했는지를 알아야 한다.

구약성서에 수록된 계명들은 야훼가 모세나 이스라엘 백성에게 말로(verbally) 전달했다. 야훼는 모세와 예언자들에게 그들이 이해할 수 있는 언어로 계명을 전달했고 그들은 그 말을 들었다. 그 말을 누군가가 그 자리에서 적었든지, 나중에 기억해서 적었든지 좌우간 적었기에 지금 우리 앞에 있는 계명이 됐다. 대부분의 기독교인은 성서가 이렇게 쓰였다고 생각한다. 하지만 몇 가지만 따져 봐도 그렇지 않음을 알 수 있다.

구약성서가 전하는 계명 중에서 가장 중요하다는 십계명만 해도 그렇다. 십계명은 출애굽기 20장과 신명기 5장, 두 군데에 쓰여 있는데 내용의 차이가 상당하다. 가장 큰 차이는 안식일 계명을 지키는 이유다. 출애굽기는 "내가(야훼가) 엿새 동안 하늘과 땅과 바다와 그 안에 있는 모든 것을 만들고 이렛날에는 쉬었기 때문"(11절)이라고 이유를 밝힌다. 신명기는 "너희는 기억하여라. 너희가 이집트 땅에서 종살이를 하고 있을 때에 주 너희의 하나님이 강한 손과 편 팔로 너희를 거기에서 이끌어내었으므로 주 너희의 하나님이 너에게 안식일을 지키라고 명한다."(15절)라며 다른 이유를 내세운다. 야훼가 두 번 십계명을 줬다면 그럴 수 있을지 몰라도 한 번만 줬다면, 그것도 백성들이 귀 기울여 듣는 동안 직접 그들 언어로 말했다면 이런 차이가 있을 수 없다. 그게 아니라면 어느 편이든 계명을 적은 사람이 잘못 적었을 터이다. 그것도 아니라면 계명을 글로 적은 사람이 야훼가 말한 그대로 적지 않았다고 봐야 한다. 십계명조차도 야훼가 말한 그대로가 아닐 수 있다는 얘기다. 이런 설명은 성서에는 그 어떤 오류도 없다는 문자주의에는 어긋난다. 이 설명과 문자주의, 둘 중 하나는 오류인 셈이다.

　신명기의 십계명뿐 아니라 신명기 전체가 야훼가 광야에서 백성들에게 선포한 율법을 모세가 죽기 전에 재차 선포한 책이다. 신명기는 서두에서 "이집트에서 나온 지 사십 년째가 되는 해의 열한째 달 초하루에 모세는 주님께서 이스라엘 자손에게 말하라고 명하신 모든 것을 그들에게 말하였다."(1:3)라고 선언한 다음에 "우리가 호렙산에 있을 때에 주 우리의 하나님이 우리에게 다음과 같이 말씀하셨습니다."(1:6)라는 모세의 말로 시작한다. 이전에 야훼에게 받은 계명들을 되새기려고 다시 선포한다는 뜻이다. 그런데 내용 중에 전에 선포된 계명과 다른 점이 있다. 이런 예는 많지만 필자가 말하려는 바가 충분히 전달되었다고 보고 예를 더 들지는 않겠다.

　선포된 야훼의 계명 중에 변형된 것이 있다. 본래 계명과 양립할 수 없을 정도로 크게 변형된 경우도 있다. 이럴 때 어느 편을 실천해야 할까? 한 편을 택하면 다른 편을 실행할 수 없거나 심지어 어기게 된다면 어떻게 해야 할까? 그냥 마음 가는 쪽을 택하면 될까? 그럴 리는 없다.

　관건은 야훼가 어떤 방식으로 자신의 뜻을 전달했고 사람은 어떻게 그 뜻을 전달 받았는가 하는 것인데 둘은 별개가 아니라 하나로 연결된 문제다. 야훼가 자신의 뜻을 어떻게 전했는가의 물음, 곧 계시의 방식에 대해 학자들의 견해는 크게 둘로 나뉜다. 첫째는 야훼가 불러주는 대로 사람이 받아 썼다는 견해이고 둘째는 야훼와 계시 받은 사람이 모두 관여한 '공동작품'이란 견해다.

　문자주의자는 받아쓰기를 주장한다. 시내 산이든 만남의 장막이든 광야든 어디서든 야훼가 전해준 계명을 모세 또는 그의 명을 받은 받아쓰기 담당자가 그대로 받아서 적었다는 것이다. 이 주장의 성서적 근거는 셀 수 없을 정도로 많다. 표면적으로 읽으면 구약성서 전체가 그렇게 쓰인 것처럼 보인다. 예컨대 야훼가 언약궤를 제작하는 방법을 알려줬을 때 마지막에 모세에게 이렇게 말한다.

> 내(야훼)가 거기에서 너(모세)를 만나겠다. 내가 속죄판 위 곧 증거궤 위에 있는 두 그룹 사이에서 이스라엘 자손에게 명할 모든 말을 너에게 일러주겠다.(출애굽기 25:22)

야훼와 모세가 만날 장소가 구체적으로 적시됐다. '속죄판 위, 곧 증거궤 위에 있는 두 그룹 사이'가 그곳이다. 거기서 야훼는 이스라엘 백성에게 줄 모든 계명을 모세에게 주겠다고 했다. 어떻게? 꿈도 아니고 환상도 아니며 천둥번개 같은 자연현상도 아닌 말로(verbally) 주겠다는 것이다. 어떤 언어인지는 밝히지 않았지만 모세가 알아듣는 언어였을 터이다.

이외에도 구약성서에는 야훼가 말로 자신의 뜻을 전달했다는 얘기가 수없이 많이 등장한다. 야훼의 계시가 받아쓰기 방식으로 전달됐고 거기에는 인간적인 요소가 개입할 틈이 없다는 주장은 그래서 광범위하게 지지를 받아왔다.

과연 그럴까? 야훼는 사람의 참여 없이, 사람을 자기 말을 받아서 그대로 적는 받아쓰기 기계로 사용해서 자신의 뜻을 전했을까? 필자는 그렇게 생각하지 않는다. 이는 성서가 전제하는 사람의 지위와 역할에도 맞지 않는다. 구약성서는 사람이 하나님의 형상대로 하나님의 모습을 따라 창조됐다고 말한다. 에덴동산에서 선악과를 따먹음으로써 사람이 '하나님처럼' 됐다고도 말한다. 그것을 '타락'이라고 부르든 달리 부르든 좌우간 사람은 하나님에 버금가는 자리에 올랐다고 성서가 말한다. 시편 시인도 야훼가 사람을 하나님보다 조금 못하게 창조했고 그에게 존귀하고 영화로운 관을 씌워줬다고 노래했다.(시편 8:5) 사람을 이렇게 만들어 놓고 계시를 전할 때는 묻지도 따지지도 말고 부르는 대로 받아쓰는 수동적인 역할만 맡겼다고 볼 수 있을까? 받아쓰기 식 계시를 주장하는 사람도 다른 영역에서까지 사람이 받아쓰기나 하는 수준에 머물러 있다고 보지는 않을 것이다. 유독 계시를 받았을 때만 받아쓰기 기계가 됐다는 말에 필자는 동의할 수 없다.

이 점을 성서 저자들도 인식하고 있었음을 보여주는 예가 있다.

> 모세는 주님께 말씀드릴 일이 있을 때마다 회막으로 갔다. 그때마다 모세는 증거궤와 속죄판 위에서, 곧 두 그룹 사이에서 자기에게 말씀하시는 그 목소리를 듣곤 하였다. 이렇게 주님께서는 모세에게 말씀하셨다.(민수기 7:89)

출애굽기 25장 22절의 예고가 그대로 이뤄졌다. 야훼는 예고대로 '증거궤와 속죄판 위, 두 그룹 사이'에서 모세를 만났다. 모세는 거기서 자기에게 말씀하는 야훼의 목소리를 듣곤 했다. 여기에는 '말씀했다'라는 뜻의 '다바르' 동사가 두 번 나온다. 뒤의 경우에는 피엘형이 쓰였다. '다바르' 동사는 대개 그렇게 쓰인다. 그런데 앞의 경우에는 히트파엘형이 쓰였다. 이를 번역하면 '자신에게 말하다'가 된다. 사람은 독백하거나 자아성찰할 때 스스로에게 말한다. 왜 이렇게 썼을까? 왜 늘 쓰던 대로 피엘형을 쓰지 않고 히트파엘형을 썼을까? 분명 이유가 있을 터이다.

계시가 주는 쪽과 받는 쪽의 공동작품이라는 말은 사람이 하나님이 불러주는 대로 받아 적기만 하는 수동적인 존재가 아니라는 의미다. 여기에 벤저민 서머(Benjamin D. Sommer)는 '참여적 계시'(participatory revelation)라는 이름을 붙여서 설명했다. 그는 구약성서에서 계시는 하나님의 뜻이 하나님에게서 사람에게로 일방적으로 주어지는 게 아니라 하나님의 뜻에 대한 사람의 해석과 반응을 포함한다고 본다. 하나님과 사람 양편의 개입을 통합하는 과정이 계시라는 말이다. 따라서 계시에는 인간적인 요소가 포함되어 있다. 이렇게 구성된 계시를 적은 구약성서 역시 하나님과 사람의 공동작품이다. 이를 인식한 학자는 서머 외에도 많이 있다. 그러면 계시의 어느 정도가 하나님의 작품이고 어느 정도가 사람의 작품인지를 두고 학자들이 논쟁하지 않았을 리 없다. 오랫동안 이 논쟁이 이어졌지만 승부가 나지 않았다. 현재까지의 결론은, 비유하자면 둘이 '물리적'이 아니라 '화학적'으로 결합되기 때문에 어떤 식으로든 나눌 수 없다는 것이다.

구약성서에서 '역사'란 무엇인가?

　이스라엘의 가나안 정복 이야기는 과거에 벌어진 사건을 전한다는 의미에서 '역사'로 그 성격을 규정 함직하다. 역사서라는 문학형식은 구약성서에서 가장 큰 부분을 차지한다. 모세오경에서 시작해서 여호수아, 사사기, 룻기, 사무엘서, 열왕기서, 에스라서, 느헤미야서, 역대기서 등이 모두 역사서의 형식과 성격을 갖고 있다. 그래서 이 책들은 과거에 일어난 일을 벌어진 그대로 전한 문서로 여겨져왔다.

　하지만 지난 2백 년 동안 발전해 온 역사비평학과 고고학 성과 덕분에 구약성서의 역사서가 현대적 의미의 역사서와는 성격이 다름을 확인했다. 구약성서 역사서는 벌어진 일들을 가급적 일어난 그대로 객관적으로 전달하는 것이 주목적이 아니라 그 사건을 통해서 야훼가 전하려는 메시지가 뭔지 규명하는 것이 주목적임을 알게 됐다. 그렇다고 구약성서의 역사서가 전적으로 허구라는 얘기는 아니다. 벌어진 일과 상관없이 꾸며낸 이야기도 아니다. 그럼 뭘까?

　구약성서는 세상에서 벌어지는 크고 작은 모든 일의 궁극적인 원인은 야훼라는 전제하에 쓰였다. 이 야훼에게는 불가능이 없다는 믿음도 전제되어 있다. 구약성서 역사서에 현대인이 받아들이기 어려운 초자연적이고 기적적인 사건들이 등장하는 것은 그것도 야훼에게는 불가능하지 않다고 믿었기 때문이다. 역사는 야훼가 자신의 뜻을 알리려고 사용하는 매체이자 그 뜻을 이루는 장이다. 역사를 이해한다는 말은 역사적 사건들을 통해서 야훼가 전하려는 뜻이 뭔지

아는 것이다.

구약성서의 역사는 이런 것이다. 현대와는 역사관이 다르다. 구약성서의 역사서를 제대로 이해하려면 그런 일들이 실제로 벌어졌는지 여부에 집착하지 말고 이스라엘이 그 사건을 통해서 어떤 야훼의 메시지를 전해 받았다고 믿었는지를 찾아내야 한다.

지금까지의 논의를 요약해 보자. 구약성서가 계시된 하나님의 말씀이란 말은 하나님의 뜻이 하나님에게서 사람에게로 일방적으로 주어져서 사람은 받아쓰기만 했다는 의미가 아니다. 계시란 말이 됐든 꿈이 됐든, 환상이나 자연현상이나 역사적 사건이 됐든, 어떤 방식으로든 전달된 하나님의 뜻에 대한 사람의 해석과 반응을 포함한다. 계시에는 인간적인 요소가 포함되어 있다. 계시는 하나의 고정된 형태로 주어진 무엇이 아니라 역동적인 '사건'으로 이해해야 한다.

그렇게 쓰인 구약성서 역사서 가운데 가나안 정복 이야기를 읽을 텐데 이 이야기 역시 위에서 말한 대로 벌어진 일의 사실성에만 집착하지 말고 거기에 어떤 메시지가 담겨 있는지에 집중해서 읽을 것이다. 하지만 그 전에 이 모든 사건들과 이야기들의 궁극적인 주체인 야훼라는 신이 어떤 신인지를 살펴보는 게 필요하다.

이 책을 쓰기 위해 참고한 여호수아서 주석은 다음과 같다. 각 장 말미에 제
시한 자료에 이 주석서들을 제외했지만 모두 참조했음을 밝힌다.

R. G. Boling, *Joshua*. Anchor Bible Commentary 6. 1982

L. Daniel Hawk, *Joshua*. Berit Olam. 2000.

L. Daniel Hawk, *Joshua* in 3-D. 2010.

J. Gordon McConville & Stephen N. Williams, *Joshua*. The Two
Horizons Old Testament Commentary. 2010.

R. D. Nelson, *Joshua*. Old Testament Library. 1997.

J. Alberto Soggin, *Joshua*. Old Testament Library. 1972.

주석서 외에 유용하게 참고한 단행본은 다음과 같다.

Athalya Brenner & Gale A. Yee eds. *Joshua and Judges*. 2013.

L. Daniel Hawk, *Every Promise Fulfilled: Contesting Plots in Joshua*.
1991.

Gordon Mitchell. *Together in the Land: A Reading of the Book of
Joshua*. 1993.

구약성서가 어떤 책이고 그것을 어떻게 읽어야 하는지에 대한 설명서는 수없
이 많다. 일일이 다 들 수 없을 정도다. 구약성서를 전체적으로 해설하는
개론서는 대개 읽기가 지루해서 의무로 읽어야 하는 학생이 아니면 추
천하고 싶지 않다. 예외가 있다면 나온 지 오래 됐지만 버나드 앤더슨의
《구약성서의 이해》다.

예언과 예언자에 관한 연구도 수없이 많은데 한 권만 추천하면 존 바튼(John
Barton)의 *Oracles of God: Perceptions of Ancient Prophecy in Israel
after the Exile*을 추천한다.

구약성서 해석학에 관한 권위적인 저서는 1985년에 나온 마이클 피시베인 (Michael Fishbane)의 *Biblical Interpretation in Ancient Israel*이다. 필자는 이 책에서 과거에 주어진 계명이 후대의 변화된 상황에서 어떻게 재해석되고 적용됐는지에 대해 많이 배웠다. 이 책이 나온 후로 이 주제로 많은 책들이 출판됐지만 이 책은 지금도 널리 읽힌다.

'참여적 계시'라는 표현을 쓴 벤저민 서머(Benjamin D. Sommer)는 몇 권의 중요한 단행본을 비롯해서 많은 연구논문을 썼다. 그 중에서 '참여적 계시'에 대해 논하는 책은 2016년에 나온 *Revelation and Authority: Sinai in Jewish Scripture and Tradition*이라는 책이다.

야훼가 어떤 방식으로 자신의 뜻을 계시했고 사람은 어떻게 그 계시를 받았는지에 대해서는 유대교 학자들이 적극적으로 논의했다. 필자가 참고한 자료는 다음과 같다.

Haim (Howard) Kreisel, "What Is Prophecy?"

(www.thetorah.com/article/what-is-prophecy)

Christopher A. Rollston, "Who Wrote the Torah According to Torah?"

(www.thetorah.com/article/who-wrote-the-torah-according-to-the-torah)

Baruch J. Schwartz, "The Lord Spoke to Moses-Does God Speak?"

(www.thetorah.com/article/the-lord-spoke-to-moses-does-god-speak)

2장

야훼는 정말 폭력적인 신인가?

자비롭고 은혜로우며 사랑과 진실이 넘치는 하나님

구약성서는 야훼라는 신에 대해서 다양한 서술을 담고 있기 때문에 그의 정체성을 밝히는 것은 매우 어려운 일이다. 이를 회의적으로 보는 학자도 많다. 야훼의 정체성과 야훼 신앙의 기원과 성격을 서술한 책과 논문은 헤아릴 수 없지만 정설이라고 부를 만한 것은 없다. 앞으로도 사정은 달라지지 않을 것이다.

분명한 사실은, 야훼는 이집트에서 가나안을 거쳐 메소포타미아에 이르는 고대중동문화권에서 유례를 찾기 어려운 독특한 신이란 점이다. 이 지역 대부분 종족들은 복수의 신들을 섬겼지만(다신교 polytheism) 이스라엘은 비교적 초기부터 야훼 신만을 섬겼다.(일신교 henotheism 또는 monolatry) 이스라엘이 야훼 이외의 모든 신들은 가짜이고 허깨비라고 믿지는 않았다. 그들도 다른 신들의 존재를 인정했

다. 다만 그들은 오로지 야훼 신만 믿고 섬긴다(고 주장했다). 그들의 신
앙은 현대적 의미에서 유일신교(monotheism)는 아니지만 야훼가 자
기 외에 다른 신들을 섬기는 일을 철저하게 금한다고 믿었다.

이스라엘의 야훼 유일주의 신앙(mono-Yahwism)은 하루아침에 하늘
에서 뚝 떨어지지 않았다. 다신교에서 일신교로, 일신교에서 유일신
교로 점진적으로 변화한 흔적을 보인다. 이 책의 주제가 이스라엘의
가나안 정복 이야기에 국한되므로 그에 관련된 야훼의 성격, 특히
야훼의 폭력성에 대해서만 살펴보겠다.

학자들은 야훼의 성격을 가장 잘 드러내는 구절로 다음을 든다.

> 주님께서 모세의 앞으로 지나가시면서 선포하셨다. "주, 나 주는 자
> 비롭고 은혜로우며 노하기를 더디하고 한결같은 사랑과 진실이 풍
> 성한 하나님이다. 수천 대에 이르기까지 한결같은 사랑을 베풀며 악
> 과 허물과 죄를 용서하는 하나님이다. 그러나 나는 죄를 벌하지 않은
> 채 그냥 넘기지는 아니한다. 아버지가 죄를 지으면 본인에게 뿐만 아
> 니라 삼사 대 자손에게까지 벌을 내린다.(출애굽기 34:6-7)

야훼는 '자비롭고 은혜로우며 노하기를 더디하고 한결같은 사랑
과 진실이 풍성한 하나님'으로서 '수천 대에 이르기까지 한결같은
사랑을 베풀며 악과 허물과 죄를 용서하는 하나님'이라고 했다. 많
은 사람이 기대하고 믿고 싶어 하는 신이 이런 하나님이겠다. 곧바
로 이어지는 "그러나 나는 죄를 벌하지 않은 채 그냥 넘기지는 아니
한다. 아버지가 죄를 지으면 본인에게 뿐만 아니라 삼사 대 자손에

게까지 벌을 내린다."는 구절에 약간 맘이 불편해지지만 앞의 선언을 무효화할 정도는 아니다. 사람들은 하나님이 이런 신이기를 원하고 이런 신이므로 믿는다. 게다가 이것은 야훼가 스스로 내린 성격 규정 아닌가.

분별없이 마구 죽이는 게 공정한 행위인가?

문제는 구약성서가 야훼를 이렇게만 규정짓지 않는다는 것이다. 그는 가나안 일곱 종족을 남녀노소 막론하고 몰살하라고 명령하기도 했다. 그게 전부가 아니다. 그보다 더 심각한 일은 노아 시대에 일어났다.

야훼는 "사람의 죄악이 세상에 가득 차고 마음에 생각하는 모든 계획이 언제나 악한 것뿐임을 보시고서 땅 위에 사람 지으셨음을 후회하고 마음 아파하셨다."(창세기 6:5-6) 그래서 "사람뿐 아니라 짐승과 땅 위에 기어 다니는 것과 공중의 새까지" 쓸어버리기로 작정했다.(창세기 6:7) 야훼는 작정하는 데 그치지 않고 작정을 실행에 옮겼다. 땅 위에서 홍수가 사십 일 동안 지속되자 "땅에 물이 크게 불어나서 온 하늘 아래에 있는 모든 높은 산들이 물에 잠겼다. 물은 그 높은 산들을 잠그고도 열다섯 자나 더 불어났다. 새와 집짐승과 들짐승과 땅에서 기어다니는 모든 것과 사람까지, 살과 피를 가지고 땅 위에서 움직이는 모든 것들이 다 죽었다."(창세기 7:19-21)

동물의 생명에 대한 감수성이 지금과는 달랐다지만 악한 사람을 벌하는 과정에서 동물들까지 몰살했다니 끔찍하기 이를 데 없다. 부수적 피해(collateral damage)치고는 너무 피해가 크다. 기독교인들은 이 이야기에서 의로운 노아와 그 가족들이 구원받았다며 다행스러워 하고 야훼의 자비로움을 추앙하지만 그 야훼가 노아 가족과 방주에 올라탄 짐승들을 제외하고 수많은 생명을 몰살했다는 사실에는 관심을 기울이지 않는다. 노아 시대 홍수 이야기는 구원사건이기 이전에 피조물에 대한 대량살상사건인데 말이다.

홍수 이야기는 고대 중동문화권에 널리 퍼져 있었다. 학자들은 대홍수를 실제 벌어진 사건이 아니라 신화로 여긴다. 그렇다면 야훼가 현실세계에서 이처럼 참혹한 사건을 일으킬 정도로 폭력적인 신은 아니게 된다. 하지만 홍수 이야기가 실제이든 교훈을 전하기 위해 만들어낸 이야기든 분명한 사실은, 야훼가 노아 가족과 일부 동물만 살려놓고 나머지 생명 있는 피조물을 몰살했다는 점이다. 야훼는 이 정도로 끔찍한 폭력의 신이다.

소돔과 고모라에서 벌어진 참변도 야훼의 폭력성을 잘 보여준다.(창세기 18-19장) 야훼는 남자 사람의 모습으로 두 천사를 대동하고 아브라함을 방문했고 아브라함은 이들을 극진히 대접했다. 남자 사람 모습을 한 야훼는 아브라함에게 여행의 목적을 털어놓았다. 소돔과 고모라에서 들려오는 울부짖음의 이유를 알아보려고 그리로 가는 중이라고 했다. 아브라함이 의인을 악인과 함께 몰살하는 것은 '공정'하지 않다고 항의하자 야훼는 거기 의인이 쉰 명만 있다면 그들을 봐서 성 전체를 용서하겠다고 말한다. 의인은 구원받고 악인은 망하는 게 '공정'이라면 이번엔 처음과는 반대 의미로 '공정'하지 않은 결정을 내린 셈이다. 우여곡절 끝에 그 성에서 롯과 그의 가족들을 제외한 모든 사람이 몰살당한다. 안타깝게 롯의 아내도 뒤돌아보지 말라는 말을 어겨서 소금 기둥으로 변해버린다.

소돔과 고모라가 멸망당한 이유가 동성애 때문이라고 생각하는 사람이 아직도 많다. 롯의 집으로 몰려온 남자들이 천사들과 '상관' 해야겠다고 말한 것이 근거다. 그렇게 해석할 수 있다. '상관하다'로 번역된 히브리어 '야다'에 성관계 갖는다는 의미가 있기 때문이다. 그러나 그 때문에 소돔과 고모라가 심판받았다는 주장은 논리의 비약이다. 그것이 천사들을 해하는 행위이기는 했지만 동성애를 생활화했음을 보여주지는 않기 때문이다. 야훼가 들었던 울부짖음의 원인인 소돔 사람들의 '엄청난 죄'와 '거기서 벌어지는 모든 악한 일'(창세기 18:20-21)이 동성애 때문이라고 볼 근거도 없다. 소돔과 고모라가 심판받은 이유가 '환대의 부재'라는 주장도 근거가 충분하지는 않지만 동성애 때문이라는 주장도 마찬가지로 근거가 충분하지 않다. 분명한 사실은 야훼가 몇 명을 제외하고는 소돔, 고모라에 사는 모든 사람을 몰살했다는 것이다.

적은 마구 죽여도 되나?

이스라엘의 적은 야훼에게도 적이었다. 대표적인 예가 이집트인들이다. 이집트인들은 오랫동안 야훼의 백성 이스라엘을 노예로 부렸다. 이들을 해방시키기로 작정한 야훼는 모세와 아론을 이집트 왕에게 보내서 협상하게 했지만 바로는 말을 듣지 않았다. 세상에 자기들이 섬기는 신의 명령이라며 부리던 노예를 해방시키라는 말을 들을 왕이 어디 있겠는가. 야훼는 이집트에 열 가지 재앙을 내렸다. 그것들 모두 끔찍한 결과를 초래했지만 마지막 재앙과는 비교할 수 없다.

> 그래서 모세가 바로에게 말하였다. "주님께서 말씀하셨습니다. '내가 한밤중에 이집트 사람 가운데로 지나갈 것이니 이집트 땅에 있는 처음 난 것이 모두 죽을 것이다. 임금 자리에 앉은 바로의 맏아들을 비롯하여 맷돌질하는 몸종의 맏아들과 모든 짐승의 맏배가 다 죽을 것이다. 이집트 온 땅에서 이제까지도 없었고 앞으로도 없을 큰 곡성이 들릴 것이다. 그러나 이집트의 개마저 이스라엘 자손을 보고서는 짖지 않을 것이다. 사람뿐 아니라 짐승을 보고서도 짖지 않을 것이다. 이는 나 주가 이집트 사람과 이스라엘 사람을 구별하였다는 것을 너희에게 알리려는 것이다."(출애굽기 11:4-8)

야훼의 말을 안 듣고 고집 피운 이는 바로지만 그 결과로 이집트의 모든 장자가 죽는단다. 왕 때문에 '맷돌질하는 몸종의 맏아들'도 죽는다. 이런 야훼를 '폭력적인 신'이라고 보지 않을 수 있을까? 자기 백성을 종으로 부렸으니 적절히 벌할 수는 있겠지만 장자 몰살은 지나쳐도 한참 지나치다. 야훼는 아랑곳하지 않고 말한 대로 실행했다.

한밤중에 주님께서 이집트 땅에 있는 처음 난 것들을 모두 치셨다. 임금 자리에 앉은 바로의 맏아들을 비롯하여 감옥에 있는 포로의 맏아들과 짐승의 맏배까지 모두 치시니 바로와 그의 신하와 백성이 그날 한밤중에 모두 깨어 일어났다. 이집트에 큰 통곡소리가 났는데 초상을 당하지 않은 집이 한 집도 없었다.(출애굽기 12:29-30)

야훼가 이집트인들에게 행한 폭력은 또 있다. 장자의 죽음을 겪은 후 바로는 이스라엘을 놓아주었지만 곧 후회하고 추격전을 벌였다.(출애굽기 14:5-9) 병거를 탄 이집트 군인들이 노약자, 어린아이들, 여자들을 동반한 이스라엘을 따라잡는 일은 시간문제여서 바닷가에서 따라잡았다. 백성들이 모세에게 불평을 늘어놓았지만 모세는 두려워하지 말고 야훼가 하는 일을 지켜보라고 말했다.(출애굽기 14:13) 야훼가 모세에게 이렇게 말했기 때문이다.

너는 지팡이를 들고 바다 위로 너의 팔을 내밀어 바다가 갈라지게 하여라. 그러면 이스라엘 자손이 바다 한가운데로 마른 땅을 밟으며 지나갈 수 있을 것이다. 내가 이집트 사람의 마음을 고집스럽게 하겠다. 그들이 너희를 뒤쫓을 것이다. 그러나 나는 바로와 그의 모든 군대와 병거와 기병들을 전멸시켜서 나의 영광을 드러내겠다. 내가 바로와 그의 병거와 기병들을 물리치고서 나의 영광을 드러낼 때에 이집트 사람은 비로소 내가 주님임을 알게 될 것이다.(출애굽기 14:16-19)

말대로 이루어졌다. 바다가 갈라져서 이스라엘은 맨땅을 밟고 건넜고 그 후 이집트 군대가 들어서자 바닷물이 본래로 돌아가 모두 수장되었다(출애굽기 14:23-29). 여기서 주목을 끄는 곳은 "내(야훼)가 이집트 사람의 마음을 고집스럽게 하겠다."라는 대목이다.(17절) 바로가 고집스럽게 이스라엘을 내보내지 않은 것은 야훼 때문이라는 거다. 야훼가 그의 마음을 굳게 해서 고집 부리게 만들었기 때문이다. '왜?'라는 궁금증은 대답이 같은 절에 있어서 바로 풀린다. 야훼는 그들을 전멸시켜서 '나(야훼)의 영광을 드러내겠다.'고 했다. 야훼가 자기 영광을 드러낼 때 이집트인들은 비로소 자기가 야훼임을 알게 되리라는 것이다. 자기의 영광을 드러내기 위해서, 자기가 야훼임을 이집트인들에게 알리기 위해서 그들을 수장시키겠단다. 당시 이스라엘은 그랬는지 몰라도 현대인은 고개를 끄덕일 수 없다. 야훼가 그런 목적으로 많은 사람들을 죽이겠다는데 수긍할 사람이 얼마나 되겠나. 곤혹스런 이야기가 아닐 수 없다.

　야훼가 상대방을 고집스럽게 만들어서 자기 목적을 달성했다는 얘기는 몇 번 더 나온다. 가나안 정복 이야기에도 같은 얘기가 등장하는데 그 얘기는 12장에서 좀 더 자세하게 해보겠다.

야훼는 자기 백성도 몰살하려 했다

　야훼의 폭력성이 드러나는 이야기는 더 있다. 야훼가 아브라함에게 아들 이삭을 번제로 바치라고 한 이야기(창세기 22:1-19)도 그 중 하나다. 이 이야기의 교훈은 순종하는 믿음이라지만 그렇다고 해서 야훼가 인신제사를 명했다는 사실을 부정할 수는 없다. 다른 종족의 인신제사 관습은 맹렬히 비난하면서 이 얘기에 관대한 것은 공정하지 않다. 마지막 순간에 제물이 양으로 교체됐지만 야훼의 명령은 여전히 무자비하고 비윤리적이다. 그때까지 부자가 받은 정신적인 상처는 어쩌란 말인가. 아브라함의 믿음을 시험할 목적이었다 해도 (창세기 12:1) 사정은 달라지지 않는다. 인신제사를 명령했다는 사실은 그대로거니와 누군가의 믿음을 시험해 보려고 아들을 제물로 바치라고 명령한 것에 수긍할 사람이 얼마나 되겠는가. 어떻게 봐도 상식에 어긋나는 일이다.

구약성서에는 전쟁 이야기가 많이 나온다. 야훼가 '전쟁의 신'(warrior God)이라고 불릴 정도다. 전쟁에서는 살인을 피할 수 없다. 전쟁 중의 살인은 '살인하지 말라'는 계명에도 예외로 인정된다. 전쟁 중에 적을 죽이는 행위는 처벌은커녕 칭찬받는다. 최소한 불가피하다고 인정된다. 살인은 어떤 경우에도 인정되지 않는 악은 아니다.

야훼는 가나안에 들어가려는 이스라엘에게 단호하게 명령했다.

주 당신들의 하나님이 당신들이 들어가 차지할 땅으로 당신들을 이끌어 들이시고 당신들 앞에서 여러 민족, 곧 당신들보다 강하고 수가 많은 일곱 민족인 헷 족과 기르가스 족과 아모리 족과 가나안 족과 브리스 족과 히위 족과 여부스 족을 다 쫓아내실 것입니다. 주 당신들의 하나님은 그들을 당신들의 손에 넘겨주셔서 당신들이 그들을 치게 하실 것이니 그때에 당신들은 그들을 전멸시켜야 합니다. 그들과 어떤 언약도 세우지 말고 그들을 불쌍히 여기지도 마십시오. 그들과 혼인관계를 맺어서도 안 됩니다. 당신들 딸을 그들의 아들과 결혼 시키지 말고 당신들 아들을 그들의 딸과 결혼시키지도 마십시오. 그 렇게 했다가는 그들의 꾐에 빠져서 당신들의 아들이 주님을 떠나 그 들의 신들을 섬기게 될 것이며 그렇게 되면 주님께서 진노하셔서 곧 바로 당신들을 멸하실 것입니다. 그러므로 당신들은 그들에게 이렇 게 하여야 합니다. 그들의 제단을 허물고 석상을 부수고 아세라 목상 을 찍고 우상들을 불사르십시오.(신명기 7:1-5)

이 얘기는 나중에 상세히 다루겠지만 여기서 한 가지만 지적하겠 다. 이 명령은 논리적으로 모순이다. 1절에서는 야훼가 가나안 일곱 종족을 '다 쫓아내실 것'이라고 했다. 그들이 더 이상 가나안 땅에서 살지 못하게 만들겠다는 뜻이다. 그런데 2절에서는 야훼가 그들을 이스라엘의 손에 넘겨줘서 치게 할 터이니 그들을 '전멸시켜야' 한 단다. '쫓아내는' 일과 '전멸시키는' 일은 쫓아낸 다음 가나안 땅 바 깥에서 전멸시키지 않는 한 동시에 실행할 수 없다. 그들과 언약을 세우고 불쌍히 여기며 결혼관계를 맺으려면 그들이 살아 있어야 한 다. 내쫓는다면 그럴 수 있지만 전멸시키면 그럴 수 없다. 전멸시킨 다면 그런 명령은 내릴 필요가 없다. 전멸시키라는 명령과 언약을 맺지 말라는 명령은 서로 모순이다.

내쫓든지 전멸시키든지 목적은 같다. 목적은 이스라엘이 그들의 꾐에 빠져서 야훼를 버리고 그들의 신들을 섬기지 않게 하려는 데 있다. 만일 그렇게 되면 야훼는 이스라엘도 그들처럼 멸하겠다고 선 언했다. 이스라엘에 대한 야훼의 깊은 사랑은 가나안 종족들을 멸절시키는 것도 불사하는 걸로 보인다. 이 극진한 사랑을 이렇게 표현한다.

> 당신들(이스라엘 백성)은 주 당신들의 하나님의 거룩한 백성이요, 주 당신들의 하나님이 땅 위의 많은 백성 가운데서 선택하셔서 자기의 보배로 삼으신 백성이기 때문입니다. 주님께서 당신들을 사랑하시고 택하신 것은 당신들이 다른 민족들보다 수가 더 많아서가 아닙니다. 오히려 당신들은 모든 민족 가운데서 수가 가장 적은 민족입니다. 그런데도 주님께서는 당신들을 사랑하시기 때문에 당신들 조상에게 맹세하신 그 약속을 지키려고 강한 손으로 당신들을 이집트 왕 바로의 손에서 건져내시고 그 종살이하던 집에서 이끌어 내어 주신 것입니다. 그러므로 당신들은 주 당신들의 하나님이 참 하나님이시며 신실하신 하나님이심을 알아야 합니다. 주님을 사랑하고 주님의 계명을 지키는 사람에게는 천 대에 이르기까지 그의 언약을 지키시며 또 한결같은 사랑을 베푸시는 신실하신 하나님이심을 알아야 합니다.(신명기 7:6-9)

이스라엘에 대한 야훼의 사랑이 이처럼 지극하게 표현된 구절도 흔치 않다. 오죽 사랑했으면 그들의 조상에게 한 약속을 지키려고 그들을 이집트 종살이에서 해방시키고 가나안까지 인도했겠나. 이스라엘은 이 사랑에 대한 응답으로 야훼를 사랑하고 그의 계명을 지켜야 한다. 그러면 야훼는 그들의 후손이 천 대에 이르게 하겠다고 약속했다.

하지만 현실은 달랐다. 이스라엘은 광야생활 중에도 몇 번이나 야훼를 거역했고 야훼 또한 여러 번 그들을 몰살하려 했다. 모세가 계명을 받으러 시내 산에 올라가 있는 동안 벌어진 사건이 첫 번째다. 백성은 아론을 부추겨서 금송아지 상을 만들어놓고 그게 출애굽의 신이라며 거기다 제물을 바치고 먹고 마시며 광란했다.(출애굽기 32:1-6) 이에 야훼는 모세에게 이렇게 말했다.

> 어서 내려가 보아라. 네가 이집트 땅에서 이끌어 낸 너의 백성이 타락하였다. 그들은 내가 그들에게 명한 길을 이렇게 빨리 벗어나서 그들 스스로 수송아지 모양을 만들어 놓고서 절하고 제사를 드리며 '이스라엘아! 이 신이 너희를 이집트 땅에서 이끌어 낸 너희의 신이다.' 하고 외치고 있다······. 나는 이 백성을 살펴보았다. 이 얼마나 고집이 센 백성이냐? 이제 너는 나를 말리지 말아라. 내가 노하였다. 내가 그들을 쳐서 완전히 없애버리겠다. 그러나 너는 내가 큰 민족으로 만들어 주겠다.(출애굽기 32:7-10)

이스라엘을 쳐서 완전히 없애 버리겠단다. 멸절시키겠다는 얘기다. 엄포였을까? 그러면 다른 문제가 생긴다. 야훼의 말을 늘 액면 그대로 믿으면 안 된다는 뜻이니 말이다. 다행히 야훼가 작정한 대로 되지는 않았다. 모세가 애원해서 야훼가 마음을 바꿨다. 이스라엘은 아슬아슬하게 멸절되는 운명을 피할 수 있었다. 하지만 얘기가 거기서 끝나지는 않았다. 하산해서 백성들이 벌인 작태를 목격한 모세는 분기탱천해서 레위 사람들을 시켜서 동족 삼천 명을 죽였다.

멸절 당한 것보다는 낫지만 이 역시 비극이 아닐 수 없다.

야훼가 이스라엘을 멸절할 뻔한 적이 또 있었다. 이스라엘이 싯딤에 머무는 동안 모압 사람의 딸들과 음행하고 그들의 신들에게 제사 지내는 배교행위를 했다.(민수기 25:1-2) 이에 야훼가 크게 노해서 모세에게 백성의 우두머리들을 죽이라고 명령했다.(민수기 25:4-5) 이때 한 이스라엘 남자가 미디안 여자를 데리고 자기 장막으로 들어가는 것을 비느하스가 보고 두 남녀를 찔러 죽였더니 염병이 이스라엘 자손 사이에서 그쳤다고 했다.(민수기 25:6-8) 언급되지 않았던 염병이 갑자기 등장한 것이 부자연스럽지만 좌우간 백성들이 염병으로 다 죽을 뻔했는데 비느하스 덕분에 사망자 이만 사천 명으로 막았다. 전멸은 면했다 해도 사망자 이만 사천 명은 적은 숫자가 아니다.

이런 일들이 이스라엘에게도 벌어진 것을 보면 가나안 종족을 몰살하라는 명령이 혼비백산할 정도는 아니다. 자기 백성도 몰살하려던 야훼인데 다른 종족이야 오죽했겠는가.

지나치게 폭력적인 계명들

고대 이스라엘의 세계관과 가치관을 현대의 그것과 동일시할 수는 없다. 오늘의 척도를 과거의 일에 들이대는 것은 어리석다. 구약성서를 읽을 때는 그 어리석은 짓을 자주 저지른다. 하지만 구약성서에는 두 시대의 차이를 감안하더라도 이해할 수 없는 계명이 적지 않다.

"사람을 때려서 죽인 자는 반드시 사형에 처하여야 한다."(출애굽기 21:12)는 계명은 현대에도 통한다. 정상참작이 되는 경우도 있지만 의도적으로 사람을 죽인 자를 사형으로 처벌하는 것이 터무니없지는 않다. 하지만 "자기 부모를 때린 자는 반드시 사형에 처하여야 한다."(출애굽기 21:15)는 계명은 지나치다. "자기 부모를 저주하는 자는 반드시 사형에 처하여야 한다."(출애굽기 21:17)는 더욱 그렇다. 부모를 때리거나 저주하는 것은 나쁜 짓이지만 그렇다고 해서 그를 죽이는 것은 과도한 처벌이다. "사람을 유괴한 자는 그 사람을 팔았든지 자기가 데리고 있든지 반드시 사형에 처하여야 한다."(출애굽기 21:16)는 계명도 마찬가지다. 유괴는 천인공노할 범죄지만 단순 유괴범을 사형에 처하는 처벌은 지나치다.

남자가 다른 남자의 아내 곧 자기의 이웃집 아내와 간통하면 간음한 두 남녀는 함께 반드시 사형에 처해야 한다. 제 아버지의 아내와 동침한 자는 아버지의 몸을 부끄럽게 한 것이다. 그 두 사람은 반드시 사형에 처해야 한다. 그들은 자기 죗값으로 죽는 것이다. 시아버지가 며느리와 동침하면 둘 다 반드시 사형에 처해야 한다. 그들이 한 짓은 망측한 짓이다. 그들은 자기 죗값으로 죽는 것이다. 남자가 같은 남자와 동침하여 여자에게 하듯 그 남자에게 하면 그 두 사람은 망측한 짓을 한 것이므로 반드시 사형에 처해야 한다. 그들은 자기 죗값으로 죽는 것이다. 남자가 자기 아내와 함께 아내의 어머니까지 아울러 취하는 것은 악한 짓이다. 그 남자와 두 여자를 모두 불에 태워 처형해야 한다. 그렇게 해야만 너희 안에 역겨운 짓이 다시는 생기지 않을 것이다. 남자가 짐승과 교접하면 그는 반드시 사형에 처해야 한다. 그리고 너희는 그 짐승도 죽여야 한다. 여자가 어떤 짐승에게 가까이하여 그것과 교접하면 너희는 그 여자와 그 짐승을 반드시 사형에 처해야 한다. 그 여자와 그 짐승은 자기 죗값으로 죽는 것이다.(레위기 20:10-16)

부적절한 성관계를 맺은 자를 사형시키라는 계명이다. 현대에도 부적절한 관계를 맺은 사람은 어떤 식으로든 처벌하지만 위에 열거된 경우는 죄에 비해서 벌이 지나치다는 게 문제다. 간음이나 근친상간은 나쁜 짓이지만 그렇다고 사형에 처하는 것은 과도한 처벌이다. 이어지는 계명들은 더 어처구니없다.

남자가 아버지의 딸이든 제 어머니의 딸이든 누이를 데려다가 그 여자의 벗은 몸을 보고 그 여자 또한 오라비의 벗은 몸을 보면 이것은 부끄러운 짓이다. 둘 다 백성에게서 끊어지게 하여야 한다. 그는 누이의 몸을 벗겼으니 자기 죄를 자기가 짊어져야 한다. 남자가 월경을 하는 여자와 동침하여 그 여자의 몸을 범하면 그는 그 여자의 피 나는 샘을 범한 것이고 그 여자도 자기의 피 나는 샘을 열어 보인 것이므로 둘 다 백성에게서 끊어지게 하여야 한다. 너는 또 네 이모들의 몸이나 네 고모들의 몸을 범해서는 안 된다. 그렇게 하는 것은 곧 제 살붙이의 몸을 범하는 것이므로 그 벌을 면할 길이 없다. 숙모와 동침하면 그는 제 숙부의 몸을 부끄럽게 하는 것이다. 그 둘은 벌을 받아 자손을 보지 못하고 죽을 것이다. 형수나 제수를 데리고 살면 이

것 또한 역겨운 짓이다. 자기 형제의 몸을 부끄럽게 한 것이므로 그들 역시 자손을 보지 못할 것이다.(레위기 20:17-21)

'백성에게서 끊어지게 한다.' '그 벌을 면할 길이 없다.' '자손을 보지 못하고 죽을 것이다'라는 말은 사형에 처하라는 뜻이다. 위에 열거된 죄를 저지른 자는 누구나 사형시켜야 한다. 역시 지나치게 폭력적이다.

폭력적인 시편들

구약성서 시편에는 아름다운 시만 있다고 생각하면 오해다. 읽기에 끔찍하고 잔인한 시도 여럿 있다.

> 하나님, 내가 주님을 찬양합니다. 잠잠히 계시지 마십시오. 악한 자와 속이는 자가 일제히 나를 보고 입을 열고 혀를 놀려서 거짓말로 나를 비난합니다. 미움으로 가득 찬 말을 나에게 퍼붓고 이유도 없이 나를 맹렬하게 공격합니다. 나는 그들을 사랑하여 그들을 위하여 기도를 올리건만 그들은 나를 고발합니다. 그들은 선을 오히려 악으로 갚고 사랑을 미움으로 갚습니다.(시편 109:1-5)

뭔지 몰라도 시인은 억울한 일을 당했다. 그는 그들(악한 자와 속이는 자)을 사랑해서 그들을 위해 기도했지만 그들은 시인을 고발했고 선을 악으로 갚았다. 그래서 그는 하나님에게 이렇게 빈다.

> 그러므로 악인을 시켜 그와 맞서게 하십시오. 고소인이 그의 오른쪽에 서서 그를 고발하게 하십시오. 그가 재판을 받을 때에 유죄 판결을 받게 하십시오. 그가 하는 기도는 죄가 되게 하십시오. 그가 살날을 짧게 하시고 그가 하던 일도 다른 사람이 하게 하십시오. 그 자식들은 아버지 없는 자식이 되게 하고 그 아내는 과부가 되게 하십시오. 그 자식들은 떠돌아다니면서 구걸하는 신세가 되고 폐허가 된 집에서마저 쫓겨나서 밥을 빌어먹게 하십시오. 빚쟁이가 그 재산을 모두 가져가고 낯선 사람들이 들이닥쳐서 재산을 모두 약탈하게 하십시오. 그에게 사랑을 베풀 사람이 없게 하시고 그 고아들에게 은혜를 베풀어 줄 자도 없게 하십시오. 자손도 끊어지고 후대에 이르러 그들의 이름까지도 지워지게 하십시오.(시편 109:6-13)

시인은 말로 할 수 있는 최고의 저주를 아낌없이 퍼붓는다. 선을 악으로 갚은 자들에게 시인의 저주가 그대로 이루어진다면 참으로 끔찍한 꼴이 되겠다. 과장된 표현이라고 볼 수도 있지만 야훼가 이런 일을 절대로 할 수 없다고 믿었다면 이렇게 노래하지 않았을 것이다. 시인에게 야훼는 충분히 그럴 수 있는 신이다.

너무 끔찍해서 끝까지 읽지 않는 시편을 하나 더 들어보자.

> 우리가 바빌론의 강변 곳곳에 앉아서 시온을 생각하면서 울었다. 그 강변 버드나무 가지에 우리의 수금을 걸어 두었더니 우리를 사로잡

아 온 자들이 거기에서 우리에게 노래를 청하고 우리를 짓밟아 끌고 온 자들이 저희들 흥을 돋우어 주기를 요구하며 시온의 노래 한 가락을 저희들을 위해 불러 보라고 하는구나. 우리가 어찌 이방 땅에서 주님의 노래를 부를 수 있으랴. 예루살렘아, 내가 너를 잊는다면 내 오른손아, 너는 말라비틀어져 버려라. 내가 너를 기억하지 않는다면 내가 너 예루살렘을 내가 가장 기뻐하는 것보다도 더 기뻐하지 않는다면 내 혀야, 너는 내 입천장에 붙어 버려라.(시편 137:1-6)

1970년대 말에 노래로 만들어져서 널리 불렸던 시편이다. 구약성서를 몰라도 이 시편을 아는 사람이 많다. 하지만 노래에 들어간 부분이 전부는 아니다. 손이 말라비틀어진다느니 혀가 입천장에 붙어 버리라느니 하는 말은 끔찍해서 그런지 노래에 사용되지 않았다. 이어지는 구절은 더 끔찍하지만 말이다.

주님, 예루살렘이 무너지던 그 날에 에돔 사람이 하던 말, "헐어 버려라, 헐어 버려라. 그 기초가 드러나도록 헐어 버려라" 하던 그 말을 기억하여 주십시오. 멸망할 바빌론 도성아, 네가 우리에게 입힌 해를 그대로 너에게 되갚는 사람에게 복이 있을 것이다. 네 어린아이들을 바위에다가 메어치는 사람에게 복이 있을 것이다.(시편 137:7-9)

에돔 사람은 유다가 바빌론에 공격당했을 때 돕지 않은 이웃이다. 시인은 야훼가 그들의 행태를 잊지 말아 달라고 빈다. 바빌론에 대해서는 복수해 달라고 청한다. 복수하는 자를 축복했지만 실제로는 야훼가 그렇게 해주기를 바란다. 충격적인 대목은 그 다음이다. "네 어린아이들을 바위에다가 메어치는 사람에게 복이 있을 것이다." 자기들을 망하게 한 바빌론 어린아이들을 바위에 메어쳐 죽이는 자를 축복한단다. 이 역시 야훼가 그래주기를 바란다는 뜻이다. 이스라엘은 야훼가 이런 폭력을 행할 수 있는 신으로 믿었다.

악을 방조한 행위는 정당한가?

사람이 행하는 폭력을 야훼가 반대하지도 않고 제동을 걸지 않은 경우도 있다. 최소한 묵시적으로 폭력을 인정했거나 부정하지 않았다고 볼 수밖에 없다.

창세기 34장의 디나 이야기가 그렇다. 야곱 가족이 세겜에 머물 때였다. 야곱의 딸 디나가 외출했다가 하몰의 아들 세겜에게 강간당하는 일이 발생했다.(세겜은 지명이자 사람 이름이다) 이 경우 강간범이 강간당한 여자를 버리기 십상이지만 세겜은 달랐다. 디나와 결혼하겠다고 아버지를 졸랐다. 그래서 하몰이 야곱을 만나서 둘을 결혼시키자고 했지만 야곱의 아들들이 반대했다. 이들은 세겜과 그 지역의 모든 남자들이 할례를 받으면 결혼을 허락하겠다고 거짓말했다. 모든 남자들이 할례를 받고 거동할 수 없을 때 시므온과 레위가 그들을 몰살했고 다른 아들들은 세겜 사람들의 재산을 약탈했다. 나중에 이를 알게 된 야곱이 아들들을 나무랐지만 돌이킬 방법은 없었다.(창세기 34:1-31)

여기에 야훼는 등장하지 않는다. 화자도 야훼를 언급하지 않으므로 야훼가 이 사건을 어떻게 봤는지는 알 수 없다. 해석자들이 야곱 아들들의 행위를 옹호하려고 애썼지만 그래도 야훼가 이들의 거짓말과 약탈을 제지하지 않았다는 사실은 변하지 않는다. 악행이 저질러질 때 막지 않거나 관망하는 행위는 사실상 그 악행을 방조하는 것과 다를 바 없다. 여기서 야훼가 그랬다.

사사기 19장에 나오는 레위 사람의 첩 이야기도 비슷하다. 에브라임에 살던 한 레위 사람이 유다 베들레헴 출신 한 여자를 첩으로 데려왔는데 부부싸움 끝에 여자가 친정으로 가서 넉 달 동안 돌아오지 않았다. 그리하여 남편이 아내를 데리러 갔다가 돌아오는 길에 기브아에서 하룻밤 묵게 됐는데 거기 불량배들이 그들이 묵는 집으로 몰려와서 레위 사람과 '관계하려니' 그를 내놓으라고 억지를 부렸다. 주인집 노인이 그 사람 대신 처녀인 자기 딸과 레위 사람의 첩을 내줄 테니 물러가라고 사정했지만 그들은 듣지 않았다. 결국 레위 사람은 자기 첩을 그들에게 내줬고 그들은 밤새 그녀를 윤간한 후 새벽에 놓아줬다. 그녀는 주인 집 문 앞에서 죽었다. 남편은 집으로 돌아와서 그녀 시신을 열두 토막 내서 이스라엘 온 지역으로 보냈다.(사사기 19:1-30)

이 엽기적인 사건은 성서의 권위를 높이려 애쓰는 학자조차도 옹호하기 힘들 정도다. 디나가 강간 당했을 때나 야곱의 아들들이 못된 짓을 했을 때처럼 여기서도 야훼는 언급되지 않았다. 그들의 행위를 막지도 않았고 사후에 벌하지도 않았다. 소돔에서는 천사들이 소돔 남자들의 악행을 막았지만 기브아에서는 그런 일이 일어나지 않아서 여자는 처참하게 윤간 당한 후에 죽었다. 여자가 죽었을 때도 야훼는 거기 없었다. 알면서도 침묵했는지 아예 몰랐는지, 좌우간 야훼는 행동하지 않았다.

죄는 사람들이 저질러 놓고 왜 야훼 탓을 하냐고 반박할 수 있다. 무신론자는 그럴 수 있지만 구약성서를 하나님의 말씀으로 믿는 기독교인은 그럴 수 없다. 야훼는 마땅히 이런 악행을 막았어야 한다고 생각한다. 사후에라도 그들을 벌했어야 한다고 믿는다. 하지만 야훼는 행동하지 않았다.

기독교인의 믿음과는 다른 모습으로 하나님이 묘사된 이런 이야기를 우리는 어떻게 읽어야 할까? 결론을 말하면, 야훼의 폭력성이라는 문제를 깔끔하게 해결하는 방법은 없다. 구약성서를 경전으로 받아들이면서 동시에 거기 있는 모순과 폭력에도 불구하고 야훼에 대한 믿음을 버릴 수 없는 사람의 속을 시원하게 해줄 해결책은 없다. 많은 성서학자들이 이 문제를 해결하려고 애써 왔지만 만족할만한 해결책을 내놓지 못했다.

하지만 그 동안 학자들이 애써 이뤄 놓은 성과를 살펴보는 일은 의미 있고 필요하기도 하다. 그래야 우리가 지금 어디쯤 와 있는지 가늠할 수 있다. 다음 장에서 그 얘기를 해 보고 그에 대한 필자의 견해를 밝히겠다.

구약성서와 야훼의 폭력성을 다룬 연구도 많이 있다. 필자가 이 책을 쓰려고 준비하면서 읽은 것들의 저자와 제목만 적어 본다.

Manfred T, Baruch, *Abusing the Bible*. 2009.

Michael Bergmann, Michael J. Murray, and Michael C. Rea eds., *Divine Evil? The Moral Character of the God of Abraham*. 2011.

Paul Copan, *Is God a Moral Monster? Making Sense of the Old Testament God*. 2011.

David R. Blumenthal, *Facing the Abusing God: A Theology of Protest*. 1993.

M. Daniel Carroll R and J. Blair Wilgus eds., *Wrestling with the Violence of God: Soundings in the Old Testament*. 2015.

John J. Collins, *Does the Bible Justify Violence?* 2004.

Jerome F. D. Creach, *Violence in Scripture*. 2013.

Eryl W. Davies, *The Immoral Bible: Approaches to Biblical Ethics*. 2010.

Richard S. Hess and Elmer A. Martens ed., *War in the Bible and Terrorism in the Twenty-First Century*. 2008.

L. Daniel Hawk, *The Violence of the Biblical God: Canonical Narrative and Christian Faith*. 2019.

Philip Jenkins, *Laying Down the Sword: Why We Can't Ignore the Bible's Violent Verses*. 2011.

David T. Lamb, *God Behaving Badly*. 2022.

Claude F. Mariottini, *Divine Violence and the Character of God*. 2022

Jack Nelson-Pallmeyer, *Is Religion Killing Us? Violence in the Bible and the Quran*. 2003.

Ian Provan, *Seriously Dangerous Religion: What the Old Testament Really Says and Why It Matters*. 2004.

Thomas Römer, *Dark God: Cruelty, Sex, and Violence in the Old Testament*. 2013.

Eric A. Seibert, *Disturbing Divine Behavior: Troubling Old Testament Images of God*. 2009.

Eric A. Seibert, *The Violence of Scripture: Overcoming The Old Testament's Troubling Legacy*. 2012.

Adrian Thatcher, *The Savage Text: The Use and Abuse of the Bible*. 2008.

Charles Trimm, *The Destruction of the Canaanites: God, Genocide, and Biblical Interpretation*. 2022.

Jacob L. Wright, *War, Memory, and National Identity in the Hebrew Bible*. 2020.

Jeremy Young, *The Violence of God & The War on Terror*. 2008

논문도 수없이 많이 나와 있다. 필자가 참고한 것들 중 몇 가지만 적어 본다.

John J. Collins, "The Zeal of Phinehas: The Bible and the Legitimation of Violence," *Journal of Biblical Literature* 122/1 (2003) 3-21.

Eryl W. Davies, "The Morally Dubious Passages of the Hebrew Bible: An Examination of Some Proposed Solutions," *Currents in Biblical Research* vol. 3.2 (2005) 197-228.

Laura Feldt, "Destruction, Death, and Drama: Narratives of Religiocide in the Hebrew Bible," *Numen* 68 (2021) 132-156.

Terence E. Fretheim, "God and Violence in the Old Testament," *Word & World* vol. 24, Number 1 (2004) 18-28.

Eric A. Seibert, "Recent Research on Divine Violence in the Old Testament"(with special Attention to Christian Theological Perspectives), *Currents in Biblical Research* vol. 15.1 (2016) 8-40.

위의 연구들 대부분에는 구약성서와 야훼의 폭력성 문제를 해결하는 방법도 제시되어 있다. 각 연구가 제안하는 해결책에 차이가 있지만 공통점은 이들 폭력성을 변호하고 옹호하는 입장이라는 점이다. 구약성서에는 폭력적인 이야기가 많고 그 중에는 야훼가 개입되거나 직접 행위의 당사자인 경우도 있지만 거기에는 납득할만한 이유가 있다는 것이다.

필자는 성서해석자는 성서의 내용을 반드시 옹호해야 한다고 생각하지는 않는다. 위의 학자들 중에서 옹호하고 변증하겠다는 의지를 드러내는 사람은 많지 않다. 하지만 결국은 그런 방향으로 해석한다. 필자는 신무신론자들처럼 성서를 표면적으로만 읽고 비판일변도인 것에 동의하지 않지만 그렇다고 해서 변증하고 옹호하는 것이 해석자의 과제도 아니라고 생각한다.

결국 해석의 관건은 구약성서가 어떤 성격을 갖고 있는 문서로 보는지에 달려 있다. 그런 의미에서 다음 장은 구약성서와 야훼의 폭력성의 문제를 이해하는 데 매우 중요하다.

3장

야훼의 폭력성을 해결하는 다양한 방법

회피하지 말고 정면으로 부딪쳐야

구약성서에는 폭력적인 이야기들이 많다. 야훼의 폭력성을 보여주는 이야기도 많이 있다. 야훼는 사람을 죽이라고 명령하기도 했고 종족 전체를 말살하라고 명령하기도 했다. 차별을 용인하고 제도화하는 법령도 제정했고 다른 인종에 대한 증오를 불러일으키기도 했다. 사람들은 이슬람의 경전인 쿠란에 폭력적인 내용이 많다고 말하지만 필립 젠킨스(Philip Jenkins)는 그런 이야기가 쿠란보다 오히려 구약성서에 더 많다고 주장한다.

구약성서와 야훼의 폭력성 문제를 해결하려면 우선 그런 문제가 있음을 인정해야 한다. 해결책을 찾으려면 일차적으로 문제를 인정해야 하고 인정한다면 얼마나 심각하게 인정하는지가 중요하다. 교회는 오랫동안 이 문제를 정면으로 다루지 않았고 지금도 여전히 그렇다. 예배에서는 이런 이야기를 거의 읽지 않는다. 성서공부에서도 다루지 않는다. 공동정과표(common lectionary)에도 빠져 있다. 그만큼 기피되어 왔다. 존재하지 않는 이야기로 취급된다.

구약성서에서 폭력은 대개 전쟁과 관련되지만 전부 그런 것은 아니다. 권력관계, 억압, 가난, 소외, 트라우마에 대한 기억 등도 폭력과 관련된다. 폭력은 직접적이고 명시적으로 행사되는 경우가 대부분이지만 때로는 간접적이고 은밀하게 행사되기도 한다.

이렇듯 다양한 얼굴을 갖는 폭력을 구약성서는 일방적으로 긍정하지도 부정하지도 않는다. 저질러진 폭력에 침묵하는 경우도 있지만 그것을 비판하거나 재해석하기도 한다. 폭력적인 이야기가 시간의 흐름과 함께 개정되고 재해석되며 재창조되는 과정을 겪으면서 과거에는 인정했던 폭력을 비판하거나 부정하기도 한다. 이렇듯 폭력에 대한 구약성서의 견해는 매우 복잡하다. 복잡한 실타래를 끈기 있게 풀어가며 읽어야 한다.

폭력이 싫어서 피한다고 피해지지도 없어지지도 않는다. 구약성서의 폭력은 모세오경, 역사서, 예언서, 시편과 지혜서 등 장르를 가리지 않고 어디서나 발견된다. 구약성서에 야훼의 폭력성을 드러내는 구절이 일천 절이나 되고 그가 죽인 사람 숫자가 이백오십만 명이나 된다고 계산한 학자도 있다. 그런데도 대부분의 기독교인들에게 그런 이야기가 낯선 것은 교회가 의도적으로 피했기 때문이다. 피하지 않고 정면으로 맞서는 일이 우선이라고 말한 이유가 여기 있다.

최근에 하나님의 폭력을 연구하는 학자들이 많아졌다. 연구 성과를 전부 다루기 힘들 정도다. 야훼의 폭력성에 대한 구약성서의 서술 중에는 전통적인 기독교 신관에 맞지 않거나 상반되는 것도 드물지 않다. 이에 대해 존 바튼(John Barton)은 이렇게 말한다.

> 대부분 기독교인은 하나님을 알려고 성서를 읽는다. 그들은 하나님은 누구이고 무엇을 행했으며 그들에게 무엇을 요구하는지를 성서가 말해주리라고 기대한다. 그러나 그런 태도로 성서를 읽는 사람은 곧 실망한다. 성서가 보여주는 하나님은 기껏해야 은총이면서 동시에 저주임을 알게 되기 때문이다. 하나님은 때로는 사랑하고 부드러우며 신뢰할만하지만 때로는 제멋대로이고 냉혹하며 무감각해 보인다. …… 구약성서에서 얻는 하나님에 관한 정보는 대체로 모호하다. 성서에서 현재 유대인과 기독교인이 믿는 하나님을 찾아내기는 매우 어렵다.

야훼의 폭력성에 관한 이야기가 여성, 원주민, 성적 소수자 등에 가해지는 차별과 폭력을 정당화한다는 사실은 매우 안타깝다. 이에 분노하는 사람이 많다. 보수 기독교인들은 하나님의 말씀인 성서가 그렇다는데 무슨 권한으로 부정하느냐고 목소리를 높인다. 그렇다면 그런 줄 알라는 것이다.

학계에도 다양한 입장이 있다. 야훼의 폭력에 대해서 성서가 그렇게 말하니 액면 그대로 믿어야 한다는 학자도 있고 그래서는 안 된다고 주장하는 학자도 있다. 폭력을 행사하긴 했지만 거기에는 그럴만한 이유가 있다며 그 이유를 설명하는 학자도 있다. 이들 주장을 살펴 보는 일은 학자들이 그 동안 가나안 정복 이야기를 어떻게 읽어왔는지를 아는 데 도움이 될 뿐 아니라 우리가 어떻게 읽을지를 결정하는 데도 도움이 된다.

야훼가 했으니 무조건 옳다는 주장

지금도 보수적인 개신교 학자들은, 성서는 전적으로 신뢰할만하므로 성서가 야훼에 대해서 말하는 내용은 모두 옳다고 주장한다. 성서에는 어떤 오류도 없으므로 성서가 하나님에 대해 말하는 모든 것이 옳다는 것이다. 야훼는 성서의 진술대로 가나안 종족들을 몰살하라고 명령했고 이스라엘은 그 명령을 그대로 수행했다. 야훼는 소돔과 고모라 주민들을 몰살했고 이집트 군인들을 바다에 처넣었으며 가나안 종족들을 남녀노소 막론하고 몰살했다. "만일 하나님이 성서가 말하는 바로 그 하나님이 맞는다면 그가 한 모든 행위는 선하다. 종족 말살을 명한 경우도 그렇다."(유진 메릴[Eugene Merrill])

야훼가 했으니 옳다고 주장하는 학자가 모두 유진 메릴과 같지는 않다. 그럴 만한 이유가 있어서 야훼가 폭력을 썼다는 주장도 있다. 야훼의 폭력에 희생된 자들은 악했기 때문이란 주장이 그렇다. 야훼가 개인이나 집단에게 폭력을 행사한 까닭은 야훼가 정의로움을 보여주기 위해서다. 언약궤가 떨어지려는 걸 막으려던 우짜를 죽인 것(사무엘하 6:7)도, 십팔만 오천 명의 아시리아 군대를 몰살한 것(열왕기하 19:35)도 모두 그럴 만한 이유가 있었다. "야훼의 모든 행위는 악인을 벌하고 의인을 보호할 목적으로 행해진 것이다."(데이비드 램[David

Lamb]). 그렇다면 엘리사를 대머리라고 놀린 마흔두 명의 어린아이를 그가 야훼의 이름으로 저주하자 곰이 물어 죽인 일(열왕기하 2:23-25)은 어떻게 봐야 할까? 여기에 어떤 정당한 이유가 있는가?

야훼가 더 큰 선을 이루려고 폭력을 행사했다고 주장하는 학자도 있다. 폭력을 행사한 것은 사실이지만 그것은 더 큰 선을 이루기 위해서였다는 거다. 야훼가 가나안 종족을 몰살한 것도 이스라엘을 그들의 해악에서 보호하기 위해서였다. 마치 의사가 암 덩어리를 수술로 제거하는 것처럼 말이다. 가나안 종족을 몰살하지 않았다면 이스라엘이 그들에게 유혹 당해서 온갖 역겨운 짓을 했을 것이므로 더 큰 선을 이루기 위해 그들을 몰살하는 것은 불가피했다. 괴질이 퍼지는 것을 막으려고 병든 짐승을 살처분하듯이, 전투에서 반격 당하기 전에 선제 타격하듯 했다는 얘기다.

야훼의 폭력을 옹호하려고 '점진적 계시론'(progressive revelation)을 끌어오는 학자도 있다. 점진적 계시란 야훼가 받는 사람의 역사적, 문화적 수준에 맞춰서 자신의 뜻을 드러낸다는 주장으로서 '진화적 접근방법'(evolutionary approach)과도 비슷하다. 계시도 모두 수준이 같지는 않고 발전단계가 있다. 야훼는 사람들이 수용할 수 있는 범위 안에서 자신을 계시하고 거기에 맞는 수준의 도덕성을 요구한다. 종족말살은 당시 사람들의 윤리수준에서는 용납할 수 있는 행위였다.

야훼가 명령하고 실행한 폭력이 겉으로 보기보다는 나쁘지 않다는 주장도 있다. 야훼가 행한 폭력은 당시 중동문명권의 기준보다 수위가 낮다. 여성에 대한 태도나 고아, 과부, 나그네를 존중하라는 규정은 당시 다른 종족의 윤리보다 높은 수준이다. 야훼는 주변 종족의 신들보다 높은 도덕성을 갖고 있었다.

이런 방법으로 야훼의 폭력성을 옹호하는 입장의 문제점은 그것이 독자들에게 미치는 부정적 영향을 진지하게 생각하지 않는다는 점이다. 현재 행해지는 유사한 폭력을 정당화하는 데 이용되기도 한다. 이들의 의도와는 달리 야훼의 성격을 왜곡함으로써 성서의 신뢰도를 떨어뜨릴 수도 있다. 성서를 무비판적으로 읽게 만들 수도 있으며, 악을 선으로 변형하거나 타인에 대한 사랑이 무의미하다고 여기게 만들 수도 있다.

정경 안의 정경 접근방법

야훼의 폭력을 좋게만 볼 수는 없지만 그렇다고 해서 일방적으로 그것만 강조해서도 안 된다는 주장이 있다. 야훼는 폭력을 휘두르기만 하는 신이 아니다. 구약성서에서 그런 얘기는 극히 일부분에 불과하다. 야훼가 사랑을 베풀고 긍휼을 실천하는 자애로운 모습을 보이는 얘기가 훨씬 더 많다. 양자 간에 균형을 맞추는 것이 필요하다.

토마스 뢰머(Thomas Römer)가 이런 주장을 한다. 야훼가 보이는 불편한 모습을 제거하려는 시도는 구약성서를 무비판적으로 읽기 때문이다. 구약성서 텍스트는 그것이 쓰인 때의 역사적 정황과 문화적 환경을 감안해서 읽어야 한다. 가나안 정복 이야기가 폭력적으로 표현된 까닭은 요시야 왕 때 편집됐기 때문이다. 무자비한 폭력을 휘두르는 아시리아 제국에 대항해서 정신승리라도 이루려면 야훼가 그들을 능가하는 폭력을 행사했다고 믿어야 했다.

탈출한 이스라엘을 추격하던 이집트 군대가 바다에 빠져 죽은 이 야기도 일방적인 야훼의 폭력 이야기가 아니다. 이스라엘이 군사행 위를 전혀 하지 않고 야훼가 그들을 수장시키는 걸 보기만 했으므로 그 얘기의 메시지는 비폭력이다. 신명기, 여호수아, 에스라서처럼 다 른 종족을 배타적으로 대하는 문서들도 이스라엘의 조상들을 통해 서 모든 종족을 축복하겠다는 약속과 함께 균형 있게 읽어야 한다.

균형을 추구하는 입장 중에 '정경 안의 정경 접근방법'(canon-within-a-canon approach)이 있다. '정경 안의 정경'은 성서 안의 모든 이야기가 동등한 지위를 갖지 않는다는 것이다. 그 중에는 특히 더 중요한 이야기가 있는데 그것을 '정경 안의 정경'이라고 부른다. 드 러내 놓고 이렇게 주장하는 학자는 많지 않지만 실제로 많은 학자들 이 암암리에 성서를 이렇게 해석한다. 계명들 중에서 십계명을 최고 로 치는 것처럼 말이다.

'정경 안의 정경'이 구체적으로 뭔지에 대해서는 학자마다 의견이 다르다. 여성안수를 반대하는 입장에서는 여자가 남자의 갈빗대로 창조됐다는 이야기(창세기 2:20-21)나 여자들은 교회에서 입을 다물라 는 바울의 말(고린도전서 14:34-35)이 '정경 안의 정경'이지만 찬성하는 사람은 모든 신자는 그리스도 안에서 하나이므로 그 어떤 차별도 인 정해서는 안 된다는 구절(갈라디아서 3:28)이 그것이다. 양쪽 모두 상대 방의 주장에 설득되지 않는다.

이 방법으로 가나안 정복 이야기를 읽으면 어떻게 될까? 거기서 '정경 안의 정경'은 종족말살 그 자체라고 주장하는 학자도 있고 그게 아니라 야훼가 어떤 목적으로 말살을 명령했는지가 '정경 안의 정경'이라고 주장하는 학자도 있다. 앞 장에서 인용한 신명기 7장 1-5절만 보면 거기서 정경 중의 정경은 몰살명령이 아니라 배교의 위험에 대한 경고다.

이 방법의 장점은 단순함에 있다. 구약성서의 모든 계시가 동등한 권위를 갖지는 않으므로 오늘의 시각으로 시대에 뒤떨어진 이야기에는 '정경 안의 정경'이 아니라는 딱지를 붙이면 그만이다. 더 이상 폭력 이야기의 윤리성을 문제삼지 않아도 된다. 시대에 뒤떨어진 얘기로 치부하면 그만이다. 십계명은 영원한 가치와 최고의 권위를 갖지만 부모를 저주한 자식을 사형에 처해야 한다는 계명(레위기 20:9)은 그런 가치와 권위를 갖지 못하므로 폐기해도 된다.

문제는 정경 안의 정경을 정하는 기준이 '오늘의 기준'이라는 점이다. 오늘의 기준으로 봐서 타당하면 정경 안의 정경이고 그렇지 않으면 아니다. 하지만 오늘의 기준이란 것도 자의적이다. 사람마다 다르다. 그러니 그게 기준일 수 없다. 정경 안의 정경이 아닌 이야기는 어떻게 해야 할지도 문제다. 간직해야 하나 폐기해야 하나? 간직한다면 거기에 어떤 의미를 부여해야 할까? 기준이 성서 바깥에 있다는 점도 문제다.

사정이 이러니 이 방법을 비판하는 학자들도 많다. 이 방법은 신학적으로 의심스럽고 받아들일 수 없는 이야기에서 윤리적인 가르침을 찾아내려고 취하는 방법이지만 이상의 이유들로 인해 비판을 면치 못한다. 하지만 많은 학자들이 실제로 이 방법을 은연중에 사용한다. 자신도 모르게 사용하는 경우도 있다. 이 방법에 대한 사용이 불가피하다면 정경 중의 정경이 무엇인지 규명하는 기준과 과정이 주석적으로 타당함을 보여줘야 한다.

통전적 접근방법

통전적 접근방법(holistic approach)은 정경 안의 정경 접근방법에 대립하는 방법으로 볼 수 있다. 이 방법에 따르면 특정 텍스트/이야기를 우위에 두어 '정경 안의 정경'으로 규정하는 것은 전체적인 성서 메시지를 왜곡하거나 가치절하 하는 잘못된 행위다. 성서의 특정 부분에 특권을 부여하지 말고 성서 전체의 메시지를 다뤄야 한다. 구약성서의 윤리적 규범을 이해하기 위해서도 부각되는 몇몇 텍스트만 다루지 말고 전체를 다뤄야 한다.

이 방법은 의심스럽고 불쾌해서 받아들이기 힘든 이야기도 모두 다뤄야 한다고 주장한다. 정말 그럴 수 있는지는 의문이지만 이론적으로는 정당한 주장이다. 성서를 포괄적인 시각으로 보면 윤리적으로 받아들이기 어려운 이야기도 걸림돌이 되지 않는다. 비윤리성을 해소하는 이야기를 다른 데서 발견하기 때문이다. 야훼가 분노했다는 이야기를 그의 사랑과 은혜를 드러내는 이야기와 함께 읽고, 그를 피에 굶주린 복수의 신으로 그리는 이야기를 그가 오래 참고 고통 당하며 화내기를 더디 하는 이야기를 배경으로 읽으면 얼마든지 받아들이고 이해할 수 있다. 독자는 부정적인 이야기와 긍정적인 이야기 둘 중 하나를 선택하지 않아도 된다. 구약성서에는 다양한 신학들이 있고 그것들이 때로는 경쟁적인 메시지를 내세우지만 통전적으로 읽으면 부정적인 메시지를 왜곡해서 긍정적으로 변형하지 않아도 된다.

구약성서가 노예제를 인정하고 가부장제를 당연시하는 등의 문제가 있지만 교회는 통전적 방법으로 성서의 일관된 메시지를 찾아냈고 전체적으로 어느 방향으로 나아가는지 인지했기 때문에 노예제 폐지와 남녀평등을 이루는 데 기여할 수 있었다.

가나안 정복 이야기에도 이 방법을 적용할 수 있다. 이 방법은 그 이야기에 담긴 윤리문제를 없애지는 못하지만 더 정제된 시각으로 볼 수 있게 돕는다. 이 시각으로 보면 가나안 정복은 다시는 되풀이되지 않을 과거의 일회적 사건이다. 가나안 정복전쟁 방식인 '헤렘'은 사울 시대에 한 번 반복된 것 외에는 더 이상 실행되지 않았다. 예언자들 중에는 이 방식을 인정한 사람이 없다. 차일즈(Brevard Childs)에 따르면 가나안 정복은 야훼가 이스라엘의 조상들에게 했던 약속을 배경으로 해서 통전적으로 읽어야 한다. 이 약속은 야훼가 세상에 평화를 가져오리라는 예언(이사야 2:1-4)에서 완성된다. 그는 이를 '내적인 역동성'(inner dynamic)이라고 불렀다.

이 방법에도 약점이 있다. 성서를 통전적으로 읽으려면 성서의 보편적인 경향과 흐름을 찾아내야 하는데 거기에 해석자의 편견이나 자의적 판단이 개입될 수 있다. 해석자가 내세운 주장이 정말 성서의 것인지 해석자의 것인지를 판단할 수 있어야 한다. 구약성서의 다양한 윤리적 가치 중에서 어느 것이 성서의 통전적 흐름에 부합하는지를 판단하기도 어렵다. 해석자의 자의적 판단이 개입될 여지가 여기도 있다. 이 방법을 제대로 적용하려면 성서의 다양한 윤리적 주장을 있는 그대로 인식하고 균형 잡힌 시각으로 평가해야 하는데 이게 쉬운 일이 아니다. 과연 성서적 사고에 통일성(unity)이란 것이 있는지도 확인되어야 한다. 이 모든 시도에 해석자의 주관적 생각이 개입할 여지가 얼마든지 있다.

문화상대주의적 접근방법

문화상대주의적 접근방법(cultural relativists' approach)은 구약성서가 특정한 역사적, 사회문화적 배경에서 생산된 문서이므로 그 배경에 비춰서 이해해야 한다는 입장이다. 역사적, 문화적 배경을 이해하는 것이 성서해석에 필수적이라는 주장이다.

구약성서 저자들은 특정한 역사적 조건 속에서 성서를 썼다. 성서에 반영된 윤리적 규범과 가치도 역사적으로 조건 지어져 있을 수밖에 없다. 구약성서도 다른 고대 문서처럼 특정 시대에 특정 장소에서 살던 특정 집단을 일차적인 독자로 쓰였다. 현대인이 일차적 독자가 아닌 문서다.

이 방법은 특히 여성주의 시각을 가진 학자들에게 환영받는다. 구약성서에 나오는 가부장적이고 여성비하적인 이야기들은 특정 시대의 산물이다. 만고불변의 진리가 아니다. 물론 이 시각이 여성주의의 전유물은 아니다.

문화상대주의적 방법에도 문제가 있다. 구약성서가 우리와 다른 시대적 상황에서 쓰였다면 그것이 갖는 권위도 상대적일 수밖에 없다. 그렇다면 왜 우리는 구약성서에서 오늘의 문제에 대한 답을 찾아야 하나? 경전으로서 구약성서의 권위를 부정하는 극단적인 판단도 불가능하지 않다. 물론 이 방법을 적용하는 학자들도 구약성서가 시대를 초월하는 윤리와 가치를 포함한다고 본다. 그것이 무엇인지, 그것과 시대적 제약을 받는 가치를 어떻게 구별할지, 구별기준은 뭔지에 대해서는 의견이 일치하지 않지만 말이다.

반대편에서 비판하는 학자도 있다. 이들은 구약성서 시대와 현대가 정말 그렇게 다르냐고 반문한다. 둘 사이에 공통점은 없는지, 둘을 연결하는 다리는 없는지를 묻는다. 두 시대의 차이를 과장하는 것은 정당하지 않다. 현대 독자가 고대인의 정신세계를 파악할 수 없다는 전제도 역시 옳지 않다. 보편성이란 게 존재하니 말이다.

가나안 정복 이야기를 문화상대주의적으로 읽는 시도에도 비판점이 있다. 정복 이야기를 이해하려면 그 시대에 대한 역사, 문화적 지식을 가져야 한다는 주장은 옳다. 고대 전쟁은 지금의 그것보다 더 적나라하게 폭력적이었으므로 현대의 윤리기준을 적용할 수는 없다. 이 접근방법은 당시 전쟁에서 적을 멸절하는 행위가 드물지 않았다고 주장한다. 이 방법은 가나안 정복전쟁을 증오나 보복에서 비롯된 전쟁이 아니라 야훼에게 제물을 바치는 제의행위(ritual)로 본다. 현대인의 생각처럼 비윤리적이지는 않다는 것이다.

하지만 이렇게 보면 폭력성 문제가 해결될지는 의문이다. 야훼에게 바치는 제의행위였다면 윤리적 문제가 해결되기는커녕 더 악화되는 게 아닐까? 야훼가 더 폭력적인 신이 되는 게 아닐까? 적을 멸절하는 전쟁이 고대중동문화권에서 드물지 않았다는 주장도 근거가 없다. 대개의 경우 패한 사람들을 노예로 삼았다. 가나안 정복에서 '멸절'을 의미하는 '헤렘'이란 말이 고대중동문화권에서 사용된 예는 드물다. 보편적인 전술이 아니었다는 얘기다.

이 방법은 구약성서 폭력성의 윤리문제를 우회하거나 회피하는 역할을 해왔다. 하지만 그 반대의 효과를 만들어낸 적도 많다. 문화상대주의가 다른 문화에 비해 자기 문화가 우월하다는 뜻으로 쓰인 경우가 그렇다. 이스라엘을 주변 종족들과 비교할 때 문화상대주의에 입각해서 구약성서가 우월하다고 주장하는 학자도 많았다.

문화는 시대와 지역에 따라 다르므로 상대성을 인정하는 것이 마땅하다. 하지만 그것도 정도의 문제다. 어느 시대, 어느 지역이나 통용되는 공통적인 윤리가치라는 것도 있다. 가나안 정복 이야기의 윤리성을 상대적이라는 척도로 볼지, 상대성을 초월하는 보편성을 기준으로 볼지는 이 접근방법이 해결해야 할 과제다.

야훼의 폭력성에 대한 비판

구약성서의 신은 모든 소설(fiction)을 통틀어 가장 불쾌한 주인공이라고 할 수 있다. 시기하고 거만한 존재, 좀스럽고 불공평하고 용납을 모르는 지배욕을 지닌 존재, 복수심에 불타고 피에 굶주린 인종청소자, 여성을 혐오하고 동성애를 증오하고 인종을 차별하고 유아를 살해하고 대량 학살을 자행하고 자식을 죽이고 전염병을 퍼뜨리

고 과대망상증에 가학피학성 변태성욕에 변덕스럽고 심술궂은 난폭
자로 나온다.(리처드 도킨스[Richard Dawkins])

신무신론의 대표주자 리처드 도킨스의 저서《만들어진 신*The God Delusion*》에서 자주 인용되는 대목이다. 야훼의 폭력성을 비판하는 구약성서학자가 동의하는 취지로 이 구절을 인용하기도 한다. 구약 성서에는 야훼가 이런 성격을 드러내는 이야기들이 있다. 그를 '불쾌한' 주인공이라 부른 것은 저자의 주관적 판단이니 그렇다 치고 그 밖의 성격규정에는 근거가 없지 않다. 하지만 야훼가 '과대망상 증에 가학피학성 변태성욕'의 소유자라고 규정한 근거가 뭔지 모르 겠다.

이런 식으로 야훼를 비난한 사람은 도킨스가 처음도 아니고 유일 하지도 않다. 구약학자 중에도 야훼의 폭력성을 비판하는 사람들이 많다. 이들은 야훼에 대한 성서의 진술이 늘 옳지는 않다고 전제한 다. 성서는 하나님과 사람의 공동생산물이기 때문이다. 성서에는 사 람이 갖고 있는 제약과 한계와 편견이 들어있다. 성서가 야훼를 폭 력과 전쟁의 신으로 묘사하는 것도 이것과 무관하지 않다.

테렌스 프레타임(Terence Fretheim)은 폭력적인 하나님 이미지를 모 두 받아들이지도 모두 거부하지도 않는 중도의 입장을 갖고 있다. 그는 텍스트의 하나님(textual God)과 실제 하나님(actual God)을 구분 한다. 독자가 성서에서 만나는 텍스트의 하나님이 반드시 실제 하나 님은 아니다. 하나님은 때로 폭력에 개입하지만 그것 모두가 실제의 하나님을 반영하지는 않는다. 폭력과 전쟁의 신 하나님은 인간의 한

계 안에서 표현된 텍스트의 하나님인 경우가 많다. 하나님은 자신의 힘을 인간과 나누기로 선택함으로써 스스로를 제약한다.(divine self-limitation) 하나님은 세상에서 사람과의 관계 속에서 자신의 뜻을 이룬다. 하나님의 뜻이 이루어지는 이 세상에는 폭력이 상존하므로 하나님 일에도 폭력의 개입이 불가피하다.

여성주의 성서학은 구약성서와 야훼의 폭력, 특히 여성에 대한 폭력에 비판적이다. 구약성서에는 실제로 여성을 비하하고 학대하는 이야기도 많고 그런 취지의 비유도 많다. 예레미야는 하나님을 이스라엘이라는 아내를 학대하고 때리는 남편으로 비유한다.(특히 예레미야 3장) 이런 이야기는 재해석되어야 한다. 그들 중에는 폭력의 수위가 재해석으로 해결할 정도를 넘었다고 보는 사람도 있다. 이들은 구약성서가 현대사회에 미치는 영향력이 크기 때문에 성서가 보여주는 여성비하 태도가 현실에 영향을 미쳐서 여성비하와 여성폭력에 면죄부를 주게 해서는 안 된다고 주장한다.

야훼의 폭력성을 가장 신랄하게 비판한 학자는 헥터 아발로스(Hector Avalos)다. 그는 성서학자로 학문경력을 시작했지만 나중에는 무신론적 인류학자가 됐다. 그의 종교비판 강도는 신무신론자들의 그것과 비슷하다. 그는 폭력성은 종교의 본질이고 핵심이라고 주장한다. 그것은 종교의 부산물이나 부작용, 종교에 대한 오해의 산물이 아니다. 종교가 폭력적인 이유는 희소자원을 차지하려는 투쟁 때문인데 이 자원은 실재하는 것이 아니라 종교가 만들어 낸 허구다. 유일신 신앙의 배타주의적 정체성이 종교 폭력의 최대 원인이다. 구약성서가 경전인 유대교가 특히 그렇다. 유대교가 주장하는 특별계시와 선민사상, 예루살렘 성전이 우주의 중심이란 신념, 토라에 대한 훼손에 가해지는 폭력 등에서 배타성과 폭력성이 잘 드러난다. 종교의 폭력성을 해결하려면 종교를 아예 없애버리거나 희소자원을 두고 벌이는 투쟁을 종교에서 지워버려야 한다.

필자가 보기에 아발로스는 새로운 주장을 내세우지는 않는다. 종교 자체를 없앤다든지 희소자원을 두고 벌이는 투쟁을 없앤다는 주장은 현실성도 없다.

마크 론케이스(Mark Roncase)와 제레미 영(Jeremy Young)도 구약성서의 폭력성에 대해서 책을 썼다. 론케이스는 구약성서와 야훼의 폭력성은 풀어야 할 해석의 문제가 아니라 인정해야 할 신학적 실재라고 주장한다. 해석을 잘 한다고 풀리는 문제가 아니라는 얘기다. 하나님이 도덕적으로 선하고 절대적이고 완전하다는 전제를 버려야 한다. 그럴 때 비로소 구약성서의 하나님이 누군지가 눈에 들어온다. 하나님은 친절하면서도 잔인하고, 선하면서도 인종 학살을 마다하지 않고, 현존하면서도 부재하는 역설적인 신이다. 하나님에 대한 성서의 다양한 얘기를 하나의 체계로 구성하면 이런 역설로 귀결된다. 하나님에 대한 성서의 다양한 얘기를 모두 있는 그대로 받아들이면 안 된다. 하나님의 태도와 행위를 비판해야 할 때는 비판하고 저항해야 할 때는 저항해야 한다. 이상은 론케이스의 주장이다.

제레미 영에 따르면 야훼의 폭력에 대한 저항은 주변의 목소리가 아니라 성서의 핵심증언이다. 이 점은 폭력에 대한 저항의 목소리를 대항증언(counter-witness)이라고 명명한 월터 브뤼그만(Walter Brueggemann)과 반대다. 구약성서는 야훼의 폭력성을 일관되게 서술하지만 이 점을 승인하면 안 된다. 인정(acknowledgement)할지라도 승인(approvement)해서는 안 된다. 욥과 저항시편 시인들이 그랬던 것처럼 하나님의 폭력에 반대해야 한다.

론케이스와 영, 두 사람 모두 폭력적이고 독단적인 하나님에게 저항해야 한다고 주장하면서도 그 하나님이 실제의 하나님은 아니라고 주장한다. 그럼 '실제 하나님'은 누굴까? 그는 어떤 신일까? 자기들이 생각하는 하나님이 실제 하나님임을 이들은 어떻게 알까? 이들은 실제 하나님은 비폭력적이라고 전제하는 듯하다. 텍스트를 주석해서 그런 결론에 도달한 게 아니라 처음부터 그렇게 전제하는 것으로 보인다. 그렇다면 텍스트를 주석하지 않고 자신의 생각을 텍스트에 주입한 게 아닐까? 설령 그들의 결론이 옳다 해도 그걸 끌어내는 과정이 정당하지 않으면 결론에도 동의하기 어렵다.

프테타임, 론케이스, 영, 이 세 사람은 모두 텍스트의 하나님과 실제 하나님을 구분한다. 가부장성이나 폭력성 등 나쁜 점은 모두 텍스트의 하나님에게 돌리고, 좋은 점은 실제 하나님의 것이다. 필자는 이 주장에 동의하지 않는다.

우선 둘을 나누는 기준이 성서 안에서 나오지 않고 성서 외부에서 끌어들인다는 점에 동의할 수 없다. 게다가 그렇게 끌어들인 가치가 왜 기준이 되어야 하는지를 설명하지 않는다. 그 기준은 성서를 주석한 결과가 아니라 이미 해석자들의 머릿속에 전제되어 있다. 필자는 텍스트의 하나님과 실제 하나님을 나눌 수 있다는 이들의 과감성에도 놀라움을 금치 못한다. 이 '실제' 하나님은 어디서 오는 걸까? 텍스트의 하나님과 구별된다면 텍스트 밖에 있는 하나님인가? 텍스트 바깥 어디쯤에 가면 이 하나님을 만날 수 있을까? 이런 접근을 하는 학자 중에는 '성령'의 사역까지 성서해석에 개입시키는 사람도 있다. 이런 시도는 은혜로울 수 있을지 몰라도 설득력은 떨어진다.

그리스도 중심적 접근방법

그리스도 중심적 접근방법(Christocentric approach)은 예수 그리스도를 구약성서와 야훼의 폭력성을 판단하는 기준으로 삼는다. 이는 보수 진보를 망라해서 많은 학자들이 사용하는 방법으로서 성서가 하나님을 정확하게 표현하는지의 여부는 예수 그리스도를 기준으로 판단해야 한다고 주장한다. 구약성서와 야훼의 폭력이 정당하고 윤리적인지의 여부를 판단하는 기준은 예수다. 예수가 하나님의 도덕적 성격을 가장 정확하고 완전하게 보여준다. 예수가 하나님에 의해 규정되는 게 아니라 하나님이 예수에 의해 규정된다. 예수는 자애롭고 긍휼이 넘치는 하나님을 왜곡되지 않게, 충분하고 균형 있게 보여준다.

이런 예수가 보여준 하나님은 폭력을 명령하거나 행사하는 신이 아니다. 폭력을 용인하지도 않는다. 예수는 지배하는 신이 아니라 섬기는 하나님을 보여줬다. 예수가 계시한 사랑과 자애가 넘치는 하나님은 폭력적이지 않다. 브라이언 맥래런(Brian McLaren)에 따르면 성서에는 덜 성숙한 하나님 이미지와 성숙한 하나님 이미지가 혼재한다. 하나님에 대한 이스라엘의 이해 정도는 성숙한 방향으로 나아가긴

하지만 덜 성숙한 이미지도 여전히 남아 있다. 하나님을 제대로 알려면 성숙한 이미지에 집중해야 한다. 예수의 하나님은 폭력적이거나 종족적이지 않고 인종청소, 인종차별, 노예제도, 성차별주의, 동성애혐오, 전쟁, 종교적 우월주의 등을 용인하지 않는다.

존 도미닉 크로산(John Dominic Crossan)은 성서 안에 폭력적 하나님에 대한 시각과 비폭력적 하나님에 대한 시각이 공존함을 인식한다. 둘 중에 어느 편이 참된 하나님인지는 성서적 그리스도(biblical Christ)가 판단한다. "성서적 그리스도는 성서적 하나님의 판단기준이다." 성서적 그리스도는 어떤 분인가? 그는 비폭력적인가? 크로산은 그렇지 않다고 본다. 성서적 그리스도가 누군지를 보여주는 기준은 역사적 예수인데 이 역사적 예수는 비폭력적이지만은 않다. 예수는 폭력을 동원해서 성전을 정화했다.(요한복음 2:13-22) 종말에 관한 그의 가르침은 폭력으로 넘쳐난다.(마태복음 24:3-14)

그리스도 중심적 접근방법은 많은 성서학자들이 채택하는 방법이다. 필자는 이 방법에 문제가 없지 않다고 생각한다. 필자는 구약성서가 제기하는 질문의 답을 신약성서에서 찾으려는 시도는 옳지 않다고 생각한다. 이는 구약성서만으로는 야훼의 폭력성 문제를 해결할 수 없다고 인정하는 것이다. 대체 '해결'한다는 말이 뭘 의미할까? 어떻게 하는 것이 '해결'하는 걸까? 야훼가 폭력적이지 않음을 증명하는 것이 해결인가? 왜 그걸 증명해야 하나? 기독교인이 믿는 하나님은 비폭력적이어야 하니까? 이런 태도는 구약성서의 역사적 성격을 무시하는 것이다. 고대문서는 우선 그것의 고대성을 인정하고 해석해야 한다. 현대의 시각과 가치관으로 시간을 뛰어넘어 과거로 투사해서는 안 된다. 하지만 구약성서는 기독교의 경전이다. 시간을 뛰어넘는 가치와 교훈을 가진 책이다. 이 말은 현대의 시각과 가치를 과거에 투사해도 된다는 의미는 아니다. 고대문서로서 성서의 역사성을 감안해서 그 시대에 어떤 의미와 가치를 가졌는지를 이해하고, 달라진 지금의 상황에서는 그 의미와 가치가 어떻게 변형되어 적용될 수 있는지를 규명하는 것, 이것이 바로 구약성서라는 경전을 오늘의 기독교인이 바르게 읽는 방법이다. 이해할 수 없거나 오늘에 적용할 수 없는 이야기가 나오면 무조건 예수라는 잣대를 들이대는 것이 올바른 기독교적 해석은 아니다. 그런 의미에서 이른바 그리스도 중심적 해석에 필자는 동의할 수 없다.

독자반응적 접근방법

독자반응적 접근방법(reader-response approach)은 독자가 텍스트와 대화하고 상호작용하면서 텍스트의 의미를 만들어가는 접근방법이다. 독자는 이미 존재하는 텍스트의 의미를 수동적으로 받아들이기만 하지 않는다. 독자는 텍스트를 읽으면서 적극적으로 의미를 생산하는 역할도 한다. 텍스트의 '의미'는 텍스트와 독자의 공동생산물이다. 독자는 텍스트가 주장하고 전달하는 바를 평가하고 판단하며 거기에 자신의 가치관과 생각을 개입시켜서 의미를 생산한다.

이 방법은 특별히 윤리적인 내용이 들어있는 이야기의 해석에 유용하다. 하지만 이 방법을 적용하는 학자는 많지 않다. 오랫동안 성서학의 과제는 해석자의 생각이나 감정을 개입시키지 않고 텍스트의 의미를 끄집어내는 행위로 여겨져 왔기 때문이다. 야훼의 폭력성을 평가할 때도 해석자의 주관을 개입시키지 말고 텍스트 자체의 판단에만 근거를 둬야 한다는 전제가 오랫동안 해석자를 지배해 왔다.

얼 데이비스(Eyrl Davies)는 가나안 정복 이야기에 심각한 도덕적 결함이 있으므로 이를 비판하는 자세로 읽어야 한다고 주장한다. 폭력의 이야기를 수동적으로만 읽는 것은 해석자의 임무를 등한시하는 것이다. 독자반응적 방법은 폭력으로 가나안을 정복하고 종족을 멸절하라는 야훼의 명령을 비판한다. 종족말살은 부인할 수 없는 범죄이므로 그런 명령을 내린 야훼를 인정할 수 없다. 상황에 따라서는 성서가 내리는 윤리적 판단을 거부할 수 있다. 독자에게는 윤리적으로 받아들일 수 없는 이야기에 대해서 의미와 목적을 묻고 의심하며 반대할 권리와 의무가 있다.

독자반응적 방법은 성서의 영감과 권위에 대한 질문을 반드시 동반한다. 해석자가 성서의 권위를 해치지 않고도 그 규범적 가치와 윤리적 판단을 평가하고 비판할 수 있을지를 묻는다. 이 방법은 그럴 수 있다고 주장한다. 성서에는 단 하나의 통일된 가치와 규범만 있는 게 아니다. 관건은 성서가 제시하는 다양한 규범들 중에서 어떤 기준으로 가장 신뢰할 수 있는 규범을 찾을 수 있는지에 있다. 이는 가나안 정복 이야기뿐 아니라 구약성서 전체의 윤리적 적합성을 규명하는 데에도 중요한 의미가 있다.

어떻게 해결할 것인가?

야훼의 폭력성을 해결하는 방법들에는 모두 장단점이 있다. 필자는 야훼가 했으니 무조건 옳다는 주장을 제외하면 모두 부분적으로 타당성을 갖는다고 생각한다. 어느 편에도 전폭적으로 동의하지는 않지만 말이다. 필자는 여호수아서가 기원전 13세기 정복 전쟁 시기에 쓰이지 않았다고 생각한다. 그것이 요시야 시대든 그 이후든 정복전쟁 시기와는 멀리 떨어진 시대에 쓰였다. 후대 상황이 거기에 반영됐을 수 있다. 후대 사람들이 자기들 상황에 맞춰서 사건을 재해석했고 그게 본문에 반영되었을 수도 있다. 하지만 그런 요소를 가려내는 일은 불가능에 가깝다. 시도하는 학자마다 결과가 다 다르다. 그래서 요즘은 본문이 어떤 역사적 과정을 거쳐서 지금에 이르렀는지를 살피는 통시적 접근(diachronic approach)보다는 지금 우리 앞에 있는 텍스트를 있는 그대로 읽는 공시적 접근(synchronic approach)을 애호하는 학자들이 늘어났다. 필자는 가나안 정복 이야기를 해석하는 데 통시적 접근은 하지 않았다.

필자는 정복 이야기를 '정경 안의 정경 접근'이나 '통전적 접근'이나 '그리스도 중심적 접근방법'처럼 그것과 직접적인 관련이 없는 이야기들과 연결시켜서 해석하지 않았다. 여호수아서도 구약성서의 다른 책들과 연결되어 있다. 특히 모세오경과 사사기와 연결되어 있다. 모세오경, 여호수아서, 사사기는 여러 가지 의미로 연결되어 있는 책이다. 하지만 신약성서나 예수와 관련시켜서 정복 이야기를 이해하려는 시도에는 찬성하지 않는다. 그렇게 연결하지 않아도 정복 이야기에 담겨 있는 중요한 메시지를 읽어낼 수 있다. 필자는 그리스도 중심적 접근이 예수에 대해 일방적으로 해석하는 방식으로, 또한 예수와 여호수아서를 무리하게 연결함으로써 정복 이야기의 문제와 메시지를 덮어버린다고 보기 때문에 좋은 방법은 아니라고 본다.

1장에서 소개한 벤저민 서머는 '참여적 계시'(participatory revelation)라는 점잖은 표현을 썼지만 이는 결국 하나님의 계시란 계시를 주는 하나님과 그걸 받는 인간의 만남이고 부딪침이란 뜻이다. 계시는 하나님 편에서나 사람 편에서나 능동적이고 역동적으로 일어나는 '사건'이다. 성서가 하나님의 뜻이나 계시, 명령이나 계명이라고 부르는 것들 모두에 인간적 요소가 개입되어 있다는 얘기다. 사람은 역사적 사건이 됐든 자연현상이 됐든 아니면 꿈이나 비전이 됐든 다양한 방식으로 전해진 하나님의 뜻을 자기가 갖고 있는 정신적인 능력을 최대한으로 발휘해서 이해하고 공감해서 자기 언어로 번역했다. 여기에 계시를 받는 사람의 역사적 상황이 반영되지 않을 수 없다. 여기에 반영된 윤리적 기준과 규범, 가치 등도 대개의 경우 시대적 한계를 넘어서지 않는다.

가나안 정복 이야기는 하나님과 사람 사이에 벌어진 역동적 계시 사건의 산물이다. 야훼가 정말 헤렘 명령을 내렸는지는 알 수 없다. 우리가 아는 바는 그때 이스라엘은 야훼가 자기들에게 그렇게 명령했다고 믿었다는 사실이다. 그 믿음이 야훼의 계시를 올바로 이해한 것인지 아닌지 우리는 모른다. 하지만 그들은 헤렘이라는 계시를 자기들이 올바로 이해했다고 믿었다. 이스라엘이 야훼를 잘못 이해해서 폭력으로 가나안을 정복했다고 주장하는 학자들이 있다. 본래 야훼의 뜻은 그게 아니었는데 그들이 오해했다는 거다. 그걸 누가 알겠는가. 그들이 오해했는지 제대로 이해했는지를 어떻게 알겠는가 말이다. 만일 그들이 오해했다면 진정한 야훼의 뜻은 무엇이었을까? 평화롭게 가나안에 진입해서 가나안 사람들과 섞여 사는 것일까? 그렇게 판단할 근거는 어디에도 없다. 성서는 오히려 그 반대로 말한다. 그들을 다 죽이라고 했으니 말이다.

헤렘의 명령에 윤리적인 문제가 있다. 그 문제는 현대의 윤리기준으로 용납될 수 없다. 그래서 교회에서는 이 얘기를 피해왔다. 하지만 그때 이스라엘도 우리처럼 헤렘 명령을 윤리적 딜레마로 여겼는지는 불분명하다. 우리가 갖고 있는 자료만으로는 정확히 알 수 없지만 적어도 우리처럼 곤혹스러워하지는 않았음이 분명하다. 어쨌든 그들은 헤렘을 야훼의 명령으로 믿었고 그 명령을 실행했다. 적지 않은 허점과 모순점을 남겼지만 말이다.

정복 이야기를 다 분석한 다음에 해야 할 말이지만 필자는 야훼가 헤렘 명령을 내리지 않았다고 생각한다. 하지만 그걸 입증할 길은 없다. 명령을 내렸다고 믿는 사람 역시 그 믿음을 입증할 수 없다. 성서에 그렇게 쓰여 있다는 것 외에는 입증할 방법이 없다. 필자는 성서에 쓰인 것이 모두 사실이라고는 믿지 않기 때문에 그 명령을 야훼가 내리지 않았다고 생각하는 것이다. 그 명령도 하나님과 사람의 공동작품이다. 서론은 이 정도로 하고 본격적으로 정복 이야기를 다룰 차례가 됐다. 아직 한 단계가 더 남아 있다. 정복전쟁을 벌이기 전에 이스라엘이 했던 준비과정이 그것이다. 그 얘기부터 해보겠다.

이 장에서는 필자의 견해를 많이 얘기했다. 구약성서와 야훼의 폭력성 문제를 해결하는 방법을 소개하는 단락 말미에 필자의 평가를 적었다. 이 장 마지막에는 이 책 전체의 결론에 해당되는 내용을 미리 맛보기로 선보였다. 더 자세한 얘기는 15장에서 자세하게 얘기하겠다.

이 장 서두에 인용한 젠킨스의 글은 2011년에 나온 그가 쓴 *Laying Down the Sword: Why We Can't Ignore the Bible's Violent Verses* 71쪽에서 가져왔다. 존 바튼의 인용문은 로저슨(J. Rogerson)이 편집한 *Beginning Old Testament Theology*에 수록된 바튼의 논문 "Old Testament Theology" 91쪽에 있다. 야훼가 한 행동은 무조건 옳다는 취지의 유진 메릴(Eugene Merrill)의 글은 코울스(C. S. Cowles) 등이 편집한 *Show Them No Mercy: Four Views on God and Canaanite Genocide*에 수록된 "The Case for Moderate Discontinuity" 94쪽에 나온다. 바로 그 다음에 나오는 램(David Lamb)의 글은 그의 책 *God Behaving Badly: Is the God of the Old Testament Angry, Sexist, and Racist?* 103-104쪽에서 가져왔다. 정경 안의 정경 단락에 인용된 토마스 뢰머(Thomas Römer)의 글은 그의 책 *Dark God: Cruelty, Sex, and Violence in the Old Testament* 80쪽에 있다. 널리 인용되는 리처드 도킨스의 글은 그의 책 《만들어진 신》 50쪽에 있다. 마크 론케이스(Mark Roncase)는 *Raw Revelation: The Bible They Never Tell You About*을 썼고 제레미 영(Jeremy Young)은 *The Violence of God and the War on Terror*를 썼다. 필자는 이 두 책 이곳저곳에서 그들의 주장을 가져왔다. 맥래런(Brian McLaren)의 주장은 그의 책 *A New Kind of Christianity: Ten Questions That Are Transforming the Faith* 98-118쪽에서 가져왔다. 크로산(John Dominic Crossan)의 생각은 그의 책 *How to Read the Bible and Still Be a Christian: Struggling with Divine Violence from Genesis to*

Revelation 35쪽에 가면 볼 수 있다. 마지막으로 데이비스(Eyrl Davies)의 주장은 그의 책 *The Immoral Bible: Approaches to Biblical Ethics* 126쪽에서 인용했음을 밝힌다.

이 장을 쓰는 데는 위에서 밝힌 자료들과 2장에서 소개한 구약성서와 야훼의 폭력성을 다룬 책들이 유용하게 사용됐다. 특히 방법론들은 데이비스의 *The Immoral Bible: Approaches to Biblical Ethics*에 크게 의존했고 거기에 필자의 의견을 첨가했음을 밝힌다.

4장

가나안 정복을 준비하다(1)

광야에서 받은 명령

야훼는 이스라엘이 광야에 머무는 동안 가나안 정복과 관련된 중요한 명령을 모세를 통해서 내렸다.

> 주 당신들의 하나님이 당신들이 들어가 차지할 땅으로 당신들을 이끌어 들이시고 당신들 앞에서 여러 민족 곧 당신들보다 강하고 수가 많은 일곱 민족인 헷 족과 기르가스 족과 아모리 족과 가나안 족과 브리스 족과 히위 족과 여부스 족을 다 쫓아내실 것입니다. 주 당신들의 하나님은 그들을 당신들의 손에 넘겨주셔서 당신들이 그들을 치게 하실 것이니 그때에 당신들은 그들을 전멸시켜야 합니다. 그들과 어떤 언약도 세우지 말고 그들을 불쌍히 여기지도 마십시오.(신명기 7:1-2)

야훼가 이들을 다 쫓아낼 것이란 서술과 이스라엘이 그들을 다 죽이라는 명령은 논리적으로 앞뒤가 맞지 않는다는 얘기는 앞에서 했으니 여기서는 그냥 넘어가겠다. 야훼는 분명히 명령했다. 가나안의 일곱 종족들을 아무도 살려두지 말고 다 죽이라고 말이다. '숨 쉬는 모든 것들'이라는 표현이 여기에는 나오지 않는다. 그 표현은 다음에 나온다.

> 그러나 주 당신들의 하나님이 당신들에게 유산으로 주신 땅에 있는 성읍을 점령하였을 때에는 숨 쉬는 것은 하나도 살려 두면 안 됩니다. 곧 헷 사람과 아모리 사람과 가나안 사람과 브리스 사람과 히위 사람과 여부스 사람은 주 당신들의 하나님이 당신들에게 명하신 대로 전멸시켜야 합니다. (신명기 20:16-17)

야훼는 숨 쉬는 것은 하나도 살려 두면 안 된다고 명령한다. 그렇다면 남녀노소 불문하고 사람은 물론이고 짐승도 다 죽여야 한다. 이 외에 다른 어떠한 조건도 유보조항도 없다. 숨 쉬는 것은 모두 다 죽여라!

이스라엘은 전쟁을 늘 이런 식으로 했을까? 언제 어디서 누구와 싸우든 상관없이 숨 쉬는 모든 것을 죽여야 했고 그대로 실행했을까? 그렇지는 않다. 사람 짐승 할 것 없이 숨 쉬는 모든 생물을 죽이는 것이 전쟁의 규칙은 아니었다. 위에서 인용한 신명기 20장에는 다른 규칙도 제시되어 있다.

당신들이 어떤 성읍에 가까이 가서 공격할 때에는 먼저 그 성읍에 평화를 청하십시오. 만일 그 성읍 백성이 평화 제의를 받아들이고 당신들에게 성문을 열거든 그 성 안에 있는 백성을 당신들의 노비로 삼고 당신들을 섬기게 하십시오. 그들이 당신들의 평화 제의를 거부하고 싸우러 나오거든 당신들은 그 성읍을 포위하고 공격하십시오. 주 당신들의 하나님이 그 성읍을 당신들의 손에 넘겨주셨으니 거기에 있는 남자는 모두 칼로 쳐서 죽이십시오. 여자들과 아이들과 가축과 그 밖에 성 안에 있는 모든 것은 전리품으로 가져도 됩니다. 당신들이 당신들의 대적에게서 빼앗은 것은 주 당신들의 하나님이 당신들에게 주신 것이니 당신들의 마음대로 먹고 쓸 수가 있습니다. 당신들의 주변 민족들의 성읍에 딸리지 아니한 당신들로부터 먼 거리에 있는 성읍들에도 이렇게 하여야 합니다.(신명기 20:10-15)

전쟁 상대가 누구냐에 따라 싸우는 방법이 달랐다. 숨 쉬는 것은 하나라도 살려 두면 안 된다는 규칙은 가나안 땅에 사는 종족들과 전쟁할 때만 적용되는 규칙이다. 그 외에 다른 종족과 전쟁할 때는 다른 규칙이 적용됐다. 먼저 상대방에게 평화를 제안하라고 했다. 그들이 제안을 받아들여 항복하면 그들을 종으로 삼는다. 항복하지 않고 싸우러 나오면 성을 포위 공격해서 그들을 죽이는데 남자들만 죽이고 여자와 아이들과 성 안에 있던 모든 것을 전리품으로 가지라고 했다. 전리품은 백성들 맘대로 써도 된다고 허락했다. 이 규칙은 멀리 있는 성읍들, 곧 가나안 땅 밖에 있는 성읍들에 적용됐다.

고대세계에서 전쟁은 생존에 필요한 자원 획득을 위한 수단 중 하나였다. 전쟁에서 진 쪽은 이긴 쪽의 노예가 됐고 그들 소유도 이긴 쪽이 차지했다. 전리품과 땅을 차지하는 것이 전쟁을 벌이는 중요한 목적이었다. 패한 쪽의 숨 쉬는 모든 것들을 몰살하는 일은 전쟁의 목적에 어긋났다. 왜 가나안 정복에서는 전쟁의 목적에 반하는 명령을 내렸을까? 야훼는 모세를 통해서 그 이유를 밝힌다.

> …… 그들과 혼인관계를 맺어서도 안 됩니다. 당신들 딸을 그들의 아들과 결혼시키지 말고 당신들 아들을 그들의 딸과 결혼시키지도 마십시오. 그렇게 했다가는 그들의 꾐에 빠져서 당신들의 아들이 주님을 떠나 그들의 신들을 섬기게 될 것이며 그렇게 되면 주님께서 진노하셔서 곧바로 당신들을 멸하실 것입니다.(신명기 7:3-4)

> 그렇지 않으면(가나안 종족을 전멸시키지 않으면) 그들이 그들의 신을 섬기는 온갖 역겨운 일을 당신들에게 가르쳐서 당신들이 주 당신들의 하나님께 죄를 짓게 할 것입니다.(신명기 20:18)

가나안 사람들을 전멸시키지 않으면 이스라엘은 그들이 섬기는 신들을 섬기면서 온갖 역겨운 짓을 저지를 것이고 그렇게 되면 야훼가 진노해서 이스라엘도 그들과 같은 처지가 될 것이기 때문이다. 이 이야기는 나중에 상세히 다루겠고 여기서는 두 가지만 짧게 지적한다. 첫째로 전쟁의 상대방을 멸절하는 행위가 이스라엘이 행한 모든 전쟁에 적용되는 규칙이 아니라는 점과, 둘째로 종교적 이유로 가나안 종족을 멸절하라고 명령했다는 점이다.

가나안 정복의 전초전

사십 년 광야생활을 끝낸 이스라엘은 요단 강 동쪽 모압 고원지대 한 골짜기에 도착했다.(민수기 21:20) 이스라엘이 거기서 요단 강을 건너 약속의 땅으로 가려면 아모리 왕 시혼이 다스리는 지역을 통과해야 했다. 그래서 시혼 왕에게 사신을 보내 통과를 허락해 달라고 요청했다. 그 땅에 있는 어떤 것도 손대지 않고 지나가기만 하겠다며 말이다. 시혼 왕은 이를 거절하고 군대를 이끌고 나왔고 이스라엘은 그들을 무찌르고 아모리 족의 성읍을 모두 점령했다.

이스라엘은 여기서 그치지 않고 방향을 바꿔서 바산 땅으로 가서 바산 왕 옥의 군대도 물리치고 그 땅도 차지했다. 전투에 앞서 야훼는 "그를 두려워하지 말아라. 내가 그와 그의 온 군대와 그의 땅을 너의 손에 넘겼으니 전에 헤스본에 사는 아모리 왕 시혼을 무찌른 것처럼 그를 무찔러라."(민수기 21:34)라며 승리를 보장해줬다. 그래서 "그들(이스라엘)은 그(옥)와 그의 아들들과 그의 온 군대를 생존자 하나도 남기지 않고 다 때려 눕혔다. 그리고 그들은 그 땅을 차지하였다."(민수기 21:35)

두 전투는 다음과 같은 의미에서 가나안 정복의 전초전이라고 할 수 있다. 첫째로 요단 강 동쪽은 야훼가 이스라엘의 조상들에게 약속한 땅은 아니지만 르우벤 지파, 갓 지파, 므나세 지파의 절반이 거주할 땅이다. 넓은 의미에서 이스라엘의 영토였던 것이다. 둘째로 이스라엘이 승리했다는 소문이 가나안에 퍼지면서 그들을 두렵게 만들었다. 여리고 성의 창녀 라합과 기브온 사람들도 이 사건을 언급했다.(2:10; 9:10) 이들이 이스라엘 편이 되기로 한 것도 이때문이다. 셋째로 이스라엘이 바산 주민을 "생존자 하나도 남기지 않고 다 때려 눕혔다."고 말한 대목이다. 이 표현은 '숨 쉬는 것은 하나도 살려두면 안 된다'는 명령을 떠올린다. 표현은 다르지만 여기서도 종족말살 명령이 수행됐다는 점이 주목을 끈다. 이런 의미에서 이 전쟁은 가나안 정복 전초전으로 볼 수 있다.

정탐꾼 파견

가나안 정복 이야기는 야훼가 여호수아에게 이스라엘 백성과 함께 가나안 땅에 들어가라고 명령한 데서 시작된다.(1:1-9) 야훼는 그 땅을 이스라엘이 차지할 것이라며 용기를 북돋운다.

오직 너는 크게 용기를 내어 나의 종 모세가 너에게 지시한 모든 율법을 다 지키고 오른쪽으로나 왼쪽으로 치우치지 않도록 하여라. 그러면 네가 어디를 가든지 성공할 것이다. 이 율법책의 말씀을 늘 읽고 밤낮으로 그것을 공부하여 이 율법 책에 쓰인 대로 모든 것을 성심껏 실천하여라. 그리하면 네가 가는 길이 순조로울 것이며 네가 성공할 것이다.(1:7-8)

명령의 내용이 의외다. 전쟁을 앞둔 군사령관에게 전투 지침을 주지 않고 율법을 밤낮으로 공부하고 성심껏 지키라니 말이다. 전투를 앞둔 군인에게 준 지침으로는 보이지 않는다. 가나안 정복 이야기가 진정 전하려는 메시지가 정복이기는 한가? 혹시 다른 메시지를 전하려는 것은 아닐까? 전쟁에 나갈 군인에게 율법 공부를 강조하는 것은 그래서일까? 이런 의문이 들 정도로 율법 공부와 실천을 강조한다.

여호수아는 백성 지도자들에게 전쟁준비 명령을 하달했고 그들은 백성들에게 그 명령을 전달하고 복종을 다짐 받았다.(1:10-18) 그런 후에 여호수아는 첫 번째 타깃인 여리고 성에 두 명의 정탐꾼을 파견했다. 몰래 성 안의 사정을 살펴보라는 것이다.

구약성서에 이스라엘이 정탐꾼을 파견한 애기는 이번을 포함해서 다섯 번 나온다. 첫 번째는 모세가 바란 광야에서 가나안으로 보냈다. 이때 파견된 열두 명의 이름이 남아 있는데(민수기 13:1-15) 그 중에 여호수아와 갈렙이 들어 있다. 이들은 돌아와서 상반되는 내용을 보고했다. 한쪽은 그 땅이 젖과 꿀이 흐르는 비옥한 땅이라며 긍정적으로 보고했는데 다른 쪽은 거기 백성들은 거인들이어서 자기들은 이길 수 없다고 부정적으로 보고했다. 이렇게 상반된 보고를 듣고 백성들은 통곡하며 모세를 원망했다고 한다.(민수기 14:1-5) 두 번째는 같은 이야기를 반복하는 신명기 1장 19-33절이고 세 번째와 네 번째는 지파 단위에서 정탐꾼을 보낸 이야기다.(사사기 1:22-26; 18:1-31)

네 번의 정탐꾼 이야기의 공통점은 부정적이라는 점이다. 첫 번째와 두 번째는 정탐꾼이 상반된 보고를 했고 백성들은 보고를 듣고 불평을 터뜨렸다. 지파 단위에서 보냈을 때도 마찬가지로 부정적이다. 요셉 집안이 베델을 치러 올라갔던 때는 몰살(헤렘) 명령을 어기고 정탐꾼을 도운 사람들을 살려줬고, 단 지파가 정탐꾼을 통해 정보를 얻어 에브라임 산지를 점령했을 때는 거기서 '은을 입힌 목상과 에봇과 드라빔과 부어서 만든 우상'을 갖고 나왔다. 하지 말았어야 할 행동을 했다. 이렇듯 정탐꾼 이야기에는 부정적인 내용이 포함되어 있다.

여리고 성에 보낸 정탐꾼은 어땠을까? 이들은 라합이란 창녀의 집에 들어갔다. 왜 하필 그리로 갔을까? 이에 대해 해석자들은 다양한 해석을 내놓았다. 그녀가 창녀가 아니라 여관 주인이었다는 주장도 있고, 여리고 사람들 눈에 띄지 않으려고 일부러 그리로 갔다는 주장도 있다. 그곳이 당시에는 첩보활동의 중심지였다는 추측성 주장도 있고 심지어 정탐꾼들이 본연의 사명은 저버리고 사창가에서 못된 짓을 했다는 주장까지 있다. 하지만 관건은 그녀의 직업이 아니라 행동을 어떻게 봐야 하는가에 있다.

정탐꾼이 왔다는 사실은 여리고 왕도 알고 있었다. 그는 라합에게 사람을 보내서 정탐꾼을 내놓으라고 했다. 왕실 정보능력이 탁월했거나 정탐꾼이 허술했거나 둘 중 하나겠다. 하지만 어리석은 수색꾼들은 라합의 거짓말에 속아서 정탐꾼을 놓치고 말았다. 위기를 넘긴 후에 그녀는 정탐꾼에게 이렇게 말했다.

나는 주님께서 이 땅을 당신들에게 주신 것을 압니다. 우리는 당신들 때문에 공포에 사로잡혀 있고 이 땅의 주민들은 모두 하나같이 당신들 때문에 간담이 서늘했습니다. 당신들이 이집트에서 나올 때에 주님께서 당신들 앞에서 어떻게 홍해의 물을 마르게 하셨으며 또 당신들이 요단 강 동쪽에 있는 아모리 사람의 두 왕 시혼과 옥을 어떻게 전멸시켜서 희생 제물로 바쳤는가 하는 소식을 우리가 들었기 때문입니다. 우리는 그 말을 듣고 간담이 서늘했고 당신들 때문에 정신을 잃고 말았습니다.(1:9-11a)

발 없는 말이 천리를 간다지만 통신기술도 변변치 않던 때에 이스라엘 소식이 그녀에게 어떻게 빠르고 정확하게 전해졌을까? 이스라엘의 출애굽과 홍해 사건을 그녀는 알고 있었다. 요단 강 동쪽에서 두 왕과 싸워 이겼다는 사실도 알고 있었다. 그녀뿐 아니라 여리고성 주민들도 이 사실을 알고 두려워했단다.

라합은 이스라엘이 두 왕을 '희생 제물로 바쳤다'는 소식을 들었다고 했다. '희생 제물로 바치다'는 히브리어로 '헤렘'이다. 이 동사는 가나안 정복 이야기에서 중요한 의미를 갖는다. 새번역성경은 '희생 제물로 바치다'로 종교적 의미를 담아 번역했는데 전쟁 이야기에서는 대체로 '멸절하다'라는 뜻으로 쓰였다. '헤렘'의 용법과 의미에 대해서는 8장에서 자세히 설명할 터이므로 여기서는 이 정도만 얘기하겠다.

라합의 신앙고백과 언약 체결

이스라엘의 전쟁승리에 대해 말한 다음 라합은 야훼에 대해 이렇게 고백한다.

위로는 하늘에서 아래로는 땅 위에서 과연 주 당신들의 하나님만이 참 하나님이십니다. 내가 당신들에게 은혜를 베풀었으니 이제 당신들도 내 아버지의 집안에 은혜를 베푸시겠다고 주님 앞에서 맹세를 하시고 그것을 지키겠다는 확실한 징표를 나에게 주십시오. 그리고 나의 부모와 형제자매들과 그들에게 속한 모든 식구를 살려 주시고 죽지 않도록 우리의 생명을 구하여 주십시오.(2:11b-13)

그녀는 야훼가 '위로는 하늘에서 아래로는 땅 위에서' 유일한 참 하나님이라고 고백했다. 사실상 라합의 신앙고백은 이 문장이 전부다. 나머지는 모두 맹세에 대한 요구로 채워져 있다. 짧다고는 했지만 구약성서에서 이런 말로 신앙고백한 사람은 모세와 솔로몬뿐이다.

오늘 당신들은 마음에 새겨 분명히 알아 둘 것이 있으니 주님은 위로는 하늘에서도 아래로는 땅에서도 참 하나님이시며 그 밖에 다른 신은 없다는 것입니다.(신명기 4:39)

주 이스라엘의 하나님, 위로 하늘에나 아래로 땅에나 그 어디에도 주님과 같은 하나님은 없습니다. 주님은 온 마음을 다 기울여 주님의 뜻을 따라 사는 주님의 종들에게는 세우신 언약을 지키시고 은혜를 베푸시는 분이십니다.(열왕기상 8:23)

야훼에 대한 세 사람의 신앙고백은 내용이 같다. 가나안 여인 라합의 고백은 모세와 솔로몬 급이다.

가나안 종족의 종교는 다신교다. 고대중동문화권에서는 전쟁에서 승리한 편의 신이 패배한 편의 신을 지배한다고 믿었다. 여리고 성이 이스라엘에게 점령 당하리라고 믿었다면 그 동안 믿어 왔던 신을 버리고 이스라엘의 신 야훼를 믿는 것이 그 문화권에서는 자연스러웠다. 이런 관습이 현대인에게는 낯설지만 그때는 그렇지 않았다. 그런 의미에서는 라합의 신앙고백에 특이한 점이 없다. 당시 관습에 어긋나지 않았다.

그녀 고백의 특이점은 이스라엘의 신 야훼를 '유일한' 참 신이라고 고백한 데 있다. 현대인에게는 유일신 신앙이 익숙하지만 고대중동문화권에서는 매우 낯설었다. 이스라엘이 이길 줄 알았다고 해도 라합이 유일신을 고백할 필요는 없었다. 자기가 믿던 신을 버리고 야훼를 믿으면 그만이었다. 그런데 그는 굳이 유일신 고백을 했다. 그녀의 '독특한' 신앙고백은 어디서 왔을까? 그녀는 이스라엘의 야훼가 유일신임을 알고 있었을까? 비교종교학자가 아니었을 그녀가 그걸 어떻게 알았을까? 이 이야기를 현재의 모습으로 최종적으로 확정한 편집자들이 착각하고 후대의 신앙을 라합에게 투사했을까? 과정이 어찌됐든 라합의 고백에서 시대착오를 읽어낸 학자들이 있다.

그녀는 정탐꾼을 도와준 보상을 요구했다. 이스라엘이 여리고를 점령하면 자기 식구들을 살려주겠다고 '야훼 앞에서 맹세하라'고 했다. 말의 무게가 새털보다 가벼운 지금은 말로 하는 맹세를 무겁게 여기지 않는다. 고대사회에서 말이 가졌던 무게를 가늠하지 못한다. 당시에는 맹세를 어기는 일은 당사자에게 치욕일 뿐더러 맹세를 보증한 신(들)에게 처벌받아 마땅한 행위였다. 라합이 정탐꾼들에게 맹세를 요구한 까닭이 여기 있다.

정탐꾼들이 그 여인에게 말하였다. "우리가 목숨을 내놓고라도 약속한 것은 지키겠소. 우리가 한 일을 어느 누구에게도 일러바치지 않는다면 주님께서 우리에게 이 땅을 주실 때에 우리는 친절과 성실을 다하여 그대를 대하겠소."(2:14)

정탐꾼은 여리고를 떠나면서 맹세를 재확인해줬다.(2:17) 라합의 식구가 집밖으로 나가서 죽거나 그녀가 이 일을 누설하면 맹세가 무효가 된다는 점도 언급했다.(2:19-20) 정탐꾼 이야기는 이들이 귀환해서 이렇게 보고한 것으로 마무리된다. "주님께서 그 땅을 모두 우리 손에 넘겨주셨으므로 그 땅의 모든 주민이 우리를 무서워하고 있습니다."(2:24) 실제로 정탐도 하지 않고 이렇게 자신만만하게 보고했다. 하긴 어차피 여리고 성 안의 사정은 별 상관이 없었다. 야훼가 직접 전투에 개입해서 싸우는 야훼의 전쟁이기 때문이다.

라합은 누구인가?

정탐꾼은 창녀 라합의 집으로 갔다. 그 이유에 대해서 다양한 해석이 있다는 얘기는 앞에서 했다. '라합'이란 이름의 뜻에 대해서도 논란이 있다. '라합'이 '넓다'는 뜻을 갖고 있다는 데 착안해서 여성의 생식기를 가리킨다는 주장도 있고 은유적으로 '광장에 위치한 집'을 의미한다는 주장도 있다. 히브리어 철자는 다르지만 그녀 이름이 혼돈의 용 '라합'과 비슷해서 '혼돈의 용'으로 상징되는 이집트를 떠올리기도 한다. 이집트의 라합은 혼돈의 괴물이지만 가나안의 라합은 야훼 편이다.

그녀 이름의 의미가 뭐든 눈에 띄는 점은 여기에 등장하는 남자들은 아무도 이름이 알려지지 않은 데 비해서 라합만 이름이 알려졌다는 사실이다. 남자는 여호수아만 이름이 밝혀져 있다. 정탐꾼, 여리고 왕, 그가 보낸 수색꾼들도 이름이 없다. 고대사회에서 이름이 알려졌는지 여부는 중요한 의미를 갖는다. 라합 이름만 후대에 알리면 됐지, 별 역할하지 않은 남자들 이름까지 알릴 필요는 없다는 거다.

해석자들은 라합을 긍정적인 인물로 해석했다. 라합이 창녀가 아닌 여관주인이었다는 해석은 그녀가 나중에 여호수아와 결혼했다는 해석에 비하면 온건한 편이다. 그녀는 개종자(convert)의 표본이나 순종하는 믿음의 모범으로 여겨졌다.("믿음으로 창녀 라합은 정탐꾼들을 호의로 영접해 주어서 순종하지 않은 사람들과 함께 망하지 아니하였습니다."[히브리서 11:31]) 야고보서는 그녀를 행함으로 의롭게 된 인물로 소개했다.(야고보서 2:25) 정탐꾼들을 접대하는 '행위'를 했다는 것이다. 마태복음이 그녀를 예수의 족보에 넣어 구세주의 조상 반열에 세움으로써(마태복음 1:5) 라합에 대한 추앙은 정점에 도달한다.

이렇듯 해석자들은 그녀를 긍정적으로 평가했지만 당시 상황에서 그녀는 존중 받을 조건을 전혀 갖추지 못했다. 이스라엘에게 그녀는 멸절해야 할 가나안 사람이었다. 게다가 그녀는 여자이고 창녀였다.

당시 여자는 남자에 비해 지위가 형편없이 낮았다. 그녀는 창녀였으니 더욱 더 낮은 지위에 있었다. 하층민 중에서 가장 낮은 하층민이었다.

그녀의 집이 '성벽 위'에 있었다는 점(2:15)도 그녀의 지위를 상징적으로 보여준다. 그녀는 경계선 위에 있었다. 이런 라합이 여리고 성 정복에 결정적인 역할을 했다. 특별한 의미가 있음을 짐작할 수 있다.

몰살하라고 명령하지 않았나?

정탐꾼과 라합 이야기는 가나안 정복의 준비단계에 속한다. 전주곡처럼 앞으로 어떤 이야기가 전개될지 살짝 보여주는 역할이다. 그런데 정복 이야기는 전주곡서부터 경로를 이탈한다. 야훼는 가나안 주민을 멸절하라고 명령했다. 반드시 수행해야 할 명령인데 이스라엘은 첫 걸음부터 삐끗했다. 몰살해야 할 여리고 성 주민 중 몇 명을 살려주겠다고 맹세한 것이다. 이들은 숨 쉬는 모든 것을 죽이라는 명령을 처음부터 어겼다.

라합과 가족을 살려주겠다고 맹세한 에피소드가 갖는 의미는 매우 크다. 헤렘이라는 가나안 정복전쟁 원칙은 창녀 한 사람 때문에 무너졌다. 야훼는 예외를 두지 않았는데 정탐꾼이 제멋대로 명령을 어기고 예외를 만들었다. 왜 그랬을까? 무엇이 그들로 하여금 맘대로 행동하게 만들었을까? 신앙이 부족했을까? 야훼의 명령을 가볍게 여겼을까? 텍스트는 이 모든 사달이 '맹세' 때문에 벌어졌다고 말한다. 라합이 정탐꾼에게 살려주겠다고 '맹세'하라고 요구했고 그들이 그 요구를 받아들여 '맹세'했기 때문이다. 나중에 여호수아도 정탐꾼의 맹세를 추인해줬다.(6:17) 이들의 맹세가 헤렘 원칙을 어길 정도로 큰 효력을 갖고 있었다고 볼 수밖에 없다.

야훼의 명령이 가진 무게와 사람이 한 맹세의 무게 중 어느 편이 더 무거운지 따지는 일은 어리석어 보인다. 당연히 야훼의 명령이 더 무겁다고 생각할 것이다. 하지만 여기서는 달랐다. 라합에게 맹세했을 때 정탐꾼들은 그것이 야훼의 명령을 어기는 행동인 줄 알았을 것이다. 실수이거나 기억 못했을 리 없다. 여호수아도 마찬가지다. 헤렘 명령을 어기는 줄 알면서 그들의 맹세를 인정해줬다. 야훼의 명령을 지키는 쪽보다 사람의 맹세를 지키는 쪽을 택한 것이다.

라합 이야기는 여호수아 6장으로 이어진다. 이스라엘이 여리고 성을 정복한 후에 라합과 가족들이 어떻게 됐는지는 6장에서 살펴보겠다.

여호수아가 여리고 성에 파견한 정탐꾼 이야기에는 흥미로운 지점이 꽤 있다. 정탐꾼 자체보다는 그들이 라합과 엮인 이야기가 흥미롭다.

어느 집단이든 전쟁을 벌이기로 작정했으면 무슨 수를 써서라도 이겨야 한다. 이겼을 때 얻을 이득과 졌을 때 잃을 손실의 격차가 엄청나기 때문이다. 졌을 때는 전쟁 전의 원상으로 돌아가지 못한다. 생존에 필요한 자원을 잃는 것은 물론이고 인신의 제약도 뒤따르게 마련이다. 그래서 이기기 위해 다양한 전략전술을 구사하게 마련이다. 그 중 하나가 정탐꾼을 몰래 보내 적의 사정을 파악하는 일인데 이 작전이 승리에 결정적인 역할을 하기도 한다.

구약성서에는 모두 다섯 번 정탐꾼을 보낸 얘기가 나온다. 다섯 번 모두 긍정적인 평가를 받지도 못하고 승리하는 데 중요한 역할도 하지 못한다. 효능감이 별로 없었다는 얘기다. 여리고 성에 보낸 정탐꾼은 사실상 그 역할을 하지도 못하고 헤렘 명령을 어기고 라합과 가족을 살려주겠다고 맹세만 하고 돌아왔다. 이는 정탐꾼 얘기의 중심이 정탐 그 자체에 있지 않고 헤렘 명령의 준수 여부, 더 나아가서 야훼의 언약백성의 정체성을 결정하는 요인이 무엇인가 하는 문제에 있다는 사실을 보여준다.

정탐꾼에 관한 흥미로운 연구가 있어서 소개한다.

Rachel Havrelock, "The Scout Story: A Guiding Reading"

(www.thetorah.com/article/the-scout-story-a-guided-reading)

Jacob Wright, "The Backstory of the Spy Account"

(www.thetorah.com/article/the-backstory-of-the-spy-account)

라합에 관한 연구는 많이 이루어졌다. 특히 여성주의 관점에서 라합 이야기를 꼼꼼하게 해석한 연구가 많이 있다. 라합 이야기는 여호수아 6장을 다루는 이 책 6장에도 나온다. 필자가 참고한 라합에 관한 자료는 모두 여기에 밝힌다.

Jacob L. Wright, "Rahab's Valor and the Gibeonites' Cowardice," in John J. Collins, T. M. Lemos, Saul M. Olyan, eds., *Worship, Women, and War*, 199-211.

Don C. Benjamin, "A Story of Rahab as Host, Not Harlot(Josh 2:1-24+6:22-25)," in *Exploration of Knowledge* 12 (1993) 55-77.

Nili Wazana, "Rahab, the Unlikely Foreign Woman of Jericho (Joshua 2)," in A. Berlejung and M. Grohmann eds., *Foreign Women-Women in Foreign Lands*, 39-61.

Amy Cooper Robertson, "Rahab the Faithful Harlot,"
(www.thetorah.com/article/rahab-the-faithful-harlot)

David J. Zucker, "Judaism's First Converts: A Pagan Priest and a Prostitute,"
(www.thetorah.com/article/judaisms-first-converts-a-pagan-priest-and-a-prostitute)

Nicholas P. Lunn, "The Deliverance of Rahab (Joshua 2, 6) as the Gentile Exodus," *Tyndale Bulletin* 65.2 (2014) 11-19.

Claudia D'Amico Monascal, "'Tie This Bond of Scarlet Cord.' The Color Red and Identity in the Biblical Stories of Rahab and Jezebel," *Miscelanea de Estudios Arabes y Hebraicos* vol. 67 (2018) 9-25.

Elie Assis, "The Choice to Serve God and Assist His People: Rahab and Yael," *Biblica* vol. 85. No. 1 (2004) 82-90.

라합의 이름과 관련된 논란을 소개했다. 구약성서의 이름에 대한 연구로 필자가 참고한 책은 라인하츠(Adele Reinhartz)가 1988년에 출판한 *"Why Ask My Name?" Anonymity and Identity in Biblical Narrative*이다.

라합의 이름에 대해서는 이 논문을 참고했다. Ekaterina E. Loslova, "What Is in a Name? Rahab, the Canaanite, and the Rhetoric of Liberation in the Hebrew Bible," *Open Theology* 6 (2020), 572-586.

5장

가나안 정복을 준비하다(2)

요단 강을 건너다

두 명의 정탐꾼은 여리고 성과 주위를 살펴보라고 보내졌지만 이들이 한 일은 라합과 가족들을 살려주겠다고 맹세한 것이 전부다. 그녀 집 창문에 홍색 줄을 매달아놓으면 안에 있는 사람들은 살려주겠다는 것이다. 출애굽 직전 야훼가 이집트 장자들을 몰살했을 때 문설주에 양의 피를 바른 이스라엘 사람의 집을 치지 않고 넘어가겠다고 했던 일이 기억난다.(출애굽기 12:1-14)

모세가 가나안 땅을 탐지하려고 정탐꾼을 보냈을 때(민수기 13-14장) 야훼의 명령을 받았던 것과 달리 여호수아는 야훼의 명령을 받지도 않고 야훼와 상의하지도 않고 독단적으로 정탐꾼을 보냈다(2:1). 화자는 이 행위가 야훼의 뜻에 배치됐는지 여부를 드러나게 말하지는 않는다. 야훼가 조상들에게 했던 땅 약속을 여러 번 상기시켰음에도 불구하고 여호수아가 정탐꾼을 보냈다는 사실은 그가 야훼의 약속을 전적으로 신뢰하지 않았다고 의심하게 할 만하다. 지도자로서 여호수아의 위상을 해치는 행위였다.

그래서인지 요단 강 건너는 이야기에서는 지도자로서 여호수아의 위상을 특별히 강조한다. 화자뿐 아니라 야훼도 마찬가지다.

바로 오늘부터 내가 너를 모든 이스라엘 사람이 보는 앞에서 위대한 지도자로 세우고 내가 모세와 함께 있던 것처럼 너와 함께 있다는 사실을 그들이 알게 하겠다. 이제 너는 언약궤를 멘 제사장들에게 요단 강의 물가에 이르거든 요단 강에 들어가서 서 있으라고 하여라.(3:7-8)

그 날 주님께서 온 이스라엘 백성이 보는 앞에서 여호수아를 위대한 지도자로 세우셨으므로 그들은 모세가 살아 있는 동안 모세를 두려워하였던 것처럼 여호수아를 두려워하였다.(4:14)

위 두 곳에서 여호수아는 모세에 비견된다. 광야에서 모세가 가졌던 권위와 역할을 여호수아가 물려받는다.

여호수아는 야훼의 명령을 지휘관과 백성에게 전했다. 백성에게는 야훼가 다음날 놀라운 일을 행할 테니 자신을 성결하게 하라고 했고(3:5), 제사장들에게는 언약궤를 메고 백성들보다 앞서서 요단 강을 건너가라고 했다.(3:6) 언약궤를 멘 제사장들의 발바닥이 요단 강 물에 닿으면 물줄기가 끊어지고 둑이 생겨서 물이 고일 것이다. 이대

로 이루어져서 백성은 마른 땅을 밟고 요단 강을 건넜다.(3:15-17)

여호수아서 4장은 요단 강을 건넌 다음에 일어난 일을 서술한다. 여기에는 문제가 많다. 시간과 공간이 뒤죽박죽이고 같은 행위를 다른 장소에서 반복한다. 학자들의 관심을 끌만한 요소들로 가득하다. 다수의 자료가 섞여 있다고 보인다. 이런 경우 어디까지가 본래 자료이고 어디서부터 첨가된 자료인지를 두고 학자들은 설전을 벌인다. 물론 필요한 작업이긴 하지만 우리가 거기까지 관심을 기울일 필요는 없어 보인다. 그래서 요단 강을 건넌 이야기에는 다수의 자료가 섞여 있고 그것들이 매끄럽게 연결되지 않으며 중복된 서술도 있다는 정도만 지적하겠다.

홍해가 갈라지다

요단 강을 건넌 이야기는 홍해가 갈라진 사건을 떠올린다. 두 사건은 여러 면에서 비슷하다. 먼저 출애굽기 14장에 전해지는 홍해 사건을 살펴보자.

야훼는 가나안으로 가는 가장 가까운 길을 두고 이스라엘을 홍해로 가는 길로 인도했다. 그 이유는 "하나님이 이 백성이 (블레셋과) 전쟁을 하게 되면 마음을 바꾸어서 이집트로 되돌아가거나 않을까 하고 염려하셨기 때문"(출애굽기 13:17)이란다. 야훼는 이스라엘을 믿지 못한다.

너는 이스라엘 자손에게 말하여 오던 길로 되돌아가서 믹돌과 바다 사이의 비하히롯 앞 곧 바알스본 맞은쪽 바닷가에 장막을 치라고 하여라. 그러면 바로는 이스라엘 자손이 막막한 광야에 갇혀서 아직 이 땅을 헤매고 있을 것이라고 생각할 것이다. 내가 바로의 고집을 꺾지 않고 그대로 둘 터이니 그가 너희를 뒤쫓아 올 것이다. 그러나 나는 바로와 그 군대를 물리침으로써 나의 영광을 드러낼 것이니 이집트 사람들이 이것을 보고서 내가 주님임을 알게 될 것이다.(출애굽기 14:2-4)

야훼는 쫓아오는 이집트 군대를 홍해 쪽으로 유인한다. 이미 그들을 수장시킬 계획을 세운 것처럼 말이다. 하지만 이스라엘 백성은 그런 의도를 알지 못한 채 또 불평을 터뜨린다. 두려워하지 말라는 모세의 말(출애굽기 14:11-14)을 이들이 얼마나 신뢰했을지 의문이다.

야훼는 밤새 강한 동풍으로 바다를 밀어내서 바닥이 드러나게 했고 이스라엘은 마른땅을 밟고 바다를 건넜다. 이들을 쫓던 이집트 군대는 본래대로 돌아온 바닷물에 빠져 몰살당했다.(출애굽기 14:21-30)

이 사건을 두고 모세와 미리암이 부른 노래를 출애굽기 15장이 전한다. 미리암은 "주님을 찬송하여라. 그지없이 높으신 분, 말과 기병을 바다에 던져 넣으셨다."(출애굽기 15:21)라고 짧게 노래했다. 이 노래는 구약성서에서 가장 나이가 많은 텍스트로 여겨진다. 모세의 노래는 이보다 길다. 바로의 병거와 군대는 바다에 던져져서 깊은 바다에 돌처럼 잠겼다.(출애굽기 15:4-5) 그들은 이스라엘을 따라잡아 약탈하고 욕심을 채우려 했지만 야훼가 바람을 일으켜서 바다가 그들을 덮치는 바람에 물속에 잠기고 말았다.(출애굽기 15:9-10) 그 다음에 이런 노래로 야훼를 찬양한다.

> 주님, 신들 가운데서 주님과 같은 분이 어디에 있겠습니까? 주님과 같이 거룩하시며 영광스러우시며 찬양받을 만한 위엄이 있으시며 놀라운 기적을 일으키시는, 그런 분이 어디에 있겠습니까? 주님께서 오른팔을 내어 미시니 땅이 대적을 삼켜 버렸습니다. 주님께서 한결 같은 사랑으로 손수 구원하신 이 백성을 이끌어 주시고 주님의 힘으로 그들을 주님의 거룩한 처소로 인도하여 주십니다. 이 이야기를 듣고 여러 민족이 두려워서 떱니다. 블레셋 주민이 겁에 질려 있습니다. 에돔의 지도자들이 놀라고 모압의 권력자들도 무서워서 떨며 가나안의 모든 주민도 낙담합니다. 그들이 모두 공포와 두려움에 사로잡혀 있습니다. 주님, 주님의 권능의 팔 때문에 주님의 백성이 다 지나갈 때까지, 주님께서 속량하신 이 백성이 다 지나갈 때까지 그들은 돌처럼 잠잠하였습니다. 주님께서 그들을 데려다가 주님의 소유인 주님의 산에 심으실 것입니다. 주님, 이 곳이 바로 주님께서 계시려고 만드신 곳입니다. 주님, 주님께서 손수 세우신 성소입니다. 주님께서 영원무궁토록 다스리실 것입니다.(출애굽기 15:11-18)

공포에 사로잡혔다는 종족들은 모두 지리적으로 홍해에서 멀리 떨어진 곳에 자리 잡고 있으므로 여기에 등장하는 것이 의아하다. 물론 있을 수 없는 일은 아니다. 암만 발 없는 말이 멀리 가는 법이라지만 이 소문이 그렇게 금방 퍼졌겠는가. 이 노래가 홍해 사건이 일어났던 바로 그 때가 아니라 어느 정도 시간이 흘러 소문이 널리 퍼진 후에 지어졌다고 보는 게 더 자연스럽지 않을까 싶다. 그러면 훗날 라합과 기브온 사람들이 이 사건을 언급한 것과도 연결된다.

야훼가 이스라엘을 데려다가 심을 것이라는 '주님의 소유인 주님의 산'이 어딘지도 궁금하다. 그곳은 야훼가 '계시려고 만드신 곳'이고 야훼가 '손수 세우신 성소'이며 거기서 '영원무궁토록 다스리실 것'이라고도 노래한다. 누가 봐도 예루살렘이다. 하지만 그곳은 지리적으로 홍해에서 먼 곳일 뿐 아니라 예루살렘은 다윗 시대에 비로소 정복한 곳이므로 아직 이스라엘의 머릿속에 없다고 봐야 한다. 물론 먼 훗날 예루살렘에 도착할 것을 미리 내다보고 노래했다고 볼 수도 있다. 하지만 그런 생각이 얼마나 부자연스러운가. 차라리 예루살렘이 이스라엘 사람들 뇌리에 확고히 자리 잡은 후에 이 노래가 쓰였다고 보는 게 더 자연스럽지 않을까?

요단 강을 건넌 후 에발 산으로 갔을까?

모세도 요단 강 건너는 일을 언급한 적이 있는데 여기에도 흥미로운 대목이 있다.

주 당신들의 하나님이 당신들이 들어가서 차지할 땅으로 당신들을 인도하여 들이실 때에 당신들은 그리심 산에서는 축복을 선포하고 에발 산에서는 저주를 선포하십시오. 이 두 산은 요단 강 서쪽에 있습니다. 모레 상수리나무 곁, 길갈 맞은쪽, 요단 강에서 서쪽으로 얼마만큼 들어간 곳에 있고 요단 계곡 아라바에 살던 가나안 사람의 영토에 속합니다. 당신들은 이제 요단 강을 건너가서 주 당신들의 하나님이 당신들에게 주시는 땅을 차지하려고 합니다. 당신들이 그 땅을 차지하고 자리를 잡거든 당신들은 오늘 내가 당신들에게 준 모든 규례와 법규를 성심껏 지키십시오.(신명기 11:29-32)

모세는 이스라엘이 요단 강을 건너 가나안 땅에 들어가면 그리심 산과 에발 산에서 각각 축복과 저주를 선포하라고 했다. 이 구절을 보면 모세의 노래에 나오는 산이 그리심 산과 에발 산일 수도 있겠다 싶다. 흥미롭게도 모세의 말에는 정복전쟁 이야기가 없다. 두 번은 그럴 수도 있다고 해도 세 번 반복되면 이상하다고 생각해야 하지 않을까?

모세는 이스라엘 장로들과 함께 백성에게 명령하였다. "오늘 내가 당신들에게 하는 모든 명령을 당신들은 지켜야 합니다. 당신들이 요단 강을 건너가서 주 당신들의 하나님이 당신들에게 주시는 땅에 들어가는 날이 오거든 큰 돌들을 세우고 석회를 바르십시오. 주 당신들 조상의 하나님이 말씀하신 대로 주 당신들의 하나님이 당신들에게 주시는 땅 곧 젖과 꿀이 흐르는 땅에 들어가면 이 모든 율법의 말씀을 그 돌들 위에 기록하십시오. 당신들이 요단 강을 건너거든 내가 오늘 당신들에게 명한 대로 이 돌들을 에발 산에 세우고 그 위에 석회를 바르십시오. 또 거기에서 주 당신들의 하나님께 드리는 제단을

만들되 쇠 연장으로 다듬지 않은 자연석으로 제단을 만드십시오.(신
명기 27:1-5)

전쟁 얘기가 없다. 모세는 요단 강 건너 가나안에 들어가면 큰 돌
들을 세우고 석회를 바른 후 거기에 율법을 기록하라고 했다. 여호
수아서 4장에 나오는 돌 얘기가 여기에도 있다. 구체적인 내용에는
차이가 있지만 이만하면 돌에 관한 전승이 있었다고 봐도 무리가 아
니다. 다만 장소가 다를 뿐이다. 여기서는 돌들을 에발 산에 세우라
고 했다.

이렇게 여러 곳에 돌들을 세우면 때마다 찾아가기도 어려울 텐데
왜 그랬을까? 돌들에 관한 전승이 여럿이었다고 볼 수 있겠는데 우
리 주제와는 연관이 없으므로 돌에 대해서는 이 정도만 얘기하겠
다. 우리 관심을 끄는 대목은 여기에도 정복전쟁 얘기가 없다는 점
과 요단 강 건넌 후 이스라엘은 곧바로 에발 산으로 가게 되어 있다
는 점이다. 여리고 성과 아이 성 얘기는 아예 없다. 아이 성 정복 후
여호수아서 8장에 에발 산이 한 번 더 언급된다. 그때 자세히 설명하
겠다.

요약하면, 이스라엘이 요단 강을 건넌 이야기에는 두 갈래의 전승
이 있다. 하나는 이스라엘이 요단 강을 건넌 후 정복전쟁을 벌이지 않
고 그리심 산과 에발 산으로 직행했다는 전승이다.(출애굽기 15장과 신명
기 27장) 다른 하나는 요단 강을 건넌 후에 여리고 성과 아이 성에서
벌인 정복전쟁에서 승리한 후에 에발 산으로 갔다는 전승이다.(여호수
아 8장) 두 전승의 차이는 정복전쟁을 했느냐 하지 않았느냐에 있다.

가나안 주민을 남녀노소 불문하고 멸절하라는 명령은 후자에만 있다. 성서를 잘 읽어보면 상대적으로 분량이 적지만 이스라엘의 가나안 진입에 관한 전승들 중에서 정복전쟁을 언급하지 않은 것도 있다.

왜 서로 상반되는 두 전승을 '정리'하지 않고 후대에 넘겼을까? 둘 중 어느 전승이 더 본래적일까? 이 질문에 대해 만족할만한 답이 없다. 정복전쟁 이야기가 나중에 더해졌다고 보는 학자들이 있다. 실제 이스라엘은 대규모 전쟁 없이 정착했는데 후대에 필요에 의해서 그 이야기가 더해졌다는 것이다. 어느 쪽이든 증거가 부족하니 결론내릴 수는 없다.

할례를 베풀다

요단 강 서쪽, 약속의 땅에 사는 몇몇 종족의 왕들은 이스라엘이 요단 강을 기적적으로 건넜다는 소문을 듣고 "간담이 서늘했고 이스라엘 자손 앞에서 아주 용기를 잃고 말았다."(5:1) 라합은 가나안 사람들이 홍해가 갈라진 일과 이스라엘이 요단 강 동쪽 종족들을 전멸시켰다는 소문을 듣고 두려움에 사로잡혔다(2:11)고 했는데 거기에 요단 강을 기적적으로 건넜다는 소문이 더해졌다.

적의 사기가 떨어졌을 때 공격하는 것은 전쟁의 기본이다. 하지만 야훼는 이때 전쟁과 상관없는 명령을 내린다. 이스라엘 자손에게 '다시' 할례를 행하라는 게 그것이다. 여호수아는 명령대로 행했다.(5:2-3) 다시 할례를 행한 이유는 이렇다.

여호수아가 할례를 베푼 데는 이런 이유가 있었다. 이집트에서 나온 모든 백성 가운데서 남자 곧 전투할 수 있는 모든 군인은 이집트를 떠난 다음에 광야를 지나는 동안에 다 죽었다. 그 때에 나온 백성은 모두 할례를 받았으나 이집트에서 나온 다음에 광야를 지나는 동안에 태어난 사람은 아무도 할례를 받지 못하였다. 이스라엘 자손 가운데서 이집트를 떠날 때에 징집 연령에 해당하던 남자들은 사십 년을 광야에서 헤매는 동안에 그 광야에서 다 죽고 말았다. 주님께서는 우리에게 젖과 꿀이 흐르는 땅을 주시겠다고 우리의 조상에게 맹세하셨지만 이집트를 떠난 조상이 주님의 말씀을 순종하지 않았기 때문에 그들이 젖과 꿀이 흐르는 그 땅을 볼 수 없게 하겠다고 맹세하셨다. 그들을 대신하여 자손을 일으켜 주셔서 여호수아가 그들에게 할례를 베풀었는데 그것은 광야를 지나는 동안에 그들에게 할례를 베풀지 않아서 그들이 무할례자가 되었기 때문이다.(5:4-7)

출애굽 때 남자들은 할례를 받았지만 그들은 야훼의 말씀을 순종하지 않아서 광야에서 모두 죽었다. 광야시기에 태어난 남자들은 모두 무할례자가 됐으니 그들에게 할례를 베풀어 그들을 야훼의 백성으로 만들겠다는 것이다. 이로써 할례를 행하는 이유는 알 수 있다. 하지만 왜 광야에서는 할례를 행하지 않았는지는 설명되지 않는다. 할례는 이스라엘 남자를 포함해서 다른 종족 출신 종들도 모두 받아야 했다.

하나님이 또 아브라함에게 말씀하셨다. "너는 나와 세운 언약을 잘 지켜야 하고 네 뒤에 오는 너의 자손도 대대로 이 언약을 잘 지켜야 한다. 너희 가운데서 남자는 모두 할례를 받아야 한다……. 대대로 너희 가운데서 남자는 모두 난 지 여드레 만에 할례를 받아야 한다. 너희의 집에서 태어난 종들과 너희가 외국인에게 돈을 주고서 사온 종도 비록 너희의 자손은 아니라 해도 마찬가지로 할례를 받아야 한다……. 그렇게 하여야만 나의 언약이 너희 몸에 영원한 언약으로 새겨질 것이다. 할례를 받지 않은 남자 곧 포피를 베지 않은 남자는 나의 언약을 깨뜨린 자이니 그는 나의 백성에게서 끊어진다."(창세기 17:9-14)

이렇게 엄중하게 경고했음에도 불구하고 광야에서 할례를 행하지 않았다면 이유가 있을 터이다. 바빌론 탈무드는 광야생활이 위험했기 때문이라고 설명한다. 거친 생활환경 속에서 늘 이동해야 했으므로 할례를 행하지 못했다. 할례를 받으면 며칠은 움직이기 어려운데 광야에서는 그런 여유가 없었다. 가나안을 건넌 후 할례를 행했을 때도 "백성이 모두 할례를 받고 나서 다 낫기까지 진 안에 머물러 있었다."(5:8)고 하지 않는가.

이 설명은 만족스럽지 않다. 성서에는 그런 이유로 할례를 행할 수 없었다는 얘기가 없다. 광야시기에도 한 곳에 머물렀던 때가 많았다. 유월절도 지켰다.(민수기 9:1-14) 유월절을 지키려면 반드시 할례를 행해야 한다.(출애굽기 12:43-48) 민수기에는 언급되지 않았지만 이 때도 할례를 행했다고 봐야 한다. 이는 광야시기에 할례를 행하지 않았다는 서술과 모순된다. 왜일까? 왜 광야시기에는 할례를 시행하지 않았다고 말하는 걸까? 할례를 행한 후에 야훼가 한 말에서 힌트를 얻는다.

> 너희가 이집트에서 받은 수치를 오늘 내가 없애 버렸다.(5:9)

언약의 징표라던 할례가 여기서는 이집트에서 받은 수치를 없앤 징표란다. 둘 사이에는 연관성이 없어 보인다. 할례의 의미를 다르게 본 것이다. 이집트에서 받은 수치를 없앴다는 말은 이집트에서 할례 받은 백성들이 광야에서 모두 죽은 것과 관련 있어 보인다. 그들은 다 죽어서 수치를 없앴고 새 세대는 할례를 받음으로써 수치 없앰의 징표가 됐다는 것이다. 이런 점에서 광야에서 태어난 세대는 이전 세대와 다르다. 이들에게는 가나안에 들어가서 살 수 있는 축복이 주어졌다. 이집트에서 받은 수치를 깨끗이 씻었기 때문이다. 가나안에서의 삶은 종살이하며 겪은 수치를 씻어내고 자유인으로서 사는 복된 삶이다.

> 이스라엘 자손 여러분, 지금 주 당신들의 하나님이 당신들에게 원하시는 것이 무엇인지 아십니까? 주 당신들의 하나님을 경외하며 그의 모든 길을 따르며 그를 사랑하며 마음을 다하고 정성을 다하여 주 당신들의 하나님을 섬기며 당신들이 행복하게 살도록 내가 오늘 당신들에게 명하는 주 당신들의 하나님의 명령과 규례를 지키는 일이 아니겠습니까? 그렇습니다. 하늘과 하늘 위의 하늘, 땅과 땅 위의 모든 것이 다 주 당신들의 하나님의 것입니다. 그런데 주님께서는 오

직 당신들의 조상에게만 마음을 쏟아 사랑하셨으며 많은 백성 가운
데서도 그들의 자손인 당신들만을 오늘 이처럼 택하신 것입니다. 그
러므로 당신들은 마음에 할례를 받고 다시는 고집을 부리지 마십시
오.(신명기 10:12-16)

누구의 편도 아닌 야훼의 군사령관

이제 준비는 다 마쳤고 정복전쟁을 벌이는 일만 남았다. 이 대목
에서 전후맥락과 무관한 에피소드 하나가 끼어든다.

여호수아가 여리고에 가까이 갔을 때에 눈을 들어서 보니 어떤 사람
이 손에 칼을 빼들고 자기 앞에 서 있었다. 여호수아가 그에게 다가
가서 물었다. "너는 우리 편이냐? 우리의 원수 편이냐?" 그가 대답하
였다. "아니다. 나는 주님의 군사령관으로 여기에 왔다." 그러자 여호
수아는 얼굴을 땅에 대고 절을 한 다음에 그에게 물었다. "사령관님
께서 이 부하에게 무슨 말씀을 하시렵니까?" 주님의 군대 사령관이
여호수아에게 말하였다. "네가 서 있는 곳은 거룩한 곳이니 너의 발
에서 신을 벗어라." 여호수아가 그대로 하였다.(5:13-15)

이 에피소드가 현실에서 벌어졌는지 환상인지는 분명치 않다. 여
호수아가 길갈에서 여리고로 이동했다는 얘기가 없는데 그는 여리
고에 가까이 갔다. 지리적으로는 비현실적이다.

여호수아가 만난 사람은 '손에 칼을 빼들고' 그 앞에 서 있었다. 왜 칼을 빼들고 있었을까? 여호수아를 공격하려고? 칼을 여호수아에게 건네주려고? 그의 의도를 알 길은 없다. 발람이 이스라엘을 저주하려고 발락에게 가는 도중에 만난 야훼의 천사도 칼을 빼들고 있었다.(민수기 22:31) 둘이 같은 의도였는지는 불분명하다.

여호수아는 그의 정체를 몰랐으므로 다소 퉁명스럽게 누구 편이냐고 물었다. 그는 자기는 야훼의 군사령관이라고 답한다. 그러자 여호수아는 태도를 바꿔서 공손히 무슨 말을 하려고 왔냐고 물었다. 그러자 군사령관은 질문에는 답하지 않고 여호수아가 서 있는 곳은 거룩한 곳이니 신발을 벗으라고 명령했다. 여호수아가 그의 말대로 했다며 이야기가 갑작스레 끝난다.

이 에피소드에 어떤 의미가 있을까? 여기에 있는 이유가 뭘까? 답을 얻을 근거가 부족하다. 여기서 여호수아는 모세와 많이 닮았다. 모세가 야훼와 처음 만났을 때의 상황과 비슷하다. 떨기 가운데 이는 불꽃으로 모세에게 나타났을 때 야훼는 모세가 서 있는 곳이 거룩한 땅이니 신을 벗으라고 했다.(출애굽기 3:5) 그는 아군인지 적군인지 묻는 질문에 답하지 않았다. 왜 그랬을까? 야훼의 군사령관이 누구 편인지 밝히지 않은 데는 어떤 의미가 있을까? 승리를 보장하지 않겠다는 뜻일까? 승리보다 더 중요한 뭔가가 있다는 뜻일까? 궁금한 점이 한둘이 아니다. 자세한 이야기는 나중에 하기로 하고 여기서는 야훼의 군사령관이 전쟁 직전에 여호수아에게 나타나서 그를 모세처럼 대했지만 확실하게 승리를 보장하는 몸짓은 하지 않았다는 점만 지적한다.

전쟁행위인가 제의행위인가?

두 장에 걸쳐서 정복전쟁의 준비과정을 살펴봤다. 전쟁이 눈앞에 닥쳐왔으므로 극도로 긴장해야 맞다. 그런데 야훼는 전쟁수칙을 일러주는 대신 율법을 성심껏 지키라고 명령한다.(1:6-9) 여호수아가 백성들에게 내린 명령은 전쟁과 관련되지만 그 역시 구체적이지는 않다.(1:10-18)

여리고로 정탐꾼 보낸 일은 은연중에 부정적인 평가를 받았다. 야훼에게 허락받거나 야훼의 명령에 따른 조치가 아니라 여호수아의 독자적인 조치였고, 정탐꾼이 헤렘의 명령을 어겼기 때문이다. 요단 강 건넌 얘기와 할례를 베풀고 유월절을 지켰다는 얘기는 이들이 전쟁을 준비하는지 제사를 준비하는지 헛갈릴 정도다. 나중에 다룰 '헤렘'은 이 물음의 답과 관련되어 있다.

여호수아 1-5장에 대한 설명을 마무리하면서 정복 이야기는 일어난 일을 객관적으로 정확하게 전할 목적으로 쓰이지 않았음을 확인한다. 저자는 역사적인 사실 그 자체가 아니라 사건이 벌어지도록 섭리한 야훼의 의도와 목적이 무엇인지를 밝히는 데 집중한다. 이 점은 정복전쟁의 준비에 분명히 드러나 있다. 전투수칙보다 율법이 앞선다. 본격적인 정복전쟁도 마찬가지다. 이스라엘이 가나안 사람들을 남녀노소 가리지 않고 몰살하는 범죄를 저질렀다는 데서 오는 분노를 잠시만 제쳐두고 이야기를 꼼꼼히 읽으면 어떤 메시지를 전하려는지 알게 된다.

다음 장부터 본격적으로 정복전쟁 이야기를 읽어보겠다.

여호수아서 주석서들은 정복전쟁의 준비과정을 면밀하게 해설했다. 그런데 요단 강 건넌 이야기가 홍해 건넌 이야기와 여러 면에서 비슷하다는 점을 잘 짚어준 연구자는 도스만이다. Thomas B. Dozeman, "The yam-sûp in the Exodus and the Crossing of the Jordan River," *The Catholic Biblical Quarterly* vol. 58 No. 3 (1996) 407-416.

주석서들은 의외로 야훼의 군사령관이 여호수아에게 나타난 이야기를 중요하게 다루지 않는다. 앞뒤 맥락을 끊고 들어와 있는 이야기에는 대체로 중요한 내용이 담겨 있는데 말이다. 샤프(Carolyn Sharp)의 논문은 야훼의 군사령관의 말을 인용해서 제목을 붙였지만 내용은 여호수아서 2-12장을 여성신학적이고 후기식민주의 입장에서 해석한 글이다. Carolyn Sharp, "'Are You for Us, or For Our Adversaries': A Feminist and Postcolonial Interrogation" *Interpretation* 66 (2) (2012) 141-153.

뢰머는 *Dark God: Cruelty, Sex, and Violence in the Old Testament*라는 작지만 중요한 책을 쓴 구약성서학자다. 그는 야훼의 군사령관 이야기만을 다루는 논문도 썼다. 이 논문에서 그는 야훼의 군사령관 이야기가 아시리아의 전쟁 프로파간다와 여러 가지로 유사하다며 그것과 비교해서 설명하고 있다. Thomas Römer, "Joshua's Encounter with the Commander of YHWH's Army (Josh 5:13-15): Literary Construction or Reflection of a Royal Ritual," in B. Kelle et al. ed, *Warfare, Ritual, and Symbol in Biblical and Modern Contexts* 2014. 49-63.

프랑켈(David Frankel)은 할례에 대해 두 편의 논문을 썼다. 하나는 왜 광야에서는 할례를 행하지 않았는지에 대한 연구이고 다른 하나는 요단 강을 건넌 후에 행한 할례의 의미에 관한 연구다. 필자는 두 논문에서 많은 것을 배웠다.

David Frankel, "Why Didn't the Israelites Circumcise in the
Wilderness?"

(www.thetorah.com/article/why-didnt-the-israelites-circumcise-in-the-
wilderness)

David Frankel, "Joshua Circumcises Israel in Response to Egypt's
Scorn"

(www.thetorah.com/article/joshua-circumcises-israel-in-response-to-
egypts-scorn)

이스라엘이 제사 형식으로 가나안에 진입했는지 전쟁형식으로 진입했는지
에 대해서는 많은 토론이 있었다. 여호수아서 주석서들은 대부분 이 문
제를 언급한다. 필자는 이 주제로 쓰인 다음 논문의 도움을 받았다.

Zvi Koenigsberg, "Israel Enters the Land in Worship or War?" (www.
thetorah.com/article/israel-enters-the-land-in-worship-or-war)

6장

여리고 성을 정복하다

또 다시 행진하다

요단 강을 건넌 다음에 광야시기에 하지 못했던 할례도 행했고
(5:2-9) 유월절도 지켰으니(5:10) 가나안을 접수할 준비는 다 갖춘 셈
이다. 유월절 다음날부터 가나안 땅의 소출을 먹었고(5:11) 광야생활
중에 일용할 양식이던 만나가 끊어졌다는 점도 가나안시대가 열렸
음을 알리는 신호탄이었다. 야훼의 군사령관에게 승리의 보증을 받
지 못한 일이 아쉽지만 여호수아에게 모세의 지위를 부여했으니 이
를 간접적인 승리의 보증으로 받아들였을 수 있다. "네가 서 있는 곳
은 거룩한 곳이니 너의 발에서 신을 벗어라."라는 말을 들은 사람은
모세와 여호수아 둘뿐이다.(출애굽기 3:5; 여호수아 5:15)

드디어 이스라엘이 여리고 성 앞에 도착했다. 여리고 성은 사해
북서쪽, 요단 강 서쪽에 위치한 성으로서 요단 강을 동쪽에서 서쪽

으로 건너간 이스라엘이 가나안 땅에 들어가는 첫 관문이다. 이곳은 이스라엘이 가나안에 도착하기 오래 전부터 교역로의 중심이었다. 고고학계의 다수 의견에 따르면 후기청동기시대(기원전 약 1,550년-1,000년)에 해당되는 가나안 정복시기에 여리고 성은 오랫동안 사람이 거주하지 않았다. 우리의 과제는 가나안 정복이 실제로 벌어졌는지 여부를 밝히는 것이 아니라 그 이야기가 전하려는 메시지가 뭔지를 밝히는 일이므로 역사적 사실성은 따지지 않겠다. 여리고 성이 존재했음은 부인할 수 없는 역사적 사실이다.

성은 "이스라엘 자손을 막으려고 굳게 닫혀 있었고 출입하는 사람이 없었다."(6:1) 난공불락이란 인상을 준다. 그들이 이스라엘의 공격을 예상하고 있었음도 엿볼 수 있다. 체포하지는 못했지만 정탐꾼이 다녀갔음을 알기 때문이다.

야훼는 "내가 여리고와 그 왕과 용사들을 너의 손에 붙인다."(6:2)라며 승리를 보장했다. 야훼의 군사령관이 하지 않았던 말을 야훼가 직접 했다. 그럼 된 거 아닌가. 야훼가 준 전쟁수칙은 뜻밖의 내용이다.

너희 가운데서 전투를 할 수 있는 모든 사람은 엿새 동안 그 성 주위를 날마다 한 번씩 돌아라. 제사장 일곱 명을 숫양 뿔 나팔 일곱 개를 들고 궤 앞에서 걷게 하여라. 이레째 되는 날에 너희는 제사장들이 나팔을 부는 동안 성을 일곱 번 돌아라. 제사장들이 숫양 뿔 나팔을 한 번 길게 불면 백성은 그 나팔 소리를 듣고 모두 큰 함성을 질러라. 그러면 성벽이 무너져 내릴 것이다. 그 때에 백성은 일제히 진격하여

라.(6:3-5)

　지시내용은 단순하다. 군인 모두가 엿새 동안 매일 한 번씩 성 주위를 돌라는 것이다. 일곱 명의 제사장은 뿔 나팔을 각각 하나씩 들고 궤 앞에서 걸으란다. 적을 만나면 어떻게 싸우라는 지시는 없다. 전투수칙이 아니다. 야훼는 과거에 여러 번 이스라엘 편에서 전쟁을 벌였다. 이집트 군대를 바다에 수장시켰고(출애굽기 14장) 아모리 왕 시혼과 바산 왕 옥을 전멸시켰다.(민수기 21:21-35) 야훼를 전쟁의 신(warrior God)이라고 부를만했다. 야훼의 임재를 상징하는 것이 궤(ark)였으므로 이스라엘은 종종 전쟁터에 궤를 갖고 나갔다. 훗날 엘리 제사장 시대에 블레셋과 전쟁했을 때 궤를 갖고 나간 적이 있었다. 이스라엘뿐 아니라 블레셋도 궤 덕분에 이스라엘이 승리할 줄 알았지만 결과는 이스라엘이 대패했고 궤도 빼앗겼다.(사무엘상 4:1b-11) 이번에는 궤를 들고 행진하라 했지만 어디를 봐도 전투수칙이 아니다.
　좌우간 여호수아는 이 수칙을 전달했고 백성과 제사장들은 그대로 실행했다.

　여호수아가 백성에게 명령한 대로 제각기 숫양 뿔 나팔을 든 일곱 제사장은 주님 앞에서 행군하며 나팔을 불었고 주님의 언약궤는 그 뒤를 따랐다. 또한 무장한 선발대는 나팔을 부는 제사장들보다 앞서서 나갔고 후발대는 궤를 따라갔다. 그 동안 제사장들은 계속하여 나팔을 불었다. 여호수아가 또 백성에게 명령하였다. "함성을 지르지 말아라. 너희 목소리가 들리지 않게 하여라. 한 마디도 입 밖에 내지

말고 있다가 내가 너희에게 '외쳐라' 하고 명령할 때에 큰소리로 외쳐라."(6:8-10)

제사장들이 멘 '궤'는 궤(4절), 언약궤(6절), 주님의 궤(6, 11, 12, 13절), 주님의 언약궤(8절) 등 다양한 이름으로 불렸다. 이를 근거로 여기에 다양한 전승이 얽혀 있다고 추정할 수 있다. 전투를 벌일 참이지만 중심은 궤를 멘 제사장들에게 있다. 그들을 중심으로 무장한 선발대와 후발대가 앞뒤에서 행진했다.

이스라엘은 전투행위가 아니라 제의행위를 한 걸로 보인다. 숫양 뿔 나팔을 불고 함성을 지르는 행위는 전쟁과 제의예식 모두에서 행해졌다. 전쟁에서는 아군의 용기를 북돋우고 적의 사기를 떨어뜨리기 위해서, 제의예식에서는 신(들)을 환호하고 찬양할 때 나팔 불고 함성을 질렀다. 이스라엘은 요단 강을 건넜을 때처럼 이번에도 행진했다. 그때도 초점은 궤를 멘 제사장들에게 맞춰져 있었다. 그때는 전쟁 상황이 아니었다. 이번에도 그렇게 보인다.

큰 소리로 외치니 성벽이 무너졌다

이스라엘은 여호수아의 명령대로 엿새 동안 하루 한 번씩 성 주위를 나팔을 불며 돌았다.(6:11-14) 이레 째 되는 날 기적이 일어났다. 그날 일곱 번째 돌고 난 후에 여호수아는 이렇게 명령했다.

"큰소리로 외쳐라! 주님께서 너희에게 이 성을 주셨다. 이 성과 이 안에 있는 모든 것을 전멸시켜서 그것을 주님께 제물로 바쳐라. 그러나 창녀 라합과 그 여인의 집에 있는 사람은 모두 살려 주어라. 그 여인은 우리가 보낸 정탐꾼들을 숨겨 주었다. 너희는 전멸시켜서 바치는 희생 제물에 손을 댔다가 스스로 파멸당하는 일이 없도록 주의하여라. 너희가 전멸시켜서 바치는 그 제물을 가지면 이스라엘 진은 너희 때문에 전멸할 것이다. 모든 은이나 금, 놋이나 철로 만든 그릇은 다 주님께 바칠 것이므로 거룩하게 구별하여 주님의 금고에 넣도록 하여라."(6:16b-19)

17-18절에 '전멸'(히브리어로 '헤렘')이란 말이 네 번 등장한다. '헤렘'에 대해서는 8장에서 자세히 다루겠고 여기서는 사람이든 물건이든 장소든 야훼가 배타적으로 소유함을 상징하는 표현이라고만 말해둔다.

여호수아는 두 가지를 명령했다. 첫째로 라합과 그 가족들을 살려주라고 했다. 그녀가 정탐꾼들을 숨겨줬기 때문이다. 맹세는 언급하지 않았다. 둘째로 '헤렘'을 반드시 실행하라고 했다. 여리고 성과 그 안에 있는 모든 것을 '헤렘'해서 야훼에게 제물로 바치라고 했다. '헤렘'에 손을 대면 스스로 '헤렘'이 될 것이라고 했다. '헤렘'에 속한 물건들은 죽이거나 야훼의 금고에 넣으라고 했다.

이레째 되는 날 제사장들은 평소처럼 나팔을 불었고 백성들은 일제히 큰소리로 외쳤더니 성벽이 무너져 내렸다.(6:20)

백성들은 일제히 성으로 진격하여 그 성을 점령하였다. 성안에 있는 사람을 남자나 여자나 어른이나 아이를 가리지 않고 모두 전멸시켜서 희생 제물로 바치고 소나 양이나 나귀까지도 모조리 칼로 전멸시켜서 희생 제물로 바쳤다.(6:20b-21)

이렇게 여리고 성은 무너져서 정복당했다. 주민들은 다 죽었고 그들의 재산도 여호수아의 명령대로 처리됐다.

여리고 성 정복 이야기는 요단 강 건넌 이야기의 연속이다. 둘 다 야훼가 기적적으로 이룬 사건이다. 궤를 멘 제사장들이 사건의 중심이라는 점도 같다. 차이는 여리고 성 정복에서는 제사장들 앞뒤에 무장군인들을 배치했다는 정도다. 무장군인들의 전투행위는 성벽이 무너진 후에 주민들과 짐승들을 일방적으로 도륙한 것이 전부다. 여리고 성 승리는 온전히 야훼의 몫이다. "이 성과 이 안에 있는 모든 것을 전멸시켜서 그것을 주님께 제물로 바쳐라."(6:17)라는 '헤렘' 명령은 실질적인 승자에게 전리품을 귀속시키라는 뜻이다.

이 전투는 앞으로 어떻게 전투를 치를지 보여주는 모범사례다. 백성들이 전투행위를 하든 말든 야훼가 주체가 되어 치르는 야훼의 전쟁이다. '헤렘' 명령이 주어진 경우도 있고 그렇지 않은 경우도 있다. 명령이 주어졌지만 세칙이 다른 경우도 있다. 하지만 가나안에서 치러진 모든 전쟁이 야훼의 전쟁이란 점은 같다. 첫 번째인 여리고 성 전투에서는 이 원칙이 철저하게 지켜졌다. 그런 줄 알았다. 하지만 그렇지 않았다는 사실이 나중에 밝혀진다. 7장에서 다룰 내용이다.

모호하게 남겨진 것들

여호수아서 6장 내용을 '여리고 성 정복'이나 '여리고 성 함락'으로 부르지만 정작 전투행위 자체에 대한 서술은 매우 짧다. 여리고 성 정복 이야기의 초점은 의외로 라합에게 맞춰져 있다.

> 여호수아는 그 땅을 정탐하러 갔던 두 사람에게 말하였다. "그 창녀의 집으로 들어가서 너희가 맹세한 대로 그 여인과 그에게 딸린 모든 사람을 그곳에서 데리고 나오너라." 정탐하러 갔던 젊은이들이 가서 라합과 그의 아버지와 어머니와 오라버니들과 그에게 딸린 모든 사람을 데리고 나왔다. 라합의 식구들을 모두 이끌어내어 이스라엘 진 밖으로 데려다 놓았다.(6:22-23)

17절에서는 정탐꾼들을 숨겨줬다고만 했던 여호수아가 이번에는 '맹세'를 언급했다. 라합과 가족들은 정탐꾼의 맹세 때문에 살아남았다. 마땅히 헤렘돼야 할 가나안 사람 라합이 살아남은 것은 야훼의 이름으로 한 맹세(2:12) 때문이다.

화자는 몇 가지를 모호하게 남겨둔다. 첫째로 라합 집의 위치다. 정탐꾼이 라합에게 맹세했을 때 그녀의 집은 성벽에 있었다.(2:15) 이스라엘이 쳐들어왔을 때 그녀 가족들은 거기서 나오면 안 된다고도 했다.(2:19) "제사장들이 나팔을 불었다. 그 나팔 소리를 듣고서 백성이 일제히 큰소리로 외치니 성벽이 무너져 내렸다. 백성이 일제히 성으로 진격하여 그 성을 점령하였다."(6:20) 그녀의 집은 성벽과 함께 무너졌어야 하고 그러면 라합 가족은 죽거나 크게 다쳤을 것이다. 다치기만 했다면 다행이지만 죽었다면 맹세를 지킬 의무가 없어진다. 이들이 다쳤다는 얘기가 없다. 어떻게 된 걸까? 앞뒤가 안 맞는다고 생각하는 것이 당연한데 화자는 거기까지 설명하지는 않는다. 어쨌든 라합 가족은 죽지 않았고 맹세는 지켜졌다.

둘째로 라합의 '자매들'이다. 라합이 맹세를 받았을 때 가족은 '나의 부모와 형제자매들과 그들에게 속한 모든 식구들'(2:13)이었다. 형제자매가 언급됐다. 그런데 정탐꾼들이 홍색 줄을 매달라고 했을 때는 '당신의 아버지와 어머니와 오라버니들과 아버지 집안의 모든 식구'(2:18)만 언급한다. 자매들이 빠졌다. 화자가 실수한 걸까? 그럴 수도 있다. 성벽이 무너진 후 구원받은 가족을 언급할 때도 '아버지와 어머니와 오라비들과 그녀에게 딸린 모든 사람'(6:23)으로 되어 있다. 여기도 자매들은 없다.

처음에는 언급된 자매들이 왜 빠졌을까? 본래 자매들이 없었다는 주장도 있고 자매들은 구원받지 못했다는 주장도 있다. 그렇다면 '왜'라는 질문을 해야 한다. 다양한 근거를 내세우며 각자의 주장을 펼쳤지만 근거가 없으니 정답도 없다. '뭐 이런 것까지…….' 싶지만 해석자들은 이런 사소한 문제까지 따진다.

여전히 경계선 위에 놓이다

셋째로 여리고 성 정복 후 라합 가족이 어떻게 됐는지 불분명하다.

정탐하러 갔던 젊은이들이 가서 라합과 그의 아버지와 어머니와 오라버니들과 그에게 딸린 모든 사람을 데리고 나왔다. 라합의 식구들을 모두 이끌어내어 이스라엘 진 밖으로 데려다 놓았다……. 여호수아는 창녀 라합과 그의 아버지 집과 그에게 딸린 사람을 다 살려 주었다. 라합이 오늘날까지 이스라엘 백성 가운데 살고 있는데 그것은 여호수아가 여리고를 정탐하도록 보낸 사람들을 그가 숨겨 주었기 때문이다.(6:23-25)

정탐꾼들은 라합의 식구들을 '이스라엘 진 밖으로' 데려다 놓았다 (23절). 왜 진 '밖'에 데려다 놨을까? 왜 진 '안'이 아니라 진 '밖'일까? 진 밖에는 일시적으로 있었을까 영구적으로 거기서 살았을까? 진 밖에 있었다는 것은 어떤 의미일까? 구약성서에는 '진 밖'이 언급된 구절이 하나 더 있다.

당신들이 진을 치고 적과 맞서고 있는 동안에는 어떤 악한 일도 스스로 삼가야 합니다. 당신들 가운데 누가 밤에 몽설하여 부정을 탔을 때에 그 사람은 진 밖으로 나가서 머물러 있어야 합니다. 해가 질 무렵에 목욕을 하고 해가 진 다음에 진으로 들어올 수 있습니다. 당신들은 진 바깥의 한 곳에 변소를 만들어 놓고 그 곳에 갈 때에는 당신들의 연장 가운데서 삽을 가지고 가야 합니다. 용변을 볼 때에는 그것으로 땅을 파고 돌아설 때에는 배설물을 덮으십시오. 주 당신들의 하나님은 당신들을 구원하시고 당신들의 대적들을 당신들에게 넘겨 주시려고 당신들의 진 안을 두루 다니시기 때문에 당신들의 진은 깨끗하게 유지되어야 합니다. 주님께서 당신들 가운데로 다니시다가 더러운 것을 보시면 당신들에게서 떠나시고 말 것이니 그런 일이 일어나지 않도록 당신들의 진을 성결하게 하십시오.(신명기 23:9-14)

진 밖은 더러운 곳이다. 누가 부정한 짓을 하면 그는 일시적으로 진 밖에 나가있어야 한다. 진 안으로 복귀하려면 목욕하고 몸을 정결하게 해야 한다. 하나님이 진 안에서 두루 다녔기 때문에 그래야 한다. 라합 가족이 진 밖에 있었던 것도 그래서였을까? 부정한 사람 취급했기 때문일까?

이들은 '오늘날까지 이스라엘 백성 가운데' 살고 있다(25절)고 했다. '이스라엘 백성 가운데'라는 표현은 상징적 의미를 갖는다. 이들은 이스라엘 가운데 섞여 살면서 그들과 같은 정체성을 가졌다는 의미다. 이들이 '진 밖'에 있었던 기간이 명시되지 않은 데 비해서 '이스라엘 백성 가운데' 살았던 기간은 '오늘날까지'라고 명시했다. 둘을 함께 고려하면 라합 가족은 이스라엘과 함께 살았고 그들에게 동화됐지만 완전히 하나가 되지는 않았다고 보인다. 그런 점에서 이들의 지위가 모호했다. 이들은 여리고 성에 살 때도 '성벽 위'의 집에서 살았다. 성 안과 밖의 경계선에서 살았다는 뜻이다. 상징적으로는 여리고 사람이면서 동시에 여리고 사람이 아니었다. 이스라엘 백성 가운데 살게 됐을 때도 마찬가지로 이들은 이스라엘 사람이면서 동시에 이스라엘 사람이 아니었다. 진 '밖'이 그런 의미를 갖고 있다.

구약성서에는 라합과 비슷한 정체성을 가진 사람들이 있다. 모세의 장인이자 미디안의 제사장인 이드로가 그런 사람이다. 둘 다 이스라엘을 도운 이방인이다. 이드로는 살인자에 도망자인 모세를 자기 집에 받아들였고 라합은 정탐꾼을 받아들였다. 둘 다 이스라엘 사람을 위험에서 건져줬다는 점과 이스라엘 사람이 아니면서 야훼를 잘 알고 있었다는 공통점이 있다. 이드로는 모세에게 "주님이 그 어떤 신보다도 위대하시다는 것을 이제 나는 똑똑히 알겠네."(출애굽기 18:11)라고 고백했고 라합은 "나는 주님께서 이 땅을 당신들에게 주신 것을 압니다."(2:9)라고 고백했다.

라합은 야엘과도 비교된다. 야엘은 이스라엘의 적 시스라를 죽인 여인이다.(사사기 4:17-22) 시스라는 이스라엘과의 싸움에서 패해서 도망치다가 야엘의 장막에 이르렀다. 야엘은 시스라를 반갑게 맞아들여 안심시킨 후 잠든 그를 죽였다.(사사기 4:21) 라합과 야엘 둘 다 이방 여자들로서 이스라엘을 도왔다. 뜻밖의 방문자를 맞은 점도 닮았다. 한 사람은 환대했고 한 사람은 죽였지만 말이다. 두 사건 모두 여자 집에서 일어났고 방문자가 쫓기고 있었다는 점도 같다. 이들 생사가 여인의 선의에 전적으로 의존했다는 점도 똑같다. 두 경우 모두 여자들이 적극적이고 활동적인 반면 남자들은 소극적이고 수동적이란 점도 닮았다. 이스라엘에 자기들을 도운 이방인을 모범적 인간상으로 받드는 전통이 있었나 싶을 정도다.

창녀 라합, 신앙인으로 우뚝 서다

이스라엘에는 그들과 완전히 동화되지는 않았지만 그렇다고 외부에 존재하지도 않고 경계선 상에 있던 사람들이 있었다. 야엘이 속한 겐 족은 이스라엘과 가나안 종족 양쪽과 좋은 관계를 갖고 있었다. 요즘 말로는 등거리외교를 했다. 이스라엘은 이들처럼 경계선 위에 놓여 있던 이방 여인들의 도움을 받아서 고비를 넘겼다. 이렇듯 야훼는 눈에 띠지 않은 방식으로 자신의 계획을 성취하고 인간의 역사를 이끄는 걸까? 이들이 이방인이고 더욱이 이방 여인이란 사실은 야훼가 사람 생각과는 다른 방식으로 섭리함을 보여준다고 생각한다.

여리고 성 정복이야기에서 라합과 비교하면 여호수아는 부정적인 모습을 보였다. 그는 이스라엘에게 가나안 땅을 주겠다는 야훼의 약속(1:2)에도 불구하고 정탐꾼을 보냈다.(2:1) 모세도 정탐꾼을 보냈지만 그는 야훼의 명령을 받았다는 점에서(민수기 13:1-2) 여호수아와 다르다. 여호수아는 야훼의 명령을 받지도 않았고 야훼의 뜻을 묻지도 않았다. 이스라엘은 전쟁에 직면해서 다양한 방법으로 야훼의 뜻을 묻곤 했다. 주로 예언자를 통했지만(열왕기상 22:5) 에봇이나 우림과 둠밈을 사용하기도 했다.(사무엘상 30:7-8; 28:6) 드물지만 점을 친 적도 있다.(열왕기하 13:15-20) 게다가 그가 보낸 정탐꾼은 무능했다. 침투 사실이 여리고 왕에게 알려져 붙잡힐 뻔했다. 라합이 아니었더라면 임무를 수행하지 못할 뻔했다. 여호수아가 '헤렘' 명령을 어긴 것도 긍정적으로 볼 수 없다. 그는 명령을 어긴 정탐꾼을 처벌하지 않음으로써 그도 명령을 어긴 거나 마찬가지다.

반면 라합은 야훼로 하여금 계획을 바꾸게 만든 여인이다. 야훼의 계획은 가나안 사람을 몰살하는 것이었다.(신명기 7, 20장) 그 어떤 예외도 허용하지 않았다. 그런데 첫 전투에서부터 원칙이 깨졌다. 그것도 가장 낮고 천한 창녀에 의해서 그렇게 됐다. 독자 입장에서 그녀는 헤렘이 반드시 지켜야 하는 원칙이 아니었음을 보여준 사람이다.

라합 이야기는 이어지는 이야기와 같이 읽어야 한다. 라합과 아간, 그리고 기브온 사람들 이야기는 긴밀하게 연결되어 있다. 이 이야기들은 야훼의 백성으로서 이스라엘의 정체성이 무엇인지를 보여준다.

다시 세우는 자는 저주를 받으리라!

폐허가 된 여리고 성을 보면서 여호수아는 이렇게 맹세했다.

> 그 때에 여호수아가 이렇게 맹세하였다. "이 여리고 성을 일으켜 다시 세우겠다고 하는 자는 주님 앞에서 저주를 받을 것이다. 성벽 기초를 놓는 자는 맏아들을 잃을 것이요 성문을 다는 자는 막내아들을 잃을 것이다." 주님께서 여호수아와 함께 계셨으므로 그의 명성이 온 땅에 두루 퍼졌다.(6:26-27)

여호수아는 여리고 성을 재건하는 자는 야훼 앞에서 저주를 받을 것이라고 맹세했다. 정탐꾼이 라합에게 했듯이 말이다. 그런데 고고학자들은 여호수아 정복시기에 여리고 성은 이미 폐허였다고 주장한다. 그때 여리고 성에는 아무도 살지 않았다는 거다. 고고학에서 여리고 성 정복이야기를 역사로 보지 않는 이유다.

신명기 역사가는 나중에 성을 재건한 사람이 있다는 기록을 남겼다. 히엘이 그 사람이다.

> 아합 시대에 베델 사람 히엘이 여리고를 건축하였다. 주님께서 눈의 아들 여호수아를 시켜서 하신 주님의 말씀대로 그는 그 성의 기초를 놓으면서는 그의 맏아들 아비람을 잃었고 성문을 달면서는 그의 막내아들 스굽을 잃었다.(열왕기상 16:34)

여호수아의 예언이 너무도 잘 들어맞았다. 히엘이 성을 재건하려고 기초는 놓았더니 여호수아의 맹세대로 그의 맏아들이 죽었고 성문을 달았더니 그의 막내아들이 죽었다니 말이다. 예언이 지나치게 들어맞으면 의심을 사기 쉽다. 일어난 일을 예언에 꿰어 맞추거나 예언을 일어난 일에 꿰어 맞춘 것 아니냐는 의심 말이다. 이 이야기가 그렇다. 예언의 성취로 볼 것인가, 아니면 후대에 벌어진 일을 과거로 투사한 것으로 볼 것인가는 독자에게 달려 있다.

여리고 성 정복이야기는 여호수아의 명성이 두루 퍼졌다는 말로 마무리된다. 야훼가 그와 함께 하기 때문이란다. 화자는 여러 곳에서 여호수아의 명성이 자자했다고 썼다. 이를 뒤집어서 그의 권위가 안정적이지 않았다는 반증이라고 보면 억측일까?

라합의 가족에 대한 뒷얘기가 유대인 학자들 간에 무성하다. 이에 대해 좀 더 얘기해보자. 그녀의 가족은 부모와 그녀의 남녀형제, 그리고 그들에게 속한 모든 사람들이다.(2:13) 그녀의 자매에 대해서는 앞에서 얘기했다. 그녀의 남편과 자녀들이 언급되지 않은 이유는 그녀가 창녀였기 때문일까? 솔로몬의 재판에 나오는 두 명의 창녀에게는 각각 아들이 있었다.(열왕기상 3:16-28) 후대 해석자들에게는 그녀가 독신인 사실이 불편했던지 그녀를 기혼자로 만들었다. 탈무드에는 그녀가 여호수아와 결혼했다고 되어 있고 마태복음에는 그녀가 살몬이란 남편에게서 보아스라는 아들을 낳았다(마태복음 1:5)고 되어 있으니 말이다.

라합의 자매에 대한 흥미로운 연구를 소개한다. Shira Golani, "Were Rahab's Sisters Saved?" (www.thetorah.com/article/were-rahabs-sisters-saved)

라합의 가족들이 '이스라엘 진 밖'에 있었고(6:23)과 '오늘날까지 이스라엘 백성 가운데 살고 있다'(6:25)는 서술에 대해서 좀 더 얘기해보자.

이 서술은 이스라엘 안에서 그녀의 법적 위치가 모호했음을 보여준다. 그녀 가족은 구약성서에서 '외국인' 또는 '나그네'로 표현된 부류의 사람으로 살았다. 이스라엘 입장에서 가나안 땅에 살던 비이스라엘인은 세 종류였다. 첫째, 이스라엘에 동화되어 함께 사는 사람 둘째, 종으로 삼아 부리는 사람 셋째, 멸절한 사람. 라합 가족은 동화되어 살았던 사람들이고 나중에 나오는 기브온 사람들은 종이 된 사람들이며 나머지는 멸절된 사람들이다. 라합처럼 '개종'하면 동화되어 살 수 있었다. 전쟁포로는 대부분 종이 됐는데 기브온 사람들처럼 전쟁에서 패하지 않고 자발적으로 종이 된 경우는 예외적이다.

이스라엘에 동화됐다고는 하지만 라합 가족처럼 이들의 법적인 지위는 애매했다. 완전히 동화되지는 않았던 것이다. 이들에게는 땅이 주어지지 않왔으므로 생존에 필요한 모든 것을 이스라엘에 의존해야 했다. 이들은 중간 지위(in-between status)에 있었다.

여호수아서와 사사기의 외국인의 지위에 대한 좋은 논문을 소개한다. Péter Jenei, "Strategies of Stranger Inclusion in the Narrative Traditions of Joshua-Judges: The Cases of Rahab's Household, the Kenites and the Gibeonites" *Old Testament Essays* 32 (2019) 127-154.

7장

아간과 아이 성에서의 실패와 성공

처음으로 실패를 경험하다

여리고 성 전투는 해피엔딩인 줄 알았다. 나팔 불고 함성 질러서 성벽이 무너졌고 이스라엘 군대는 무너진 성벽 너머로 진군해서 여리고 사람들을 도륙했다. 불태울 것은 불태우고 야훼의 금고에 넣을 것은 넣었다. 이로써 다 끝난 줄 알았다. 이스라엘의 사기는 하늘을 찌를 것 같았을 거다. 야훼의 명령을 완벽하게 수행했고 완전한 승리를 거뒀다. 그런 줄 알았고 앞으로도 계속 그럴 줄 알았다. 사실은 그렇지 않았다.

흐름에 브레이크가 걸렸다. 완벽한 줄 알았던 여리고 성 정복에 결함이 있었다.

이스라엘 자손이 전멸시켜서 주님께 바쳐야 할 물건을 잘못 다루었다. 유다 지파에서 세라의 증손이요 삽디의 손자요 갈미의 아들인 아간이 전멸시켜서 주님께 바쳐야 할 물건을 가져갔기 때문에 주님께서 이스라엘 자손들에게 진노하셨다.(7:1)

이스라엘 자손이 '전멸시켜서 야훼에게 바쳤어야 할 물건'을 잘못 다뤘다. 새번역성경은 풀어서 번역했는데 히브리어로는 '헤렘' 한 단어다. '헤렘'은 정복 전쟁에서 중요한 의미를 갖는 단어로서 문맥에 따라서 다양하게 사용됐으므로 문맥을 살펴서 의미를 따져야 한다. 이에 대해서는 8장에서 자세히 다루므로 여기서는 아간과 관련해서만 다룬다.

'헤렘'은 번역하기 힘든 단어다. 우리말로는 한 단어로 옮기기도 어렵다. 그래서 번역하지 않고 그냥 '헤렘'으로 쓰는 경우도 있다. 우리말 성경은 '바친 물건'(개역한글성경), '온전히 바친 물건'(개역개정성경), '전멸시켜서 주께 바쳐야 할 물건'(표준새번역성경), '전멸시켜서 주님께 바쳐야 할 물건'(새번역성경), '모든 부정한 것을 없애라는 명령'(공동번역성서) 등으로 다양하게 번역했다. 영어로는 '금지하다'는 뜻인 'ban'으로 옮겼지만 만족스런 번역은 아니다. 영어성서도 'the devoted thing', 'the devoted things', 'the accursed thing', 'things under ban', 'curse of destruction', 'the proscription' 등 다양하게 옮겼다. 적당한 번역어가 없어서다.

'이스라엘 자손'(복수)이 헤렘을 '잘못 다루었다'고 했는데 어떻게 했는지가 분명치 않다. 아간(단수)은 헤렘을 '가져갔다'고 했으니 그것을 자기의 소유로 삼았다는 뜻이겠다. 그의 행위가 뭘 가리키는

지 분명해 보인다. 문제를 일으킨 당사자가 누군지도 분명치 않다. '잘못 다뤘다'는 말은 히브리어 동사 '마알'인데 이 단어를 개역성경과 공동번역성서는 '죄를 짓다'는 뜻으로 번역했다. 영어성서는 'be unfaithful', 'commit a trespass', 'break faith' 등으로 번역했다. 아간이 구체적으로 뭘 가져갔는지는 나중에 스스로 실토했다.(7:21) 이 짧은 두 문장은 승리에 취해 있던 이스라엘의 앞날에 어두운 그림자를 드리운다.

아간의 족보가 이례적으로 자세히 소개된다. 유다 지파의 일원인 그의 아버지, 할아버지, 증조할아버지 이름까지 소개된다. 이런 경우는 유례를 찾기 어렵다. 위대한 영웅도 이 정도로 자세히 족보를 소개하지 않는다. 서른여섯 명의 동료를 죽게 했고 이스라엘 전체를 곤란하게 만든 자의 족보가 이같이 자세하게 소개된 데는 이유가 있다.

아간이 물건을 빼돌린 사실은 야훼, 화자, 독자 외에는 아무도 모른다. 여호수아도 모른다. 이스라엘은 이 사실을 모른 채로 전투준비에 들어갔다. 이 점은 이야기 흐름에 중요하다.

여호수아는 이번에도 정탐꾼을 파견했다. 이 전략이 도움이 됐다고 판단한 모양이다. 이번에는 이름불명, 숫자불명의 정탐꾼을 아이 성에 보냈다.(7:2) 그들이 어떤 정탐활동을 했는지는 서술되지 않았다. 좌우간 이들은 돌아와서 이렇게 보고했다.

모든 백성을 다 올라가게 할 필요가 없을 것 같습니다. 이천 명이나 삼천 명만 올라가도 아이 성을 칠 수 있습니다. 모든 백성이 그 성을

치느라고 다 수고할 필요가 없을 것 같습니다. 성 안에 있는 사람들의 수가 얼마 되지 않습니다.(7:3)

이전 전투의 승리에 취해서 긴장이 풀어졌을까? 정탐꾼은 아이 성쯤은 이삼천 명으로 충분히 정복할 수 있다고 보고했다. 전술적으로는 그럴지 몰라도 이들은 전쟁의 성격을 잘못 알고 있다. 야훼의 전쟁은 군인 숫자나 장비가 우세하다고 승리하는 전쟁이 아니다. 야훼가 직접 개입하기 때문에 승리가 보장되는 전쟁이 야훼의 전쟁이다. 이렇게 보고한 정탐꾼이나 보고대로 실행한 여호수아나 야훼의 전쟁에 대한 개념이 없다. 이것만으로도 불안한 결과가 예측된다. 게다가 독자는 여리고 성에서 아간이 헤렘을 어긴 사실을 알고 있다.

백성 가운데서 약 삼천 명이 그리로 올라갔다. 그러나 그들은 도리어 아이 성 사람에게 패하여 도망쳐 왔다. 아이 성 사람은 이스라엘 사람을 서른여섯 명쯤 죽이고 성문 앞에서부터 스바림까지 추격하여 비탈길에서 그들을 쳤으므로 백성의 간담이 서늘해졌다.(7:4-5)

불안한 예상은 틀린 적이 없다. 예상대로 이스라엘은 패했다. 삼천 명의 군인이 패해서 '성문 앞에서부터 스바림까지' 도망쳤다. 제대로 싸워보지도 못하고 도망치기에 바빴다. 서른여섯 명은 살아서 돌아오지 못했다. 백성의 간담이 서늘해졌다고 했다. '간담이 서늘해졌다'라는 표현의 히브리어 원문은 '마음이 (녹아내려) 물처럼 됐다'이다. 개역성경이 이를 직역했다. 다른 데서는 이 표현이 적군의 사기가 떨어지고 두려움에 빠졌을 때 사용됐지만(2:11) 여기서는 이스라엘을 묘사하는 데 사용됐다. 상황이 역전됐다.

누구 책임인가?

전투에서 패했을 때 가장 먼저 할 일은 패배의 원인을 찾는 일이다. 이들도 그랬다. 여호수아는 원인을 작전 실패나 전투력 부족에서 찾지 않고 야훼에게서 찾았다. 그제야 이 전쟁이 야훼의 전쟁임을 떠올렸다는 듯이 말이다. 전쟁준비 때는 야훼는 안중에도 없이 맘대로 정탐꾼을 보내고 병력을 줄이더니 패하고 나서야 정신 차린 모양이다.

여호수아는 슬퍼하면서 옷을 찢고 주님의 궤 앞에서 얼굴을 땅에 대고 엎드려서 저녁때까지 있었다. 이스라엘의 장로들도 그를 따라 슬픔에 젖어 머리에 먼지를 뒤집어썼다. 여호수아가 아뢰었다. "주 하나님, 우리 백성을 요단 강 서쪽으로 잘 건너게 하시고는 왜 우리를 아모리 사람의 손에 넘기어 멸망시키려 하십니까? 차라리 우리가 요단 강 동쪽에서 그대로 살았더라면 좋을 뻔하였습니다. 주님, 이스라엘이 원수 앞에서 패하여 되돌아왔으니 이제 제가 무슨 말을 할 수 있겠습니까? 가나안 사람과 그 땅에 사는 모든 주민이 이 소식을 듣고 우리를 에워싸고 이 땅에서 우리의 이름을 없애 버릴 터인데 주님께서는 주님의 위대한 명성을 어떻게 지키시겠습니까?"(7:6-9)

여호수아와 장로들은 그 날 저녁까지 애통해하고 참회했단다. 그런데 여호수아의 말을 잘 읽어보면 그것은 참회가 아니라 불평에 가깝다. 옷을 찢고 얼굴을 땅에 대고 머리에 먼지를 뒤집어쓰는 등 참회의 모습을 보였지만 그의 말은 용서해달라는 게 아니다. 요단 강 동쪽에서 그대로 살았더라면 좋았을 것이라는 말은 광야시대에 백성이 불평했던 말과 같다. 이집트에서 편하게 살 수 있었는데 왜 광야로 끌고 나와서 고생하다 죽게 만드느냐며 했던 불평 말이다.

> 온 이스라엘 자손이 모세와 아론을 원망하였다. 온 회중이 그들에게 말하였다. "차라리 우리가 이집트 땅에서 죽었더라면 더 좋았을 것이다. 아니면 차라리 우리가 이 광야에서라도 죽었더라면 더 좋았을 것이다. 그런데 주님은 왜 우리를 이 땅으로 끌고 와서 칼에 맞아 죽게 하는가? 왜 우리의 아내들과 자식들을 사로잡히게 하는가? 차라리 이집트로 돌아가는 것이 좋겠다!"(민수기 14:2-3)

둘 사이에 차이가 있다. 광야에서는 백성이 지도자 모세와 아론에게 원망을 늘어놓았지만 가나안에서는 지도자 여호수아가 야훼를 원망했다는 차이다. 이로써 여호수아의 권위는 불평하는 백성 수준으로 추락한다. 광야에서는 모세의 권위가 추락하지 않는데 여기서 여호수아는 자기가 자기 권위를 떨어뜨렸다. 이 여호수아에게 야훼는 패배의 원인을 밝힌다.

이스라엘이 죄를 지었다. 나와 맺은 언약, 지키라고 명령한 그 언약

을 그들이 어겼고 전멸시켜서 나 주에게 바쳐야 할 물건을 도둑질하
여 가져갔으며 또한 거짓말을 하면서 그 물건을 자기들의 재산으로
만들었다. 그래서 이스라엘 자손은 원수를 대적할 수 없었고 원수 앞
에서 패하여 물러섰다. 그들이 자청하여 저주를 불러들여서 그들 스
스로가 전멸시켜야 할 물건이 되었기 때문이다. 너희들 가운데에서
전멸시켜 나 주에게 바쳐야 할 물건을 없애지 아니하면 내가 다시는
너희와 함께 있지 않겠다.(7:11-12)

야훼는 잘못의 당사자로 이스라엘 백성(복수)을 지목한다. 이스라
엘이 죄를 저질렀다. 야훼와의 언약을 어긴 자도 '그들'(이스라엘)이고
헤렘을 가져간 자도 '그들'이며 거짓말로 헤렘을 자기 것으로 삼은
자도 '그들'이다. '그들'은 원수에게 패했고 자청해서 저주를 불러들
였으며 스스로 '헤렘'이 됐다. 야훼는 '너희들' 가운데서 '헤렘'을 없
애지 않으면 다시는 '너희'와 함께 있지 않겠다고 했다. 누구 잘못으
로 사태가 이 지경이 됐는지 헷갈린다. 개인 아간인가, 아니면 집단
이스라엘인가? 아니면 둘 다인가?

무엇을 해야 하나?

패배의 책임소재를 규명하는 일은 헷갈리지만 '왜' 비극이 벌어졌
는지는 분명해졌다. 그것은 첫째, 죄를 지었기 때문이고 둘째, 야훼
와 맺은 언약을 어겼기 때문이며 셋째, 헤렘을 어겼기 때문이다. 책

임소재와 세 가지 이유 사이의 관계는 규명되지 않았지만 야훼는 '어떻게' 해결할지에 대해서는 이렇게 답한다.

> 일어나서 백성을 성결하게 하여라. 너는 그들에게 말하여라. "너희
> 는 스스로 성결하게 하여 내일을 맞이할 준비를 하여라. 주 이스라엘
> 의 하나님께서 이렇게 말씀하신다. '이스라엘아, 너희 가운데 전멸시
> 켜서 주님께 바쳐야 할 물건이 있다. 그것을 너희 가운데서 제거하기
> 전에는 너희의 원수를 너희가 대적할 수 없다.'"(7:13)

백성이 성결해져야 한다. 아간 그리고 백성이 지은 죄 때문에 그들이 불결해졌다. 다시 성결해지려면 백성에게서 헤렘을 제거해야 한다. 이스라엘이 스스로 헤렘이 되면 헤렘시켜야 할 적과 싸울 수 없기 때문이다. 정복전쟁은 야훼의 전쟁이다. 이 전쟁에서 헤렘은 이스라엘이 지켜야 할 원칙이다. 숨 쉬는 모든 것을 죽이고 성읍과 도시는 불태워야 한다. 이 명령을 실행하지 않으면 이스라엘 자신이 헤렘이 되어버리니 야훼는 그들을 버릴 수밖에 없다.

여리고 성 전투에서 그 일이 벌어졌다. 아간이 헤렘해야 할 물건을 빼돌렸다. 12절에서 야훼는 아간 개인을 범죄자로 낙인찍지 않고 '이스라엘 자손'이 '자청하여 저주를 불러들여서 그들 스스로가 전멸시켜야 할 물건'이 되었다고 했다. 그런 짓은 아간이 했지 이스라엘은 그런 짓을 하지 않았다. 심지어 그들은 아간이 그런 짓을 했는지도 몰랐다. 그런데 야훼는 아간 개인에게 책임을 묻지 않는다. 이스라엘 자손 모두가 헤렘 명령을 어겼고 따라서 그 책임도 그들 모

두가 져야 한다. 집단책임이라는 것이다.

현대인은 납득할 수 없는 방법이다. 하지만 모든 일들의 근간에 야훼-이스라엘의 언약관계가 있음을 감안한다면 이해하지 못할 일도 아니다. 언약은 야훼와 이스라엘 개인 사이에 맺어지지 않았다. 야훼와 이스라엘이라는 집단 사이에 맺어졌다. 개인은 공동체와 별개의 존재가 아니라 공동체의 일원이다. 야훼가 아간 개인을 범죄자로 낙인찍지 않고 이스라엘 백성 전체에게 책임을 물은 까닭이다.

여기까지의 과정을 정리하면 이렇다. 첫째, 아이 성을 정복하기로 계획을 세웠다. 구체적인 계획은 야훼의 개입 없이 이스라엘이 독자적으로 세웠다. 둘째, 정탐꾼을 파견했다. 그들은 소수 병력만으로도 정복할 수 있다고 보고했다. 셋째, 삼천 명의 군인을 파견했으나 패했다. 넷째, 여호수아와 장로들이 야훼에게 탄식하고 불평했다. 다섯째, 패배의 원인이 규명됐다. 여섯째, 성결 회복과 헤렘 제거라는 해결책이 주어졌다.

헤렘 제거를 위한 범인 색출에 나섰다. 이를 위해 주사위 뽑기가 행해졌다.

너희는 아침에 지파별로 나오너라. 주님께서 주사위로 뽑으신 지파는 가문별로 가까이 나오고 주님께서 주사위로 뽑으신 가문은 집안별로 가까이 나오고, 또한 주님께서 주사위로 뽑으신 집안은 장정별로 가까이 나오너라. 전멸시켜서 주님께 바쳐야 할 물건을 가져 간 사람이 주사위로 뽑히면 그에게 딸린 모든 것과 함께 그를 불에 태우겠다. 그가 주님의 언약을 어기고 이스라엘에서 수치스러운 일을

저질렀기 때문이다.(7:14-15)

헤렘을 가져간 범인을 잡으려고 주사위 뽑기를 했다. 야훼는 지파-가문-집안 순서로 범위를 좁혀가며 범인을 색출하라고 했다. 사울이 제비뽑기로 왕이 됐을 때도 같은 방법을 썼다.(사무엘상 10:17-24) 여호수아는 야훼의 명령대로 행했다. 다음날 아침에 주사위 뽑기가 실행됐다. 백성을 지파별로 나오라 했더니 유다 지파가 뽑혔고 가문별로 나오라 했더니 세라 가문이 뽑혔으며 각 가문의 장정들을 나오라 했더니 아간의 할아버지인 삽디가 뽑혔고 삽디 집안의 장정들을 차례대로 나오게 했더니 갈미의 아들 아간이 뽑혔다.(7:16-17) 야훼의 주사위 뽑기는 실패하는 적이 없다. 야훼는 질문에 응답하지 않는 경우는 있어도 거짓 대답을 내놓은 경우는 없다. 여호수아는 이실직고하라고 아간을 다그쳤다.(7:19)

> 아간이 여호수아에게 대답하였다. "제가 진실로 주 이스라엘의 하나님께 죄를 지었습니다. 제가 저지른 일을 말씀드리겠습니다. 제가 전리품 가운데에서 시날에서 만든 아름다운 외투 한 벌과 은 이백 세겔과 오십 세겔이 나가는 금덩이 하나를 보고 탐이 나서 가졌습니다. 보십시오, 그 물건들을 저의 장막 안 땅속에 감추어 두었는데 은을 맨 밑에 두었습니다."(7:20-21)

아간은 하나님에게 죄를 지었다고 고백했다. 그리고 자기가 저지른 짓을 상세히 고했다. 빼돌린 외투는 '시날' 산 한 벌이고 훔친 금과 은은 각각 이백 세겔과 오십 세겔인데 그것들을 어디다 감춰뒀는지도 고했다. 왜 은을 맨 밑에 둔 것까지 말해야 했을까? 왜 이처럼 상세히 밝혔는지 궁금하다. 여호수아가 보낸 사람이 아간의 장막에서 훔친 물건들을 찾았는데 거기서도 은이 맨 밑에 있었다고 말한다.(7:22) 은을 숨긴 위치를 두 번이나 상세히 말한 이유는 뭘까?

아간은 무슨 죄를 지었나?

아이 성 패배의 원인은 아간에게 있다. 단수 아간과 복수 이스라엘이 혼용되긴 했지만 아간이 헤렘을 빼돌리지 않았다면 패하지 않았으리라고 추측할 수 있다. 아간은 어떤 죄를 졌을까? 화자는 아간이 헤렘을 가져간 것이 그의 죄라고 규정했다. 그 행위가 왜, 어떤 의미에서 죄일까? 그저 야훼의 명령을 어겼으니 죄를 진 것이라고만 생각하지 말고 그 명령을 어긴 것이 왜 죄가 되는지를 생각해보자는 것이다.

야훼는 이스라엘이 가나안 땅에 들어가기 전부터 헤렘 명령을 절대 어기지 말라고 엄중하게 명령했다. 이 명령을 어겼으니 아간은 영락없이 죄인이다. 하지만 이런 점들은 여전히 불분명하다. 첫째, '왜' 헤렘 명령을 지켜야 하는가? 둘째, 아간 개인이 명령을 어겼는데 왜 이스라엘 전체가 고통을 겪어야 하는가? 셋째, 왜 '헤렘' 명령은 일관되게 적용되지 않고 경우에 따라서 달리 적용됐을까? 라합의 가족을 살려준 것은 명백히 헤렘 명령을 어긴 것인데 정탐꾼과 여호수아는 죽지 않았다. 그런데 아간은 죽어야 한다니 이래서는 헤렘 명령이 일관되게 적용됐다고 할 수 없다.

이런 질문들에는 만족할만한 답이 없다. 오랫동안 학자들이 다양한 대답을 내놓았지만 어느 것도 만족스럽지 않다. 아간이 빼돌린 물건은 그의 장막에서 발견됐다. 사람들이 그것을 가져와서 '주님 앞에' 펼쳐놓았다.(7:23) '주님 앞'이 구체적으로 어딘지 특정되지 않았다. 칠십인 역 성경은 '이스라엘의 장로들 앞'이라고 번역했다.

여호수아는 아간과 그의 아들딸들, 가축들과 그가 빼돌린 물건들을 데리고 백성들과 함께 아골 골짜기로 가서 아간과 그 가족들은 돌로 쳐 죽이고 그의 재산은 불살랐다.(7:25) 멸문지화에 재산까지 불태웠다니 아간은 가장 혹독한 벌을 받은 셈이다. 왜 당사자만 죽이지 않고 가족과 가축과 모든 재산을 없애야 했을까? 이에 대해서도 다양한 의견이 나왔다. 헤렘의 죄에 전염성이 있기 때문이라는 대답이 그 중 하나다. 아간의 죄가 가족과 그의 소유물에 전염됐으므로 모두 처분했다는 거다. 앞뒤가 안 맞는 답이다. 그렇다면 물건을 아간의 장막에서 야훼 앞으로 옮긴 사람들도 죽였어야 하니 말이다. 적절한 답은 아간이 저지른 짓 때문에 그와 그의 가족들과 모든 소유물이 헤렘이 됐기 때문이란 답이다. 헤렘은 야훼에게 바치든지 없애야 한다. 헤렘이 된 아간과 그의 소유물은 야훼에게 바칠 제물 자격을 갖추지 못했으므로 없애야 했다.

아간 이야기는 불사른 흔적 위에 큰 돌무더기를 쌓았다는 서술로 끝난다.(7:26a) 그 돌무더기가 '오늘까지' 있다. 그 다음에야 야훼가 맹렬한 진노를 거뒀다. 그 골짜기 이름 '아골'(7:26)은 '아간'과 발음이 비슷하다. 이 역시 우연은 아닐 것이다.

기어코 아이 성을 무너뜨리다

아간의 범죄로 야기된 사달은 이렇게 끝났다. 이제 아이 성을 다시 공격할 차례다. 이번에는 승리하리라고 누구나 예측할 수 있다.

> 주님께서 여호수아에게 말씀하셨다. "두려워하지 말아라! 겁내지 말아라! 군인들을 다 동원하여 아이 성으로 쳐 올라가거라. 보아라, 내가 아이의 왕과 백성과 성읍과 땅을 다 네 손에 넘겨주었다. 너는 아이 성과 그 왕에게도 여리고와 그 왕에게 한 것처럼 하고 오직 전리품과 가축은 너희가 가져라. 성 뒤쪽에 군인들을 매복시켜라." (8:1-2)

야훼는 아이 성을 점령한 다음에 어떻게 할 것인지도 지시한다. 여리고 성의 경우와 달리 전리품과 가축은 이스라엘 백성이 가져도 된다. 당혹스럽다. 거기서는 아간이 헤렘 일부를 빼돌렸다고 일가족을 몰살했는데 여기서는 전리품과 가축을 백성들이 나눠가지라니 말이다. 이는 사람은 물론이고 숨 쉬는 것은 하나도 살려두지 말라고 한 신명기 7장 2-3절과 20장 16-17절과도 명백히 상충된다. 그렇다면 헤렘은 가나안 정복 전쟁에서 반드시 지켜야 하는 원칙이 아니란 말인가? 상황에 따라서 이랬다저랬다 하는 명령인가? 그렇다면 이 명령은 원칙이라고 부를 수 없지 않은가 말이다.

화자는 아이 성 점령 과정을 상세히 서술한다.(8:3-26) 요약하면 여호수아가 일부 군인을 매복해 놓고 적을 성 밖으로 유인해서 일망타진했다는 것이다. 아이 성 주민은 모두 죽였다. 왕은 사로잡아 여호수아 앞으로 끌고 와서 죽인 후 저녁때까지 나무에 매달아 놨다. 적의 공포심을 유발하려고 이런 행위를 하는데 성 주민을 다 죽여 놓고 누가 보라고 이랬는지 모르겠다. 야훼의 명령대로 가축과 전리품은 이스라엘이 나눠가졌다.(8:27)

"여호수아는 아이 성의 모든 주민을 전멸시켜서 희생 제물로 바칠 때까지 단창을 치켜든 그의 손을 내리지 않았다."(8:26). 모세도 비슷한 행동을 한 적이 있다. 이스라엘이 아말렉과 싸웠을 때 모세가 손을 들면 이스라엘이 이기고 손을 내리면 상대방이 이겼다.(출애굽기 17:11) 이런 식으로 여호수아가 모세의 후예임을 강조한다.

여호수아는 아이 성도 불을 질러서 황폐한 흙더미로 만들었는데 그것이 '오늘날'까지 남아 있다.(28절) 아이 성 왕의 시신도 끌어내려서 성문 어귀에 내버리고 그 위에 큰 돌무더기를 쌓았는데 그것 역시 '오늘날'까지 남아 있다.

이로써 약속의 땅에서 치른 두 번의 전투 얘기가 마무리됐다. 이후에 이스라엘은 여러 번 전투를 치렀는데 두 경우가 '모범사례'가 됐다. 가나안 정복전쟁의 궁극적인 주체가 누구인지, 이스라엘은 이 전쟁을 어떤 자세로 어떻게 치를지를 보여준 사례인 것이다.

여리고 성과 아이 성 전쟁이야기는 아간을 매개로 연결된다. 본래 연결되어 있었는지, 아니면 독립적인 두 이야기를 편집자가 헤렘이란 주제를 부각시키려고 연결했는지에 대해서는 학자들의 의견이

엇갈린다. 어느 쪽이든 두 정복 이야기를 연결해서 읽을 때 강조되는 점이 있다.

첫째로 헤렘 명령 수행에서 완결성(completeness)이 강조된다. 아이 성 실패의 원인이 이것이다. 아간이 빼돌린 헤렘 때문에 이스라엘 전체가 곤경에 빠졌다. 헤렘 명령을 지키는 데 예외가 있어서는 안 된다. 둘째로 아이 성에서 야훼 스스로가 헤렘에 예외를 허용했다. 가축과 전리품을 챙기라고 허락했다.

야훼가 헤렘의 명령을 엄격하게 지키라고 한 것은 배교의 위험성을 미리 차단하기 위해서다. 가나안 주민과 그들의 제의시설과 기구들이 유혹의 도구가 될 수 있으므로 그것들을 없애라고 한 것이다. 하지만 가축이야 무슨 죄가 있나. 가축의 유혹을 받아서 배교할 사람이 어디 있을까. 혹 제물로 바칠 가축을 가리킨다고 볼 수도 있지만 모든 가축이 제물로 바쳐지는 것은 아니므로 이것도 이유가 될 수 없다.

이런 모순에도 불구하고 가축 포함 숨 쉬는 것은 모두 죽이라고 명령한 것은 어떤 예외도 없이 완전하게 수행되어야 함을 강조하기 위해서다. 그런데 아이 성에서는 가축과 전리품을 취하도록 허락했다. 앞뒤가 맞지 않는다. 아이 성에서만 그런 예외를 허용한 것도 아니다. 예외는 또 있었다. 차라리 아간의 일을 제외하면 여리고 성 전투가 예외일 정도다. 그렇다면 이렇게 물어야 한다. 헤렘은 무조건 반드시 지켜야 할 원칙이 아니었을까? 앞으로 더 살펴봐야 할 주제다.

현대 독자에게 그보다 더 큰 문제는 헤렘의 윤리성이다. 숨 쉬는 것은 모두 죽이라는 헤렘 명령이 초래하는 윤리문제를 어떻게 이해해야 할지가 문제다. 다행인지 불행인지 두 번의 전투에서는 원칙이 철저히 지켜지지는 않았다. 여리고 성에서는 라합이, 아이 성에서는 전리품이 헤렘에서 제외됐다. 물론 그렇다고 해서 헤렘의 윤리문제가 없어지지는 않지만 말이다.

헤렘이 뭘까? 정말 가나안 종족을 말살하라는 명령일까? 이스라엘에만 있던 독특한 관습일까, 아니면 고대중동문화권에서 널리 퍼져 있던 관습일까? 이에 대해서는 다음 장에서 더 자세히 살펴보겠다.

아간과 아이 성 전투 이야기는 라합과 여리고 성 전투와 비교된다. 가나안의 창녀인 라합은 야훼에 대한 신앙고백을 통해 헤렘 명령에도 불구하고 살아남았지만 이스라엘인 아간은 그 명령을 정면으로 어김으로써 자신과 가족만 죽음으로 몰아넣은 게 아니라 전체 이스라엘을 위기에 빠뜨렸다. 이로써 아간의 이야기는 야훼의 언약백성의 정체성에 대해서 진지한 질문을 던지고 있다. 이 장을 쓰는 데 도움을 준 자료를 소개한다.

Joshua Bergman, "The Making of the Sin of Achan (Joshua 7)," *Biblical Interpretation* 22.2 (2014) 115-131. 이 연구는 아간의 죄와 집단 책임(collective responsibility)의 관계를 다룬 논문이다. 아간이 저지른 죄 때문에 온 가족이 사형에 처해졌고 이스라엘 백성 전체가 피해를 입은 것은 개인의 잘못에 대해 집단 전체가 책임을 져야 하는 문화 때문이라는 것이다.

Anthony S. Daw, "Covenant and Community: A New Proposal for Understanding the Relationship Between Achan and Israel in Joshua 7," A Paper Presented at the 2019 Southwest Regional Meeting of the Evangelical Theological Society. 보수 성향의 학회 지역 모임에서 발표된 이 논문은 여호수아서 7장을 꼼꼼히 읽고 해석한다. 하지만 제목과는 달리 새로운 내용은 찾아보기 힘들다. 부록으로 7장에 대해 본문비평을 시도한 내용이 인상적이다.

Cynthia Edenburg, "Paradigm, Illustrative Narrative or Midrash: The Case of Josh 7-8 and Deuteronomic/istic Law," in C. Berner and H. Samuel eds., *The Reception of Biblical War Legislation in Narrative Context* (2015) 123-137. 이 연구는 신명기의 헤렘 규정들을 비교하여 아간 이야기가 여러 단계의 전승과정을 겪었다고 주장한다. 특히 여호수아서 6장 여리고 성 이야기는 본래 전투 이야기였다가 전적인 수정작

업을 거쳐서 제의의 모습을 갖게 됐다고 주장한다.

Hacham Issac S. D. Sassoon, "Obliterating Cherem"(www.thetorah.com/article/obliterating-cherem) 이 연구는 헤렘이 고대 유대교 랍비들에 의해 폭력적 성격이 누그러진 과정을 추적한다.

김상래, "아이 성 정복 실패가 진정 아간 때문 만인가?: 여호수아 7장 2-5절에 대한 비평적 분석을 중심으로"〈구약논단〉 18 (4) (2012) 72-94. 이 연구는 필자가 찾아낸 아이 성 이야기에 관한 유일한 우리말 논문이다. 저자는 아이 성의 실패가 전적으로 아간만의 잘못이 아니라 문제를 파악하지 못한 여호수아에게도 책임이 있다고 주장한다. 이런 점에서 필자는 이 저자와 견해를 같이 한다.

8장

헤렘-어떤 맥락에서 어떤 의미로 사용됐나?

헤렘의 기본적인 의미

앞에서 여러 번 등장했지만 미뤄뒀던 헤렘에 대해 얘기할 차례다. 헤렘은 우리말을 포함해서 다른 언어로 번역하기가 까다로운 말이다. 영어로는 대체로 '금지하다'(ban 또는 proscribe)로 번역하지만 적절하다고 할 수 없다. 중세 유대인 사회에서는 그런 의미로 사용됐기에 그렇게 번역한다는데 구약시대에는 그런 의미가 아닌 경우가 많다. 고대 셈어 계통에서는 '분리하다' '따로 떼어두다' '세속적인 사용으로부터 제외하다' 등을 의미했다.

구약성서에서 헤렘은 동사와 명사로 모두 51회 사용됐는데 그중 31회는 신명기-열왕기하에서 사용됐다. 절반 이상이 거기서 쓰인 셈이다. 동사로는 사역형과 수동형이 쓰였는데 전자는 '사람이나 물건을 성전 제물로 바치기 위해 성별하다' 또는 '전쟁에서 멸절할 목적으로 구별하다'는 의미로 사용됐다. 수동형일 때는 '사형에 처해지다'는 의미로 쓰였다. 명사는 '구별되거나 처분에 넘겨진 사람이나 물건' '거룩하게 성별되거나 파멸될 사람이나 물건과 접촉해서 더러워진 사람 또는 물건'을 뜻한다.

단어 뜻은 이렇지만 헤렘의 의미를 규명할 때는 문맥을 고려해야 한다. 예컨대 레위기 27장 28절에서 헤렘은 야훼에게 바쳐야 하는 거룩한 제물을 가리키지만 신명기 7장, 13장, 20장에서 헤렘은 멸절시켜야 할 사람 또는 성읍을 가리킨다. 다른 의미로 쓰였음이 명백하다.

헤렘의 뜻을 이해하려면 이 단어가 사용된 문서의 성격도 따져야 한다. 그것이 법전에서 쓰였을 때는 어떤 의미이고 이야기에서 쓰였을 때는 어떤 의미인지를 따져야 한다는 뜻이다.

성전에 바쳐진 제물로서의 헤렘

법전에 등장하는 헤렘은 두 가지 의미를 갖는다. (1) 야훼에게 바쳐진 제물로서의 헤렘 (2) 우상숭배 죄에 대한 야훼의 처벌명령으로서의 헤렘. 전자는 레위기 27장 28-29절에 등장하고 후자는 출애굽기 22장 19절과 신명기 7장 2절, 13장 13-19절, 그리고 20장 16-18절에 등장한다. 먼저 레위기 27장 28-29절을 읽어보자.

사람이 자기에게 있는 것 가운데서 어떤 것을 주께 바쳐 그것이 가장 거룩한 것이 되었을 때에는 사람이든 짐승이든 또는 유산으로 물려받은 가문에 속한 밭이든 그것들을 팔거나 무르거나 할 수 없다. 그것들은 이미 주에게 가장 거룩한 것으로 모두 바친 것이기 때문이다.

새번역성경에는 어느 단어가 헤렘인지 알 수 없으므로 표현이 어색하지만 헤렘 원어를 넣어서 다시 읽어보자.

한 남자가 자기가 가진 모든 것으로부터 야훼에게 헤렘한 모든 헤렘 가운데, 사람이든 가축이든 그가 소유한 땅이든 그것은 팔아서도 안 되고 무를 수도 없다. 모든 헤렘은 이미 전적으로 야훼에게 거룩하게 바쳐진 것이기 때문이다.

처음 나오는 헤렘은 동사이고 두 번째와 세 번째는 명사다. 동사는 '야훼에게 (제물로) 바치다'라는 의미이고 명사는 '(그렇게) 바쳐진 사람 또는 물건'을 가리킨다. 여기서 헤렘의 특징은 다음의 세 가지다. 첫째, 사람과 가축과 땅이 야훼에게 제물로 바치는 헤렘 품목이 될 수 있다. 둘째, 헤렘은 일단 바쳐지면 무르지 못한다. 셋째, 헤렘을 바치는 사람은 그것에 대한 소유권을 완전히 포기해야 한다. 소유권은 오직 야훼에게 귀속된다. 헤렘은 매각할 수도, 무를 수도 없다. 일단 헤렘으로 바치면 되돌릴 수 없다. 28절의 헤렘은 이런 뜻이다. 논란이 되는 구절은 29절이다.

주에게 바친 사람도 다시 무를 수 없다. 그는 반드시 죽여야 한다.

이 구절을 헤렘 원어를 넣어 다시 번역하면 이렇다.

　사람 중에 헤렘이 된 모든 헤렘은 무를 수 없다. 그는 반드시 죽여야
　한다.

앞의 헤렘은 동사이고 뒤의 헤렘은 명사다. 28절에서 사람도 헤렘에 포함된다고 했고 모든 헤렘은 팔아서도 안 되고 무를 수도 없다고 했으니 29절이 필요할까 싶다. 하지만 28절의 사람-헤렘(사람이 헤렘 제물인 경우)은 성전에서 일하도록 바쳐진 제물을 가리키므로 반드시 죽일 필요는 없다. 29절의 그것은 반드시 죽여야 한다고 했다. 28절의 반복이 아닌 까닭이다. 28절의 사람-헤렘은 자원해서 바치는 것이지만 29절의 그것은 자원했든 자원하지 않았든 반드시 죽여야 하는 점도 다르다. 사람이든 가축이든 반드시 죽여야 헤렘이 되는 것은 아니다. 성전에 바쳐진 헤렘 중에는 제사장들이 쓸 수 있는 것도 있다.

　29절은 사람-헤렘을 반드시 죽여야 한다고 했다. 죽여서 야훼에게 제물로 바치라는 뜻으로 읽는다. 고대중동문화권에서 인신제사가 널리 행해졌다. 구약성서가 인신제사를 법으로 금했다는 점(레위기 20:2)에서 구약성서 종교가 주변 종족들의 그것보다 우월하다고 여겨왔다. 하지만 이스라엘에서도 인신제사가 행해졌다는 직간접적인 증거가 있다. 사사기에 나오는 입다의 딸 얘기(사사기 11:1-40)가 직접

적인 경우이고 아브라함이 이삭을 번제물로 바치려 했던 얘기(창세기 22:1-18)는 간접적인 경우다. 요즘은 구약성서도 인신제사에서 자유롭지 않다고 주장하는 학자들이 제법 있다.

29절의 사람-헤렘의 경우 '왜' 그가 헤렘이 됐는지를 따져봐야 한다. 곧 보겠지만 헤렘이 반드시 '제물'을 가리키지는 않는다. 헤렘은 우상숭배 죄에 대한 야훼의 처벌명령을 가리키기도 한다. 29절의 사람-헤렘은 자원해서 바치는 제물이 아니라 우상숭배를 해서 처벌받는 사람을 가리킬 수 있다. 전쟁에서 취득한 전리품일 수도 있으며 헤렘과 접촉해서 헤렘이 된 사람일 수도 있다. 아쉽게도 29절에는 '왜'에 대한 설명이 없다. 왜 사람-헤렘을 반드시 죽여야 하는지 이유를 말하지 않는다. 야훼에게 바치는 제물로 보기에는 설명이 충분치 않다.

죄에 대한 처벌로서의 헤렘

우상숭배 죄에 대한 야훼의 처벌로서의 헤렘에 관한 규정은 네 군데에 서술되어 있다.(출애굽기 22:20[히브리어 성서는 22:19]; 신명기 7:1-3; 13:11-19; 20:16-18) 이 법령은 야훼 유일주의(mono-Yahwism) 곧 야훼만 배타적으로 예배하지 않은 데 대한 처벌규정이다. 이 헤렘을 당사자가 자원하지 않는 것은 당연하다. 처벌을 자원하는 경우는 극히 드물다. 이런 점에서 제물로서의 헤렘과는 성격이 많이 다르다. 공통점은 무를 수 없다는 점에 있다. 먼저 출애굽기 22장 20절을 읽어보자.

주 밖의 다른 신에게 제사를 드리는 자는 반드시 없애야 한다.

어색하지만 헤렘이란 말을 넣어서 다시 읽어본다.

주 밖의 다른 신(또는 신들, 엘로힘)에게 제사를 드리는 자는 반드시 헤
렘되어야 한다.

이스라엘이 섬겨서는 안 되는 '다른 신(들)'이 누군지는 명시되지
않았다. 야훼 이외의 모든 신(들)이 여기 해당된다고 봐야 한다. 야훼
를 잘못된 방법으로, 예컨대 형상을 만들어놓고 제사하는 행위는 포
함되지 않는다. 섬기는 '방법'이 아니라 '대상'에 대한 규정이다.

이 규정은 언약법전(Covenant Code)의 일부다. 언약법전은 야훼와
이스라엘 사이에 맺어진 언약관계(covenantal relationship)를 유지하기
위해 지켜야 할 규정을 담고 있다. 죄에 대한 처벌로서의 헤렘(죄-헤
렘)의 근간에는 야훼-이스라엘의 언약관계가 있다. 신명기의 나머지
세 규정도 마찬가지다.

29절은 한 문장으로 이루어진 짧은 규정이다. 구체적인 내용이 없
으므로 법률로서는 뜻이 모호하다. 자의적 해석의 여지가 있다. '누
가' '왜' 헤렘되어야 하는지는 명백하다. 헤렘 처분을 받아야 하는
죄목은 다른 신에게 제사를 드리는 행위이고('왜'에 대한 대답) 그런 사
람이 헤렘되어야 한다('누가'에 대한 대답). 배타적으로 오로지 야훼만 섬
겨야 한다는 절대적인 명령이다. 배타적으로 야훼만 섬기는 것은 야
훼-이스라엘 언약관계의 근간이다. 섬기는 행위의 외적인 형태는

계명을 지켜는 일이다. 그러면 야훼는 이스라엘의 하나님이 되고 이 스라엘은 야훼의 백성이 되어 복을 누리게 된다. 그러려면 다른 신 (들)에게 눈 돌리지 말고 야훼에게 배타적으로 충성해야 한다.

다른 신(들)을 섬겼을 때 받을 처벌의 성격이 모호하다. '헤렘' 동 사의 수동형을 어떻게 이해할지가 처벌의 성격을 결정하는데 이 에 대한 구체적인 설명이 없다. 돌로 쳐 죽이라느니, 불태워 죽이라 느니, 아니면 영구히 추방하라느니 하는 등의 구체적 내용이 없으 니 어떻게 처벌하라는 것인지 알 도리가 없다. 새번역성경은 '없애 야 한다'고 번역했고 영어성서들은 'be utterly destroyed' 'be put under the curse of destruction' 'be devoted to destruction' 'be proscribed' 등으로 번역했다. 모두 뜻이 분명치 않다.

20세기 초에 알트(A. Alt)는 구약 법률의 양식을 '만약'(if)으로 시 작되는 조건이 붙어 있는 조건법(casuistic law)과 그것이 없는 정언법 (apodictic law)으로 나눴다. 전자는 고대중동문화권에서 영향을 받은 형식이고 후자는 이스라엘의 구체적인 경우에 대한 규정이고 후자 는 법률이라기보다는 도덕적, 신학적 원칙(principle) 같은 것이다. 후 대 학자들이 이 주장에 대해 수정도 하고 반박도 했지만 알트가 행 한 양식사적 구분은 원칙적으로 여전히 유효하다.

학자들은 이 계명이 언약법전에 속해있고 조건절 없는 정언법이 라는 사실에 헤렘의 성격을 추정하는 열쇠가 있다고 본다. 어떤 처 벌을 가할지에 대한 구체적인 처벌규정이 아니라 일반적인 도덕적· 신학적 원칙을 천명한 것이란 해석이다. 우상숭배는 용서받을 수 없 는 죄다. 어떤 식으로도 우상숭배자는 용서받지 못한다. 무를 수 없고 돌이킬 수도 없다는 얘기다. 다음에 읽을 신명기 13장은 우상숭배 한 성읍의 주민들은 남녀노소 가리지 말고 모두 죽이라고 했다. 여기서도 헤렘되는 것은 사형을 가리킨다고 볼 수 있다. 문제는 그것이 신명기 13장의 규정이라는 점이다. 둘이 같은 처분을 가리킨다고 볼 근거는 없다. 영어성서의 'be destroyed' 번역도 역시 뜻이 모호하다.

배교한 성읍 주민을 모두 헤렘하라!

야훼 이외에 다른 신(들)을 섬기는 개인에 대한 처벌 규정은 다음과 같다.

> 주 당신들의 하나님이 당신들에게 주시는 성읍 안에서나 당신들 가운데서 남자이든 여자이든 주 당신들의 하나님의 눈에 거슬리는 악한 일을 하여 그의 언약을 깨뜨리고 다른 신들을 찾아가서 섬기며 내가 명하지 않은 해나 달이나 하늘의 모든 천체에 엎드려 절하는 사람이 생길 것입니다. 이런 일이 당신들에게 보고되어 당신들이 알게 되거든 당신들은 이것을 잘 조사해 보아야 합니다. 그래서 이스라엘 안에서 이런 역겨운 일을 한 것이 사실로 드러나면 당신들은 남자이든 여자이든 이런 악한 일을 한 사람을 당신들 성문 바깥으로 끌어내어 돌로 쳐서 죽여야 합니다. 그런데 사람을 죽일 때에는 한 사람의 증언만으로는 죽일 수 없으며 두세 사람의 증언이 있어야 합

니다. 죽일 때에는 증인이 맨 먼저 돌로 쳐야 하고 그 다음에 모든 백성이 뒤따라서 돌로 쳐야 합니다. 그렇게 하여 이런 악한 일을 당신들 가운데서 뿌리를 뽑아야 합니다.(신명기 17:2-7)

개인이 아니라 성읍 주민 전체가 배교할 수도 있다. 이런 경우에 대한 처벌규정이 따로 있다.

당신들 가운데서 불량한 사람들이 나타나서 그 성읍의 주민을 유혹하여 이르기를 '가서 다른 신들을 섬기자.' 하면서 당신들이 알지 못하던 신을 섬기게 하여 주민들로 배교자가 되게 하면 당신들은 그 일을 자세히 조사하고 잘 알아보아서 당신들 안에서 그런 역겨운 일이 있었다는 것이 사실로 드러나면 당신들은 그 성읍에 사는 주민을 칼로 쳐서 모두 죽이고 그 성읍과 그 안에 있는 모든 것과 집짐승도 칼로 쳐서 죽이십시오. 전리품은 모두 거리에 모아 놓고 온 성읍과 그 전리품을 함께 불살라서 주 당신들의 하나님께 바치십시오. 그 성읍을 영원한 폐허로 남겨 두고 다시는 거기에 성읍을 건축하지 마십시오. 당신들은 이 없애버릴 물건에 손을 대지 마십시오. 그래야 주님께서 분노를 푸시고 당신들을 불쌍하게 여기셔서 당신들의 조상에게 맹세한 대로 자비를 베푸시고 당신들을 번성하게 하여 주실 것입니다. 당신들이 주 당신들의 하나님의 말씀을 듣고 오늘 내가 당신들에게 명하는 모든 명령을 지켜 주 당신들의 하나님 앞에서 정직하게 살면 주 하나님이 당신들에게 자비를 베푸시고 당신들을 번성하게 하여 주실 것입니다.(신명기 13:13-18)

여기에는 '헤렘'이란 단어가 15절과 17절에 각각 한 번씩 등장한다. 이를 넣어서 번역하면 이렇다.

> 당신들은 그 성읍에 사는 주민을 칼로 쳐서 모두 죽이고 그 성읍과 그 안에 있는 모든 것과 집짐승도 칼로 쳐서 헤렘하십시오.(15절)

> 당신들은 이 헤렘할 물건에 손을 대지 마십시오. 그래야 주님께서 분노를 푸시고 당신들을 불쌍하게 여기셔서 당신들의 조상에게 맹세한 대로 자비를 베푸시고 당신들을 번성하게 하여 주실 것입니다.(17절)

15절의 헤렘은 동사이고 17절의 그것은 명사다. 15절의 헤렘은 죽이라는 뜻임을 어렵지 않게 짐작할 수 있다. 17절 경우에도 16절에서 물건들을 불태우라고 말한 다음에 '헤렘'할 물건에 손대지 말라고 했으니 이것은 불에 타지 않는 물건을 가리킨다고 짐작된다. 다만 그것을 헤렘하라는 말이 어떻게 하라는 뜻인지가 분명치 않다. 새번역성경은 '없애버릴 물건'으로 번역했고 영어성서는 'the cursed thing' 'that which under the ban' 'the devoted thing' 'anything devoted to destruction' 등으로 번역했다. 우리말로 옮기면 '저주받은 물건' '금지된 물건' '바쳐진 물건' '파멸할 물건' 등이 된다.

불량한 사람들이 성읍 주민을 유혹해서 배교하게 만들었다는 소문을 듣게 되면 우선 조사하여 사실을 확인(14절)한 다음에 어떻게 처벌하라고(15-17절) 규정되어 있다. 개인의 경우에는 유혹하는 자가 특정되지 않았지만 성읍의 경우에는 '불량한 사람'으로 특정된다. 개인의 경우에는 증인의 증언을 들은 후 배교자를 돌로 쳐 죽이는 것으로 처벌절차가 마무리된다. 반면 성읍의 경우에는 절차가 더 복잡하다. 첫째, 성읍 주민들을 모두 칼로 쳐 죽인다. 둘째, 성읍 안의 모든 것과 가축들도 칼로 쳐 죽인다. 셋째, 전리품(전쟁하지도 않았는데 전리품?)을 거리에 모아서 성읍과 함께 불태운다. 넷째, 성읍을 폐허로 남겨두고 재건축하지 않는다. 다섯째, 처벌 수행자들은 헤렘할 물건에 손대지 않는다. 흥미로운 사실은 성읍 주민을 유혹해서 배교하게 만드는 '불량한 자'가 다른 종족이 아닌 이스라엘 백성이란 점이다. 유혹에 넘어갈 주민이 몇 명인지는 적시되지 않지만 어차피 주민 모두는 '배교한 성읍' 주민이란 오명을 써야 한다.

이 규정은 성읍 주민들을 통일된 집단으로 취급한다. 주민들 중에는 배교하지 않은 사람도 있고 어린아이도 있을 텐데 이들까지 모두 죽이라고 했다. 단지 배교자들과 같은 성읍 주민이라는 이유로 이들까지 죽여야 한다는 것이다. 이른바 집단책임(collective responsibility)이다. 집단책임은 배교한 성읍에만 해당되지 않는다. 가나안 정복 전쟁에도 마찬가지다. 가나안의 어린아이들이 헤렘된 이유는 집단책임 때문이다. 당연히 윤리성 문제가 제기된다. 2장에서 살폈듯이 구약성서에는 야훼가 자기 백성을 대량 학살한 경우가 여러 번 있다. 하지만 남녀노소 불문하고 모두 죽이라고 명령한 경우는 여기가 유일하다.

주민들을 몰살하라는 명령과 그것을 실행한 이야기에는 이런 윤리적·신학적 문제가 있다. 가나안 정복 이야기가 불편한 이유도 여기에 있다. 죄를 범한 자를 죽이는 것까지는 그렇다 쳐도 죄 없는 자들까지 죽이는 행위는 윤리적으로 용납될 수 없으니 말이다. 이 점에 대해서는 앞으로 계속 논의하게 된다.

배교한 성읍의 헤렘 규정에 담겨 있는 의미를 생각해본다. 첫째로 죄의 공동체적 성격을 보여준다. 범죄 주체로서 '성읍 주민'을 강조하는 이유가 여기에 있다. 둘째로 동사든 명사든 헤렘이 사용된 경우에는 행위의 '완결성'(completeness)과 '배타성'(exclusiveness)이 강조된다. 야훼 이외에 다른 신(들)을 섬기는 행위는 단호하게 사형에 처함으로써 야훼 신앙의 배타성이 강조된다. 주민이든 가축이든 생명 있는 것들을 '모조리' 죽여야 하고 성읍과 함께 '모든' 전리품을 불태워 폐허로 만들 뿐 아니라 다시는 재건하지 못하게 함으로써 처벌의 완결성이 강조된다. 이 두 가지는 법전이든 이야기든 헤렘이 사용된 경우에는 늘 부각된다. 셋째로 생명 있는 모든 것을 몰살하라는 명령은 야훼의 명성과 권위가 심각하게 침해당할 수 있는 경우에 주어진다. 배교와 우상숭배가 대표적이다. 사람 사이에 저질러지는 죄는 여기 해당되지 않는다. 그 경우는 범죄 당사자만 처벌하면 된다. 마지막으로 배교한 성읍에 대한 규정은 구체적인 사례에 대한 처벌규정이라기보다는 기본적인 원칙으로 보인다. 천명한 원칙은 배타성과 완결성이다. 배교한 성읍에 대한 처벌규정은 이 원칙을 집단에 적용한 경우다.

가나안 종족과 헤렘

야훼는 여호수아에게 가나안 종족을 헤렘(멸절)하라고 했다.(신명기 7:1-5; 20:16-18) 두 구절 모두 개인이 아니라 전체 이스라엘에게 준 명령이다. 헤렘 명령의 공동체성은 새롭지 않다. 차이라면 여기서는 멸절할 집단이 가나안 땅의 모든 종족으로 확대됐다는 점이다. 집단의 범위가 훨씬 넓어졌다.

주 당신들의 하나님이 당신들이 들어가 차지할 땅으로 당신들을 이끌어 들이시고 당신들 앞에서 여러 민족 곧 당신들보다 강하고 수가 많은 일곱 민족인 헷 족과 기르가스 족과 아모리 족과 가나안 족과 브리스 족과 히위 족과 여부스 족을 다 쫓아내실 것입니다. 주 당신들의 하나님은 그들을 당신들의 손에 넘겨주셔서 당신들이 그들을 치게 하실 것이니 그 때에 당신들은 그들을 전멸시켜야 합니다. 그들과 어떤 언약도 세우지 말고 그들을 불쌍히 여기지도 마십시오. 그들과 혼인관계를 맺어서도 안 됩니다. 당신들 딸을 그들의 아들과 결혼시키지 말고 당신들 아들을 그들의 딸과 결혼시키지도 마십시오. 그렇게 했다가는 그들의 꾐에 빠져서 당신들의 아들이 주님을 떠나 그들의 신들을 섬기게 될 것이며 그렇게 되면 주님께서 진노하셔서 곧바로 당신들을 멸하실 것입니다. 그러므로 당신들은 그들에게 이렇게 하여야 합니다. 그들의 제단을 허물고 석상을 부수고 아세라 목상을 찍고 우상들을 불사르십시오.(신명기 7:1-5)

그러나 주 당신들의 하나님이 당신들에게 유산으로 주신 땅에 있는 성읍을 점령하였을 때에는 숨 쉬는 것은 하나도 살려 두면 안 됩니다. 곧 헷 사람과 아모리 사람과 가나안 사람과 브리스 사람과 히위 사람과 여부스 사람은 주 당신들의 하나님이 당신들에게 명하신 대로 전멸시켜야 합니다. 그렇지 않으면 그들이 그들의 신을 섬기는 온갖 역겨운 일을 당신들에게 가르쳐서 당신들이 주 당신들의 하나님께 죄를 짓게 할 것입니다.(신명기 20:16-18)

헤렘이란 단어가 나오지는 않지만 모세오경에는 가나안 정복을 내다보고 경계한 대목이 두 군데 더 있다.

나의 천사가 너희 앞에서 너희를 아모리 사람과 헷 사람과 브리스 사람과 가나안 사람과 히위 사람과 여부스 사람이 있는 곳으로 인도할 것이다. 내가 그들을 전멸시키겠다. 너희는 그들의 신들에게 엎드려서 절을 하여 섬기지 말 것이며 그들의 종교적인 관습을 본받지 말아라. 신상들을 다 부수고 그들이 신성하게 여기던 돌기둥들을 깨뜨려 버려라. 너희는 주 너희 하나님 나만을 섬겨야 한다. 그러면 내가 너희에게 복을 내려 빵과 물을 주겠고 너희 가운데서 질병을 없애겠다. 너희 땅에 낙태하거나 임신하지 못하는 여자가 없을 것이며 내가 너희를 너희 수명대로 다 살게 하겠다. 내가 나의 위엄을 너희보다 앞에 보내어 너희가 만날 모든 백성을 혼란에 빠뜨리고 너희 모든 원수가 돌아서서 달아나게 하겠다. 내가 말벌을 너희보다 앞질러 보내어 히위 사람과 가나안 사람과 헷 사람을 너희 앞에서 쫓아내겠다. 그러나 나는 땅이 황폐하여지고 들짐승이 많아질까 염려되므로 한 해 안에 그들을 너희 앞에서 다 쫓아내지는 않겠다. 나는 너희가 번성하여 그 땅을 너희의 소유로 차지할 때까지 그들을 너희 앞에서 조금씩 쫓아내겠다.(출애굽기 23:23-30)

너희는 내가 오늘 너희에게 명하는 것을 삼가 지키도록 하여라. 내가 이제 너희 앞에서 아모리 사람과 가나안 사람과 헷 사람과 브리스 사람과 히위 사람과 여부스 사람을 쫓아내겠다. 너희는 삼가 너희가 들어가는 땅에 사는 사람들과 언약을 세우지 않도록 하여라. 그들과 언약을 세우면 그것이 너희에게 올무가 될 것이다. 그러니 너희는 그들의 제단을 허물고 그들의 석상을 부수고 그들의 아세라 목상을 찍어 버려라. 너희는 다른 신에게 절을 하여서는 안 된다. 나 주는 '질투'라는 이름을 가진 질투하는 하나님이기 때문이다. 너희는 그 땅에 사는 사람들과 언약을 세우지 말아라. 언약이라도 세웠다가 그들이 자기들의 신들을 음란하게 따르며 그 신들에게 제사를 드리면서 너희를 초대하면 너희가 그 초대를 거절하지 못하고 그리로 가서 그 제물을 먹지 않겠느냐? 또 너희가 너희 아들들을 그들의 딸들과 결혼시키면 그들의 딸들은 저희 신들을 음란하게 따르면서 너희의 아들들을 꾀어 자기들처럼 음란하게 그 신들을 따르게 만들 것이다.(출애굽기 34:11-16)

네 구절에는 미세한 차이가 있지만 내용은 같다. 신명기 두 구절은 화자가 모세이고 출애굽기의 그것들은 야훼인데 내용이 같은 걸 보면 모세가 야훼의 명령을 정확히 전했음을 알 수 있다. 그는 예언자 중의 예언자였다.

야훼와 그의 대리자 이스라엘이 가나안 종족을 처리하는 방법은 다양한 동사로 표현했다. '쫓아내다' '치다' '전멸시키다' '살려두지 않다' '혼란에 빠뜨리다' '달아나게 하다' 등이 그것인데 이 중에는 서로 모순되는 것도 있다. '쫓아내다'와 '전멸시키다'는 양립할 수 없다. 쫓아냈다면 전멸시킨 게 아니고 누구를 전멸시켰다면 쫓아낸다는 건 말이 안 된다. 정복 이야기에는 이외에도 모순되는 내용이 더 있다. 가나안 종족을 숨 쉬는 것 하나도 남기지 않고 전멸했다고 해놓고 곧 남아 있는 자들이 있다고 언급하는 것도 앞뒤가 안 맞는다. 물론 차이나 모순만 있지는 않다. 네 구절 모두에 공통된 요소, 곧 헤렘을 실행해서 가나안 종족을 멸절시켜야 하는 이유에 대해서는 같은 목소리를 낸다. 그게 뭔지 확인하기 위해 본문을 꼼꼼하게 읽어보겠다. 신명기 7장에서 시작해보자.

야훼가 이스라엘을 이끌고 들어갈 땅에는 그들보다 강하고 수도 많은 일곱 종족이 살고 있다. 그들과 맞상대해서 싸워 이기기는 어렵다. 하지만 야훼가 그들을 다 쫓아낼 것이란다. 그러니 걱정하거나 두려워할 게 없다. 어떻게 쫓아낼 것인가? 야훼가 그 종족들을 이스라엘의 손에 넘겨줘서 이스라엘이 그들을 칠 것이라고 했다.(신명기 7:2) 야훼가 직접 전투를 치르지 않고 그들을 이스라엘에게 '넘겨줘서' 이스라엘로 하여금 그들을 치게 할 것이란다. 그러면 이스라엘은 '넘겨받은' 가나안 종족들을 헤렘해야 한다.(신명기 7:2) 그렇다면 야훼가 가나안 종족들을 '다 쫓아낸다'는 말은 지리적으로 그들을

가나안 땅 밖으로 몰아낸다는 뜻으로 볼 수 없다. 그들은 이스라엘
이 거기 진입한 후에도 이스라엘에 의해 헤렘당할 때까지는 거기 있
을 것이다. 그들을 쳐서 헤렘하는 것은 이스라엘의 몫이다.

> 그들과 어떤 언약도 세우지 말고 그들을 불쌍히 여기지도 마십시오.
> 그들과 혼인관계를 맺어서도 안 됩니다. 당신들 딸을 그들의 아들과
> 결혼시키지 말고 당신들 아들을 그들의 딸과 결혼시키지도 마십시
> 오. 그렇게 했다가는 그들의 꾐에 빠져서 당신들의 아들이 주님을 떠
> 나 그들의 신들을 섬기게 될 것이며 그렇게 되면 주님께서 진노하셔
> 서 곧바로 당신들을 멸하실 것입니다. 그러므로 당신들은 그들에게
> 이렇게 하여야 합니다. 그들의 제단을 허물고 석상을 부수고 아세라
> 목상을 찍고 우상들을 불사르십시오.(신명기 7:2b-5)

 이 부분이 논쟁의 대상이다. 논리적으로 앞뒤가 안 맞기 때문이
다. 이스라엘이 야훼에게서 넘겨받은 가나안 종족들을 쳐서 헤렘했
다면, 곧 숨 쉬는 것은 하나도 남기지 않고 멸절시켰다면 살아남아
있는 사람이 없어야 한다. 그런데 누구와 언약이나 혼인관계를 맺고
누구를 불쌍히 여기겠는가. 그들의 제단과 석상, 목상을 부수고 불태
우는 일은 얼마든지 할 수 있다. 하지만 이미 죽은 자들과 무슨 수로
언약을 맺는단 말인가.
 화자가 이런 모순을 몰랐을 리 없다. 제 정신인 사람이면 이 모순
이 눈에 띄지 않을 수 없다. 그렇다면 알면서도 그대로 뒀다는 뜻인
데 왜 그랬을까?

법전의 헤렘 규정의 원칙은 '완결성'(completeness)과 '배타성'(exclusiveness)이라고 했다. 헤렘은 어떤 예외도 모자람도 없이 완벽하게 수행되어야 한다는 것과 다른 신(들)을 섬기지 말고 오직 야훼 한 분만 섬기라는 것이 헤렘의 원칙이고 가치다. 여기에도 이 원칙이 서술되어 있다. 가나안의 일곱 종족을 헤렘해야 한다는 명령, 곧 숨쉬는 것 하나도 남기지 말고 그들을 모조리 몰살하라는 명령은 완결성 원칙을 표명한 것이다. 그들과 어떤 언약도 맺지 말고 혼인관계도 갖지 말며 멸절당할 그들을 불쌍히 여기지도 말라는 명령과 그들의 제의시설과 도구들을 남김없이 파괴하라는 명령은 궁극적으로 야훼 신만 배타적으로 섬기는 원칙을 지키라는 것이다.

두 원칙 중에서 우열을 따지자면 후자가 전자보다 우위에 있다. 배타성을 성취하기 위해서 완결성의 원칙을 지켜야지, 그 반대는 아니란 뜻이다. 여기서도 방점은 배타성 원칙에 주어져 있다. 완결성 원칙은 배타성 원칙을 지키기 위한 수단이다. 신명기 7장의 헤렘 명령은 배타성 원칙을 지켜서 야훼와 이스라엘 사이의 언약관계를 보호하는 데 궁극적인 목적이 있다. 이 점은 이어지는 구절에도 드러나 있다.

당신들은 주 당신들의 하나님의 거룩한 백성이요 주 당신들의 하나님이 땅 위의 많은 백성 가운데서 선택하셔서 자기의 보배로 삼으신 백성이기 때문입니다. 주님께서 당신들을 사랑하시고 택하신 것은 당신들이 다른 민족들보다 수가 더 많아서가 아닙니다. 오히려 당신들은 모든 민족 가운데서 수가 가장 적은 민족입니다…. 그러므로 당신들은 주 당신들의 하나님이 참 하나님이시며 신실하신 하나님이심을 알아야 합니다. 주님을 사랑하고 주님의 계명을 지키는 사람에게는 천 대에 이르기까지 그의 언약을 지키시며 또 한결같은 사랑을 베푸시는 신실하신 하나님이심을 알아야 합니다.(신명기 7:6-9)

피할 수 없는 질문은 가나안 종족을 숨 쉬는 것 하나도 남기지 말고 멸절하라는 헤렘 명령을 수행하는 일이 현실적으로 가능하냐는 점이다. 고고학의 연구 결과를 빌려오지 않더라도 이는 애초에 가능하지 않은 일이다. 게다가 헤렘 명령이 그대로 수행되지 않았음을 여호수아서와 사사기 곳곳에서 확인할 수 있다. 그렇다면 가나안 정복전쟁 이야기는 일종의 '판타지'로 봐야하지 않을까? 일어나지는 않았지만 일어났으면 좋았으리라는 상상의 이야기 말이다. 그럼 질문은 왜 이런 판타지가 필요했을까 하는 것이다. 이에 대해서는 10장과 15장에서 자세히 다루겠다.

멀고도 가까운 약속의 땅

마지막으로 신명기 20장 16-18절을 다룰 차례다. 신명기 20장에는 전쟁에 관한 다양한 규정이 서술되어 있다. 일종이 전쟁교본이다. 전쟁터에서 어떻게 싸워야 하는지, 누가 전쟁터에 나가고 누가 나가지 말아야 하는지, 전쟁터에서 집으로 돌려보내야 하는 사람은 누군지, 성읍을 어떤 방법으로 공격할지 등에 대한 규정이다.

당신들이 어떤 성읍에 가까이 가서 공격할 때에는 먼저 그 성읍에 평화를 청하십시오. 만일 그 성읍 백성이 평화 제의를 받아들이고 당신들에게 성문을 열거든 그 성 안에 있는 백성을 당신들의 노비로 삼고 당신들을 섬기게 하십시오. 그들이 당신들의 평화 제의를 거부하고 싸우러 나오거든 당신들은 그 성읍을 포위하고 공격하십시오. 주 당신들의 하나님이 그 성읍을 당신들의 손에 넘겨주셨으니 거기에 있는 남자는 모두 칼로 쳐서 죽이십시오. 여자들과 아이들과 가축과 그 밖에 성 안에 있는 모든 것은 전리품으로 가져도 됩니다. 당신들이 당신들의 대적에게서 빼앗은 것은 주 당신들의 하나님이 당신들에게 주신 것이니 당신들의 마음대로 먹고 쓸 수가 있습니다. 당신들의 주변 민족들의 성읍에 딸리지 아니한 당신들로부터 먼 거리에 있는 성읍들에도 이렇게 하여야 합니다.(신명기 20:10-15)

성읍을 공격할 때는 먼저 평화를 청하라고 했다. 항복을 권하라는 뜻이다. 그 성읍이 항복하면 주민들을 노비로 삼고, 항복하지 않고 싸우려 한다면 성읍을 포위공격해서 모든 남자들을 죽이되 여자들, 아이들, 가축 등 전리품을 백성들이 나눠가지라고 했다. 이는 가나안 땅 밖에 위치한 성읍들에 적용되는 방법이다. 하지만 가나안 땅에 있는 성읍은 경우가 다르다.

그러나 주 당신들의 하나님이 당신들에게 유산으로 주신 땅에 있는 성읍을 점령하였을 때에는 숨 쉬는 것은 하나도 살려 두면 안 됩니다. 곧 헷 사람과 아모리 사람과 가나안 사람과 브리스 사람과 히위 사람과 여부스 사람은 주 당신들의 하나님이 당신들에게 명하신 대로 전멸시켜야 합니다. 그렇지 않으면 그들이 그들의 신을 섬기는 온갖 역겨운 일을 당신들에게 가르쳐서 당신들이 주 당신들의 하나님께 죄를 짓게 할 것입니다.(신명기 20:16-18)

가나안 땅 안의 성읍 주민과 싸울 때는 다른 방법이 적용된다. 성읍을 나누는 기준은 가나안 땅 안에 있느냐 밖에 있느냐 여부다. 가나안 땅 바깥 성읍들과 전쟁을 하는 이유와 목적이 명시되지 않은 이유는 그것이 생존기반인 땅을 차지하고 사람들을 종으로 삼기 위해서 벌이는 일반적인 전쟁이기 때문이다. 가나안 땅 안에 위치한 성읍은 이유가 다르다. 이 역시 땅을 차지할 목적이지만 주민을 포함해서 성읍의 숨 쉬는 모든 것을 죽이라고 했으니 이 전쟁의 목적은 노동력 확보가 아님이 분명하다.

숨 쉬는 것은 하나도 살려두지 말라는 명령은 구약성서에 이곳을 포함해서 모두 다섯 번 나온다. 여호수아 군대가 가나안 남쪽 지역을 정복했을 때 한 번(10:40), 북쪽 지역을 정복했을 때 두 번(11:11, 14), 그리고 바아사가 여로보암 가문 사람들을 몰살했을 때 한 번(열왕기상 15:29)이 전부다. 하지만 이 모든 경우에 실제로는 사람 포함 숨 쉬는 것 모두가 죽지는 않았다. 가나안 남쪽 지역과 북쪽 지역에 살던 주민 모두가 죽지는 않았다. 여로보암 가문도 대가 끊어지지는 않았다. 그러니 숨 쉬는 것은 하나도 살아남지 않았다는 말은 글자 그대로 받아들일 것이 아니라 의도적인 과장으로 봐야 한다.

위에 인용한 구절도 왜 가나안 종족을 헤렘해야 하는지 이유를 밝했다. 화자는 그들이 혜렘되지 않으면 "그들이 그들의 신을 섬기는 온갖 역겨운 일을 당신들에게 가르쳐서 당신들이 주 당신들의 하나님께 죄를 짓게 할 것"(18절)이라고 말한다. 그들을 살려두면 이스라엘 백성을 유혹해서 배교하게 만들 것이니 몰살해야 한다는 거다.

현대인의 관점에서는 받아들일 수 없는 이유다. 벌어질지 벌어지지 않을지 모르는 일을 미연에 방지하겠다고 사람들을 몰살하는 걸 이해해줄 사람은 많지 않다. 그런 이유로 갓난아이들까지 죽이라는 명령은 더더욱 그렇다. 가나안 주민은 그들이 저지르지도 않은 범죄 때문에 예방 차원에서 죽여야 한다. 이게 말이 되는가? 납득이 되는가 말이다. 레위기 18장은 가나안 사람이 저지르는 성과 관련된 범죄를 길게 나열한 다음에 그들이 누군지에 대해 이렇게 서술한다.

위에서 말한 것 가운데 어느 하나라도 저지르면 이것은 너희가 스스로를 더럽히는 일이니 그런 일이 없도록 하여라. 내가 너희 앞에서 쫓아낼 민족들이 바로 그런 짓들을 하다가 스스로 자신을 더럽혔다. 따라서 그들이 사는 땅까지 더럽게 되었다. 그러므로 나는 그 악한 땅을 벌하였고 그 땅은 그 거주자들을 토해 내게 되었다. 너희는 모두 내가 세운 규례와 내가 명한 법도를 잘 지켜서 온갖 역겨운 짓 가운데 어느 하나라도 범하지 않도록 하여라. 본토 사람이나 너희와 함께 사는 외국 사람이나 다 마찬가지이다. 너희보다 앞서 그 땅에서 살던 사람들은 이 역겨운 모든 짓을 하여 그 땅을 더럽히고 말았다. 너희가 그 땅을 더럽히면 마치 너희보다 앞서 그 땅에 살던 민족을 그 땅이 토해 냈듯이 너희를 토해 낼 것이다. 누구든지 위에서 말한 역겨운 짓 가운데 어느 하나라도 범하면 백성은 그런 짓을 한 그 사람과는 관계를 끊어야 한다. 그러므로 너희는 내가 지키라고 한 것을 꼭 지켜서 너희보다 앞서 그 곳에 살던 사람들이 저지른 역겨운 풍습 가운데 어느 하나라도 따라가는 일이 없도록 하여라. 그런 짓들을 하여 너희가 스스로를 더럽히는 일이 없도록 하여라. 내가 주 너희의 하나님이다.(레위기 18:24-30)

가나안 주민은 더러운 짓을 저질러서 스스로도 더럽히고 땅도 더럽힌 자들이다. 그래서 그 땅이 그들을 토해 냈단다. '토해내다'는 말이 뭘 의미할까? 땅이 사람을 토해내는 것은 어떻게 하는 것일까? 땅에서 쫓아낸다는 뜻일까? 이때 야훼는 어떤 역할을 할까? 야훼의 개입 없이도 땅이 사람을 토해내는 걸까? 레위기는 그런 것처럼 서술한다. 이스라엘도 같은 짓을 하면 그들처럼 땅이 토해낼 것이다. 그런 점에서는 가나안 사람과 야훼의 언약백성 이스라엘은 다르지 않다. 땅이 가나안 사람을 토해내면 이스라엘이 그 땅을 차지하겠지만 같은 죄를 저지르면 이스라엘도 그들처럼 될 것이다.

이 구절은 신명기와는 결이 다른 얘기를 전하지만 공통점이 있다. 헤렘을 야훼-이스라엘의 언약관계를 보호하기 위한 방편으로 본다는 점이 그것이다. 여기서도 중심은 가나안 주민의 멸절이 아니라 언약관계의 보호 및 유지에 놓여있다. 6장과 7장에서 헤렘 명령에 예외인 이야기를 다뤘다. 그와 비슷한 얘기가 하나 더 있다. 속임수를 써서 헤렘되는 걸 모면한 기브온 사람들 얘기다. 큰 틀에서 라합과 아간 이야기와 연결되는 기브온 사람들 얘기를 할 차례다.

헤렘이 가나안 정복전쟁에만 나오는 것은 아니다. 그 전과 후에 각각 한 번씩 헤렘이 등장하는 전쟁이 있다. 그 중 전초전에 해당되는 것이 가나안 사람 아랏 왕과 벌인 전쟁이다.

네겝 지방에 살고 있던 가나안 사람 아랏 왕은 이스라엘이 아다림 길로 오고 있다는 소식을 듣고 나와서 이스라엘과 맞서 싸워 그들 가운데서 얼마를 포로로 사로잡았다. 그 때에 이스라엘이 주님께 다음과 같은 말로 서약하였다. "주님께서 이 백성을 우리 손에 붙이시면 우리는 그들의 성읍들을 전멸시키겠습니다." 주님께서 이스라엘의 간구를 들으시고 그 가나안 사람을 그들의 손에 붙이시니 이스라엘이 그들과 그들의 성읍들을 전멸시켰다. 그리하여 사람들은 그 곳 이름을 호르마라고 부르게 되었다.(민수기 21:1-3)

이 사건은 이스라엘이 광야생활을 마치고 가나안에 들어가기 직전의 이행시기에 일어났다. 헤렘이 등장하는 여리고 성과 아이 성 전투(여호수아서 6-8장)는 가나안 정복을 시작하는 시기에 벌어진 전투이고 사울 시대에 아말렉과 벌인 전투(사무엘상 15장)도 사사시대에서 군주시대로 넘어가는 이행기에 벌어졌다. 헤렘이 등장하는 네 번의 전투 모두 이스라엘 역사의 이행기에 벌어졌던 것이다. 헤렘에 과거 청산의 의미가 들어있는 것일까?

이스라엘은 야훼가 '가나안 사람'을 자기들 손에 붙인다면 그들을 헤렘하겠다고 서약했다. 야훼가 명령하기 전에 이스라엘이 먼저 서약했다. 이들은 본격적인 정복전쟁 이전의 작은 패배의 경험에서 가나안 땅을 차지하는 일에 야훼의 개입이 필수적임을 확인했다.

고대중동문화권에도 헤렘이 등장하는 이야기들이 있다. 이스라엘 오므리 왕조 시대에 모압 왕 메샤가 남긴 메샤 비문(Mesha Inscription)이 그것이다. 기원전 830년경에 만들어졌다고 추정되는 비문에는 모압이 이스라엘과 벌인 전쟁 이야기가 등장한다. 모압이 오므리 왕조의 속국이라는 사실에 격분한 모압의 신 그모스(Kemosh)가 메샤를 시켜서 빼앗겼던 성읍들을 되찾았는데 그 대목에 헤렘이 등장한다.

이스라엘의 왕은 아타롯(Atarot)을 건축했는데 나는 그 도시와 싸웠고 정복했으며 모든(kl) 사람을 죽였다. 그모스와 모압을 위해 그 도시를 희생제물(ryt)로 바쳤다.(11-12행)

… 그모스가 나에게 말했다. "가라, 이스라엘로부터 느보(Nebo)를 취해라." 그래서 나는 갔다. 나는 밤에 갔다. 그래서 새벽부터 낮까지 싸웠다. 나는 점령했다. 나는 점령했다. 그리고 모든 사람들을(klh) 죽였다. 그 수는 칠천 명의 남자… 그리고 여자… 그리고… 여종들을 죽였다. 내가 아쉬타르-그모스를 위해서 제물로 구별해놓기 위해서다(hḥrmth).(14-17행)

11-12행에는 헤렘이 직접 언급되지는 않지만 '희생제물'로 번역된 'ryt'가 전쟁의 승리를 도운 신에게 바친 제물을 가리킨다. 헤렘과 비슷한 뜻이다. 14-17행에는 헤렘이 직접 언급된다. 메샤는 그모스 신의 명령을 받들어 느보를 점령하여 많은 사람을 죽였는데 그것은 아쉬타르-그모스 신에게 바치기 위해서였다는 것이다. 여기서도 구약성서 헤렘의 특징인 '완결성'을 강조하는 '모든 사람들'(klh)이란 표현이 쓰였고 아쉬타르-그모스 신에게 바칠 제물을 '헤렘'이라고 불렀다.

메샤 비문과 이스라엘과 아람 왕 사이의 전쟁 이야기에 몇 가지 공통점이 있다. 첫째로 두 이야기 모두 과거에 패했다가 복수한 이야기에 헤렘이 등 장한다. 메샤는 이스라엘에게 정복당했던 도시를 되찾았고 이스라엘은 아랏 왕에게 패했다가 야훼의 도움으로 승리했다. 둘째로 헤렘은 신의 명령을 받지 않고 자발적으로 선언됐다.

차이점도 있다. 헤렘의 행위주체가 다르다. 이스라엘에서는 전체 백성이 헤 렘 맹세의 주체지만 메샤에서는 주체가 왕 혼자다. 의미 있는 차이다. 고 대중동문화권에서 신(들)과 관계 맺는 주체는 왕이다. 백성들은 제삼자 였다. 이스라엘에서는 달랐다. 이스라엘에서 야훼의 언약 상대방은 전체 백성이다. 개인과 언약을 맺었을 때도 그 개인은 집단의 대표자다. 다윗 과 맺은 언약은 예외다. 야훼는 다윗 개인과 언약을 맺었는데 그 효과가 후손에게까지 미친다고 했다. 이 경우는 이스라엘 전통적 신학이 아니 라 외부세계의 영향을 받았다고 해석된다. 민수기 21장에도 헤렘의 공 동체성이 두드러진다.

또 다른 차이는 헤렘에 대한 신(들)의 태도다. 메샤 비문에서 '희생 제물로 바 쳤다'로 번역한 'ryt'에는 '만족하다' '포만감을 느끼다'는 뜻이 있다. 그 모스 신은 희생 제물로 바쳐진 칠천 명의 남자들과 수많은 사람들에 만 족했고 포만감을 느꼈다. 희생 제물을 즐기는 신이라는 거다. 반면 구약 성서에서 헤렘이 등장하는 이야기 어디에도 야훼가 제물을 받고 만족하 고 포만감을 느꼈다는 언급이 없다. 이스라엘은 야훼가 사람 희생 제물 을 즐기지 않는다고 믿었을까? 아니라면 왜 사람을 헤렘으로 바쳤을까 라는 질문은 남는다.

헤렘은 오랫동안 해석자들의 관심을 끌었기 때문에 연구도 많이 이루어졌다. 영어로 쓰인 종합적인 연구서는 필립 스턴(Phillip Stern)이 1991년에 낸 *The Biblical Herem: A Window on Israel's Religious Experience*이다. 이 연구서는 구약성서에서 헤렘이 나오는 모든 구절을 샅샅이 파고들었다. 지금도 헤렘이나 가나안 정복전쟁을 연구하려면 이 책을 지나칠 수 없다.

스턴의 저작이 나오고 한참 지난 2007년에 미나 글릭(Mina Glick)이 펜실베이니아대학교에 제출한 박사 논문이 나왔다. 제목은 "Herem in Biblical Law and Narrative." 스턴의 책이 방대하고 구약성서뿐 아니라 고대중동지역 자료까지 다룬 데 비해서 글릭의 논문은 제목대로 성서에 등장하는 헤렘을 법전과 설화로 나눠서 다뤘다. 두 책 모두 필자에게는 큰 도움이 됐다. 그밖에도 정복전쟁을 다루는 연구서들은 거의 모두 헤렘에 대한 설명을 포함하고 있다. 헤렘에 관한 논문이나 헤렘이 나오는 구절에 관한 논문은 헤아리기 힘들 정도로 많다. 그 중에서 필자가 도움을 받은 것들은 다음과 같다.

Mordechai Cogan, "Deuteronomy's Herem Law: Protecting Israel at the Cost of Its Humanity"

(www.thetorah.com/article/deuteronomys-herem-law-protecting-israel-at-the-cost-of-its-humanity)

Ovidis Creanga, "War-herem and the Erasure of Memory in Deuteronomy 7 and 20," in Parush R. Parushev, Ovidiu Creanga, Brian Brock eds., *Ethical Thinking at the Crossroads of European Reasoning*. 2007. 141-155.

Kyle C. Dunham, "Yahweh War and Herem: The Role of Covenant, Land, and Purity in the Conquest of Canaan," *Detroit Baptist Seminary Journal* 21 (2016) 7-30.

Paul Copan and William Lane Craig eds., *New Essays in Christian Apologetics*. 2012.

Mark R. Glanville, "Herem as Israelite Identity Formation: Canaanite

Destruction and the Stranger," *The Catholic Biblical Quarterly* 83 (2021) 547-570.

Mark R. Glanville, "Ethical Reading Unethical Texts Ethically: A Fresh Reading of Herem in Deuteronomy and Joshua," presented at SBL Annual Meeting, Dec. 7th 2020

William Lyons, *Between History and Theology: The Problem of HEREM in Modern Evangelical Biblical Scholarship*. 2003.

Hacham Issac S. D. Sassoon, "Obliterating Cherem"

(www.thetorah.com/article/obliterating-cherem)

Wes Morrison, "Ethical Criticism of the Bible: The Case of Divinely Mandated Genocide," *Sophia* vol. 51 (1) (2011) 117-135

Arie Versluis, "Devotion and/or Destruction?: The Meaning and Function of Herem in the Old Testament," *Zeitschrift fürdie alttestamentliche Wissenschaft* 128 (2) (2016) 233-246.

김동혁, "헤렘을 어떻게 이해할 것인가?" 〈구약논단〉 27/3 (2021) 131-154.

방기민, "회복의 읽기를 통한 여호수아 헤렘 본문의 윤리적 해석" 〈구약논단〉 27/1 (2021) 61-96.

장석정, "신명기 7:1-5에 나타난 헤렘(herem) 명령 다시 보기" 〈신학사상〉 189 (2020) 47-75

9장

속임수로 살아남은 기브온 사람들

소문에 대해 정 반대의 결정을 내리다

'발 없는 말이 천리 간다.'는 말도 있듯이 이스라엘 군대가 여리고 성과 아이 성을 정복했다는 소문이 가나안 땅에 널리 퍼졌다. 소문에 대한 가나안 종족들의 반응은 둘로 갈라졌다. 가나안 종족의 왕들은 힘을 합쳐 이스라엘에 맞서 싸우기로 했다.(9:1-3) 반면 히위 사람 기브온 주민들은 이스라엘과 화친하기로 했다.(9:4) 나머지 종족들과 다른 결정을 내린 것이다.

기브온 사람들은 가나안 종족 중 하나인 히위 종족에 속해 있었다. 헤렘해야 할 자들이었다는 얘기다. 이들은 가나안 모든 종족이 뭉쳐도 이스라엘을 이길 수 없다고 생각했던 모양이다. 요단 강 동쪽뿐 아니라 서쪽의 여리고 성과 아이 성까지 정복당한 걸 보고 이들은 화친하기로 결정했다.

기브온 사람들은 이스라엘의 야훼 신이 헤렘 명령을 내렸다는 사실도 알고 있었다. 게다가 그들이 가나안 땅 밖과 안의 종족과 싸울 때 다른 전쟁수칙을 적용한다는 사실(신명기 20:10-20)도 알고 있었다. 져도 몰살당하고 항복한다고 해도 몰살당할 운명이었다. 그래서 이들은 이스라엘을 속여서 살아남는 제3의 길을 택했다. 가나안 종족의 일원이 아닌 척해서 이스라엘을 속이고 살아남으려 했다.

나름 준비도 철저히 했다. 이들은 "낡은 부대와 해어지고 터져서 기운 가죽 포도주 부대를 나귀에 싣고서 외모를 사절단처럼 꾸미고 길을 떠났다."(9:4) 행색을 초라하게 꾸미고 빵도 곰팡이가 난 것을 준비했다.(9:5) 이렇게 만반의 준비를 갖추고 이스라엘 진에 와서 여호수아와 이스라엘 사람들에게 "우리는 먼 곳에서 왔습니다. 이제 우리와 조약(히브리어로 '베리트')을 맺어 주십시오."(9:6)라고 제안 했다.

갑자기 나타나서 뜬금없이 언약을 맺자 하니 이스라엘은 당연히 의심했다. "당신들은 우리 근처에 사는 듯한데 어떻게 우리가 당신들과 조약을 맺을 수 있겠소?"(9:7)라고 반응한 것도 당연하다. 먼 곳에서 온 것처럼 행색을 꾸몄다는데 뭘 보고 근처 사람이라고 판단했는지 궁금하다. 화자는 이런 궁금증을 풀어주지 않는다. 그러자 기브온 사람들은 "우리를 종으로 삼아 주십시오."(9:8)라고 제안한다. 일면식도 없는 사람들이 자기들을 종으로 삼아달라니 얼마나 뜬금없었겠는가. 여호수아는 "당신들은 누구이며 어디에서 왔소?"(9:8)라고 묻는다. 정체를 묻는 물음이 두 번 반복된 셈이다(9:7, 8) 이 이야기에 복수의 자료가 섞여 있음을 의심케 하는 대목이다.

종들은 주 하나님의 명성을 듣고서 아주 먼 곳에서 왔습니다. 우리는 주님께서 이집트에서 하신 모든 일을 들었으며 또 주님께서 요단 강 동쪽 아모리 사람의 두 왕 곧 헤스본 왕 시혼과 아스다롯에 있는 바산 왕 옥에게 하신 일을 모두 들었습니다. 그래서 우리 땅에 살고 있는 장로들과 모든 주민이 우리를 이리로 보냈습니다. 우리 기브온 주민은 종이 될 각오가 되어 있다는 것을 말씀드리고 우리와 평화조약을 맺어 달라고 하는 부탁을 하려고 길에서 먹을 양식을 준비해 가지고 이렇게 왔습니다. 우리가 가져 온 이 빵을 보십시오, 우리가 이리로 오려고 길을 떠나던 날, 집에서 이 빵을 쌀 때만 하더라도 이 빵은 따뜻하였습니다. 그러나 보십시오, 지금은 말랐고 곰팡이가 났습니다. 우리가 포도주를 담은 이 가죽부대도 본래는 새것이었습니다. 그런데 보십시오, 낡아서 찢어졌습니다. 우리의 옷과 신도 먼 길을 오는 동안 이렇게 낡아서 해어졌습니다.(9:9-13)

기브온 사람들과 언약을 맺다

보다시피 이들은 이스라엘을 속이려고 나름 치밀하게 준비했다. (거짓말이지만) 먼 길을 마다않고 달려온 까닭은 야훼가 이스라엘에 대적한 종족들에게 행한 일을 들었기 때문이라고 했다. 이들은 부지불식간에 자기들이 기브온 주민이라는 정체를 밝혔다. 기브온은 지명이면서 동시에 집단 이름이다. 여호수아가 기브온의 위치를 알았다면 거짓말이 탄로 났을 텐데 그걸 몰랐던 모양이다. 이들은 조약을 맺으려 왔다고 했다. 이 대목에서 화자는 중요한 의미를 가진 말을 지나가듯이 남긴다.

이스라엘 사람들은 어떻게 해야 할지를 주님께 묻지도 않은 채 그들이 가져 온 양식을 넘겨받았다.(9:14)

아이 성 전투 때도 야훼에게 묻지 않고 정탐꾼을 보냈다가 큰코다쳤는데 아직도 정신을 못 차렸다. 다른 종족과 언약을 맺을지 말지 중대한 결정을 하는데 야훼에게 묻지도 않았다니 말이다. "여호수아는 그들과 화친하여 그들을 살려 준다는 조약을 맺고 회중의 지도자들은 그 조약을 지키기로 엄숙히 맹세하였다."(15절) 라합에게 했던 일이 또 벌어졌다. 이번에는 규모가 더 커졌다.

거짓말은 탄로 나게 마련이다. 사흘 만에 기브온 사람들이 가나안 종족의 일원임이 드러났다.(9:16) 하지만 야훼의 이름을 두고 맹세했으므로 돌이킬 수 없다.

우리가 주 이스라엘 하나님의 이름을 두고 그들에게 맹세하였으므로 그들을 해칠 수 없습니다. 우리가 그들에게 할 일이라고는 그들을 살려 두어서 우리가 그들에게 맹세한 맹세 때문에 받게 될 진노가 우리에게 내리지 않게 하는 것뿐입니다. 그러나 비록 그들을 살려 둔다 하더라도 우리 가운데서 나무패는 자와 물 긷는 자로 살아가도록 그들을 제한할 것입니다.(9:19-21)

백성들도 지도자들의 제안을 받아들이지 않을 수 없었다. 맹세를 깨서는 안 된다는 게 공통된 인식이기 때문이다. 지도자들과 백성들이 합의를 이루자 여호수아가 기브온 사람에게 이렇게 말했다.

> 당신들은 우리 가까이에 살면서 어찌하여 아주 멀리서 왔다고 말하여 우리를 속였소? 당신들이 이렇게 우리를 속였기 때문에 당신들은 저주를 받아서 영원히 종이 되어 우리 하나님의 집에서 나무를 패고 물을 긷는 일을 하게 될 것이오.(9:22-23)

기브온 사람들은 이렇게 대답했다.

> 우리가 그렇게 속일 수밖에 없었던 까닭은 주 하나님이 그의 종 모세에게 명하신 것이 참으로 사실임을 우리가 알았기 때문입니다. 하나님이 이 땅을 다 이스라엘 사람에게 주라고 명하셨고 이스라엘 사람이 보는 앞에서 이 땅에 사는 모든 사람을 다 죽이라고 명하셨다는 것을 우리가 들어서 알았습니다. 우리가 속임수를 쓸 수밖에 없었던 것은 우리가 이스라엘 사람 때문에 목숨을 잃을까 두려워하였기 때문입니다. 이제 우리를 마음대로 하실 수 있으니 처분만을 기다리겠습니다.(9:24-25)

종이 됐지만 목숨을 부지하게 된 게 감지덕지였나 보다. 그저 고맙다고만 해도 될 텐데 장황하게 말했다. 기브온 사람들 입에서 야훼에 대한 신앙고백을 말하게 하고 싶었기 때문이겠다. 라합의 입에

서 훌륭한 신앙고백이 나왔던 것처럼 말이다.(2:9-11)

이스라엘은 이들을 보호하기로 결정했다. 그래서 '오늘까지' 이들은 '회중을 섬기고 주님의 제단을 돌보는 종으로 삼아 나무를 패고 물을 긷는 일'(9:27)을 맡아서 하게 됐다. 이번에도 사건이 현재까지 영향을 미치는 점을 강조하려고 '오늘까지'라는 부사어가 쓰였다.

기브온을 구하는 전투에 개입하다

기브온 사람들을 보호하기로 결정한 후 이스라엘은 그들을 구하는 전투에 개입한다. 이스라엘이 기브온 사람들과 화친했다는 소문이 예루살렘 왕 아도니세덱의 귀에 들렸다.(10:1) 기브온은 "왕이 있는 도성처럼 큰 성읍이고 아이 성보다도 더 큰 성인데다가 기브온 주민은 모두 용맹한 전사들"(10:2)이었는데 이스라엘과 싸워보지도 않고 화친했다니 가만히 두면 더 큰 위협이 되겠다 싶었나 보다. 예루살렘 왕은 주변 왕들에게 전갈을 보내서 기브온을 공격하기로 합의를 얻어냈다.(10:3-4) 바야흐로 전투가 벌어질 참이다.

이 사실을 알게 된 기브온 사람들은 여호수아에게 도움을 청했다.(10:6) 둘은 동맹관계이니 여호수아는 군대를 이끌고 왔다.(10:7) 야훼는 "그들을 두려워하지 말아라. 내가 그들을 너의 손에 넘겨주었다. 그들 가운데서 한 사람도 너를 당할 수 없을 것이다."(10:8)라고 말함으로써 전쟁을 허락했고 개입할 의사를 밝혔다.

9절부터 43절까지 이어지는 세세한 전투 이야기를 서술할 필요는 없다. 두 가지를 지적한다. 첫째로 야훼는 이 전투에 그 어느 때보다 적극적으로 개입했다. 그는 적군을 혼란에 빠뜨렸고(10:10), 그들에게 우박을 퍼부었으며(10:11), 태양과 달을 멈추어 서게 했다.(10:12) 화자도 이에 대해 "주님께서 사람의 목소리를 이 날처럼 이렇게 들어주신 일은 전에도 없었고 뒤에도 없었다. 주님께서는 이처럼 이스라엘을 편들어 싸우셨다."(10:14)고 했다. 이 전투는 기브온 사람들을 구하기 위한 전투였다. 이스라엘은 그들을 도우려 나섰을 뿐이다. 야훼는 왜 기적까지 일으켜가며 적극적으로 개입했을까? 그 과정 또한 정복기간 중에 벌어진 어떤 전투보다 상세히 서술된다.

둘째로 이 전투 이야기에는 헤렘이란 단어가 모두 여섯 번 사용됐다.(10:1, 28, 35, 37, 39, 40) 모두 '진멸하다'는 뜻의 동사다. 이스라엘이 기브온의 적들을 전멸시켰음을 보여준다. 영어성서들은 이 동사를 'utterly destroy'라고 번역했다. 우리말성경은 역본마다 다르다. 개역성경과 개정개역성경은 '진멸하다'로, 공동번역성서는 '모조리 죽이다'로 번역했다. 새번역성경과 표준새번역성경은 '진멸하여 희생제물로 바치다'라고 번역해서 '해석'(interpretation)까지 시도했다.

기브온 사람은 특별한 집단인가?

기브온 사람 이야기(여호수아서 9-10장)에는 중복되는 점도 있고 서로 상응하지 않는 점이 있다. 그래서 학자들은 이야기에 전승과정에서 새로운 요소가 첨가되어 지금의 모습이 됐다고 설명한다. 학자들은 현재의 본문에서 전승의 역사를 재구성했는데 언급할만한 가치가 있어 보인다. 그들의 의견대로 전승 단계를 재구성해보겠다. 뼈대가 되는 가장 오래된 층의 이야기는 이렇다.

히위 사람인 기브온 주민들은 여호수아라는 사람이 여리고 성과 아이 성에서 한 일을 듣고서(9:1) 그들은 길갈 진에 있는 여호수아에게 와서 그와 이스라엘 사람들에게 말하였다. "우리는 먼 곳에서 왔습니다. 이제 우리와 조약을 맺어 주십시오."(9:6) 그들이 여호수아에게 말하였다. "우리를 종으로 삼아 주십시오." 여호수아가 그들에게 물었다. "당신들은 누구이며 어디에서 왔소?" 그들이 여호수아에게 대답하였다. "종들은 주 하나님의 명성을 듣고서 아주 먼 곳에서 왔습니다. 우리는 주님께서 이집트에서 하신 모든 일을 들었으며 또 주님께서 요단 강 동쪽 아모리 사람의 두 왕 곧 헤스본 왕 시혼과 아스다롯에 있는 바산 왕 옥에게 하신 일을 모두 들었습니다. 그래서 우리 땅에 살고 있는 장로들과 모든 주민이 우리를 이리로 보냈습니다. 우리 기브온 주민은 종이 될 각오가 되어 있다는 것을 말씀드리고 우리와 평화조약을 맺어 달라고 하는 부탁을 하려고 길에서 먹을 양식을 준비해 가지고 이렇게 왔습니다."(9:8-11) 여호수아는 그들과 화친하여 그들을 살려 준다는 조약을 맺고 회중의 지도자들은 그 조약을 지키기로 엄숙히 맹세하였다.(9:15)

예루살렘 왕 아도니세덱은 여호수아가 아이 성을 점령하면서 여리고 성과 그 왕에게 한 것과 꼭 같이 아이 성과 그 왕을 전멸시켜서 희생 제물로 바쳤다는 소식과 또 기브온 주민이 이스라엘과 화친하고 그들과 함께 살고 있다는 소식을 듣고 몹시 놀랐다. 기브온으로 말하면 왕이 있는 도성처럼 큰 성읍이고 아이 성보다도 더 큰 성인데

다가 기브온 주민은 모두 용맹한 전사들이었기 때문이다. 그래서 예루살렘 왕 아도니세덱은 헤브론 왕 호함과 야르뭇 왕 비람과 라기스 왕 야비아와 에글론 왕 드빌에게 전갈을 보냈다. "내게로 와서 나를 도와주십시오. 우리가 함께 기브온을 칩시다. 기브온이 여호수아와 이스라엘 자손과 화친하였다고 합니다." 그리하여 아모리 족속의 다섯 왕 곧 예루살렘 왕과 헤브론 왕과 야르뭇 왕과 라기스 왕과 에글론 왕이 연합하여 그들의 모든 군대를 거느리고 올라와서 기브온을 공격하려고 진을 쳤다. 기브온 사람들은 길갈 진에 있는 여호수아에게 전갈을 보냈다. "이 종들을 버리지 마십시오. 속히 우리에게로 와서 우리를 구출하여 주십시오. 우리를 도와주십시오. 산간지방에 거주하는 아모리 왕들이 연합군을 이끌고 우리를 공격하였습니다." 여호수아는 정예부대를 포함한 전군을 이끌고 길갈에서 진군하여 올라갔다.(10:1-7)

이야기의 흐름에 무리가 없다. 이스라엘과 동맹을 맺은 기브온이 가나안 연합군의 공격을 받았다. 동맹 소문을 듣고 위협을 느꼈기 때문이다. 기브온은 이스라엘에 도움을 청했다.

초기 전승단계에서는 이스라엘이 가나안 부족과 언약을 맺어서는 안 된다는 헤렘 명령도 없었고 가나안 내부와 외부 종족에게 다른 전투수칙을 적용하라는 규정도 없었다. 이스라엘은 가나안에 동맹이 있으면 훨씬 수월하게 정복할 수 있으므로 마다할 이유가 없다. 둘 사이의 동맹은 그렇게 이루어졌다.

특정한 역사적 시점에 헤렘 명령이 주어졌다. 학자들의 추측으로는 기원전 7세기 말 요시야 왕 시대가 정복전쟁에서 헤렘 명령이 주어졌다는 신학이 형성된 때다. 그렇게 되면 둘 사이의 동맹은 헤렘 명령을 어긴 게 된다. 이 문제를 해결해야 했다. 그래서 (1) 가나안 내부와 외부 종족과 전쟁할 때 다른 수칙을 적용하라는 규정 (2) 기브온 사람들이 이스라엘을 속여서 언약을 맺었다는 설명 (3) 둘 사이에 맺어진 언약의 엄중함을 강조하는 신학이 만들어졌다.

위에 서술한 기본 골격에 이 신학을 반영한 부분이 추가됐다.

(기브온 사람들은) 여호수아를 속이기로 결정하였다. 그들은 낡은 부대와 해어지고 터져서 기운 가죽 포도주 부대를 나귀에 싣고서 외모를 사절단처럼 꾸미고 길을 떠났다. 발에는 낡아서 기운 신을 신고 몸에는 낡은 옷을 걸쳤으며 마르고 곰팡이 난 빵을 준비하였다.(9:4-5) 이스라엘 사람들이 이 히위 사람들에게 말하였다. "당신들은 우리 근처에 사는 듯한데 어떻게 우리가 당신들과 조약을 맺을 수 있겠소?"(9:7) "우리가 가져 온 이 빵을 보십시오, 우리가 이리로 오려고 길을 떠나던 날, 집에서 이 빵을 쌀 때만 하더라도 이 빵은 따뜻하였습니다. 그러나 보십시오, 지금은 말랐고 곰팡이가 났습니다. 우리가 포도주를 담은 이 가죽부대도 본래는 새것이었습니다. 그런데 보십시오, 낡아서 찢어졌습니다. 우리의 옷과 신도 먼 길을 오는 동안 이렇게 낡아서 해어졌습니다." 이스라엘 사람들은 어떻게 해야 할지를 주님께 묻지도 않은 채 그들이 가져 온 양식을 넘겨받았다.(9:12-14) 이스라엘 사람들은 그들과 조약을 맺은 지 사흘이 지난 뒤에 자기들과 조약을 맺은 사람들이 가까운 이웃이고 자기들 가까이에서 사는

사람들임을 알게 되었다. 이스라엘 자손은 그리로 가서 보려고 길을 떠났는데 겨우 사흘 만에 자기들과 조약을 맺은 사람들이 살고 있는 여러 성읍에 이르렀다. 그들이 살고 있는 성읍은 기브온과 그비라와 브에롯과 기럇여아림이었다.(9:16-17)

그러나 이스라엘 자손은 회중의 지도자들이 주 이스라엘의 하나님의 이름을 두고 조약을 지키기로 그들에게 맹세하였기 때문에 그들을 칠 수 없었다. 그래서 온 회중이 지도자들을 원망하였다. 그러나 모든 지도자들이 온 회중에게 말하였다. "우리가 주 이스라엘 하나님의 이름을 두고 그들에게 맹세하였으므로 그들을 해칠 수 없습니다. 우리가 그들에게 할 일이라고는 그들을 살려 두어서 우리가 그들에게 맹세한 맹세 때문에 받게 될 진노가 우리에게 내리지 않게 하는 것뿐입니다. 그러나 비록 그들을 살려 둔다 하더라도 우리 가운데서 나무 패는 자와 물 긷는 자로 살아가도록 그들을 제한할 것입니다." 지도자들이 이렇게 제안한 것을 회중이 받아들였다.(9:18-21)

헤렘 명령이 기원전 7세기 말 요시야 왕 개혁 시대에 만들어졌다면 이 시나리오가 그럴듯하다. 곧 가나안 정복시대에는 헤렘 명령이 존재하지도 않았고 가나안 부족들을 진멸할 의도도 없었으며 기브온 사람들과 언약을 맺는 일에도 문제가 없었다. 요시야 시대에 종교개혁을 단행되면서 모든 게 달라졌다. 엉망인 유다 상황의 원인이 뭔지를 찾다가 가나안 정복시대에 가나안 종족들의 유혹에 빠져서 야훼를 버리고 배교했기 때문이라는 결론에 이르렀다. 그들을 헤렘했더라면 상황이 이 지경에 이르지 않았을 것이다. 그래서 기브온 사람들 이야기가 지금의 모습이 됐다.

헤렘이 등장하는 전쟁이야기는 과거 역사에 대한 회고와 반성에서 비롯됐다. 헤렘 명령에도 불구하고 기브온 사람들과 언약 맺은 것은 이스라엘이 그들에게 속았기 때문이란 일종의 '변명'도, 그들을 종으로 삼아 나무를 패는 자들과 물을 긷는 자들로 만들었다는 얘기도, 헤렘 명령이 수행됐지만 여전히 남아있는 가나안 사람들이 있었다는 서술도 모두 정복시대에는 있지 않았던 '가상의' 명령과 '지금'의 현실을 조화시키려는 노력에서 비롯됐다. 이런 식의 설명이 독자들에게는 낯설 것이다. 깜짝 놀랄 수도 있고 성서를 훼손한다고 분노할 수도 있다. 하지만 이 모든 연구는 성서에 실제로 존재하는 모순과 갈등을 이해하고 설명하려는 학자들의 노력의 산물임을 알고 참고하기 바란다.

입장을 바꿔놓고 보면

라합과 기브온 사람들은 가나안 사람이면서도 헤렘당하지 않고 살아남았다. 기브온 사람들이 라합 가족들보다 훨씬 큰 집단이므로 이들의 생존사실에 더 큰 의미가 있다고 하겠지만 그래도 두 집단이 헤렘에 예외가 됨으로써 원칙에 균열을 만들었다는 사실보다 의미가 크지는 않다.

구약성서에서 주인공은 늘 이스라엘이다. 궁극적인 주인공은 야훼지만 인간집단 중 주인공은 언제나 이스라엘이고 나머지는 주변

인이거나 타자다. 모든 이야기는 이스라엘이 중심을 차지하고 있고 그들의 시각으로 서술됐다. 이스라엘 외에 다른 집단의 입장에서 서술된 이야기는 없다.

입장이 달라지면 세상이 달리 보인다. 그럴 때 사건의 진상이 더 잘 보이는 경우도 있다. 기브온 사람 이야기를 입장을 바꿔놓고 읽어보면 어떻게 될까? 한 번쯤 시도해볼만한 일 아닐까? 등장인물은 가나안 부족의 왕들, 기브온 사람들, 이스라엘, 그리고 야훼다. 이들 각각의 시각으로 사건을 해석해보자.

가나안의 왕들은 이스라엘이 여리고 성과 아이 성을 정복했고 기브온 사람들과 동맹 맺었다는 소식을 듣고 심각한 위협을 느꼈다. 이스라엘은 자기들 땅을 차지하려고 침입한 침략자들인데 기브온 사람들이 자기들을 배신하고 그들 편에 선 것이다. 항복하든지 싸우든지 둘 중 하나를 택해야 했다. 이들은 여러 종족이 힘을 합치면 이길 수 있다고 생각해서 후자를 택했다.

기브온 사람들은 이들과 달리 선택했다. 이들은 가나안 왕들과 같은 소문을 들었지만 싸움이 아니라 항복해서 동맹 맺는 길을 택했다. 그러려면 이스라엘을 속여야 했다. 이스라엘의 전쟁수칙을 알았기에 어쩔 수 없이 꼼수를 써야 했다.

이들은 이스라엘의 전투력 때문에 항복하기로 했지만 그들에게는 야훼의 명성 때문이라고 말했다.(9:9-10) 이스라엘의 공감과 동정을 얻어내야 했기 때문이다. 항복해서 생존할 수 있게 된다면 어떤 지위에 놓이더라도 상관없었다. 이들이 얻은 지위는 애매했다. 이스라엘의 내부자가 되기는 했지만 종이 되어 장작을 패고 물 깃는 일을 하는 낮은 지위에 만족해야 했다.

> 곧 당신들의 어린 아이들과 아내들과 당신들의 진 가운데서 함께 사
> 는 외국 사람과 당신들에게 장작을 패 주는 사람과 나아가서는 물을
> 길어 오는 사람에 이르기까지 주 당신들의 하나님 앞에 모두 모였습
> 니다.(신명기 29:11 [히브리 성서는 10절])

기브온 사람들의 운명을 예언한 듯한 서술이다. 둘 중 어느 편이
먼저인지 판단하기는 어렵다. 이들의 역할이 '야훼의 제단'을 돌보
는 일이었다는 점은 이들의 지위를 더욱 애매하게 만드는 요소다.
완전한 지위를 갖추지도 못한 '절반의 이스라엘 사람' '경계선의 이
스라엘 사람'에게 작은 일이기는 하지만 야훼의 제단 돌보는 일을
맡겼다니 말이다. 제단 돌보는 일은 레위 지파의 특권이 아니던가.
다음으로 이스라엘에게 기브온과의 동맹은 어떤 의미였을까? 그
들에게 맡겨진 과제는 가나안 정복이다. 그곳은 빈 땅이 아니라 일
곱 종족이 살고 있는 땅이다. 그런 곳을 같은 편 없이 정복하기란 쉽
지 않다. 기브온 사람들이 동맹 맺기를 바라니 마다할 이유가 없다.
헤렘의 명령만 없었다면 말이다. 그런데 고맙게도 기브온 사람들이
자기들은 헤렘의 대상이 아니라고 거짓말을 했다. 의심스러웠지만
꾸며낸 증거에 속아서(속아줘서?) 야훼의 이름을 앞세워 그들과 언약
을 맺었다. 야훼의 의사를 타진할 만했지만 그렇게 하지 않았다. 아
이 성 공격 때의 '실수'가 반복됐다.
기브온 사람들의 거짓말이 밝혀진 후 이스라엘의 선택은 둘 중 하

나였다. 만시지탄이지만 언약을 깨뜨리고 헤렘 명령을 수행하는 것과 헤렘 명령을 계속 어기고 기왕에 맺은 동맹의 언약을 지키는 것이 그것이다. 이들은 후자를 택했다. 이번에도 야훼의 뜻을 묻지 않고 독자적으로 결정했다. 기브온 사람들에게 온전한 지위를 허락하지 않았고 종으로 삼았다. 일종의 '타협'이고 '절충'이다. 이 결정에 대해서는 야훼도 화자도 평가하지 않았으니 무난한 결정이라고 볼 수 있겠다.

가장 소극적인 쪽은 야훼다. 기브온 사람들은 그의 업적을 두 번 언급했는데 야훼는 가타부타 말이 없다. 이스라엘이 야훼에게 묻지도 않고 그들과 야훼 이름으로 언약 맺으며 맹세했지만 야훼는 여기에도 반응하지 않았다. 기브온 사람들 이야기에는 야훼의 생각과 행동에 대한 언급이 전혀 없다. 그들을 위한 전쟁에 이스라엘이 개입했을 때 야훼가 기적까지 동원해서 전투를 벌였던 것과 대조적이다.

왜 야훼는 둘이 동맹 맺을 때는 지극히 소극적이다가 전투에는 적극적으로 개입했을까? 자기 백성을 속였고 헤렘 명령을 어기게 만든 집단을 위해서 왜 그렇게 적극적으로 개입했을까 말이다. 야훼는 이들이 헤렘되는 것을 원치 않았을까? 그럼 자신이 내린 명령과 정면으로 부딪치는데 말이다. 그게 아니면 이스라엘이 헤렘 명령을 일단 어기면 수습할 수 없어서 그랬을까? 이런 추측은 아간 사건을 처리한 것과 상충된다. 그때는 그와 가족과 그에게 속한 모든 것을 소멸시키지 않았던가. 야훼는 기브온 사람들이 헤렘되는 것을 원치 않았다고 추측할 수 있다. 문제는 '왜' 원치 않았는가 하는 점이다.

화자는 네 종류의 입장을 종합한다. 화자는 속임수를 쓴 기브온을 부정적으로 평가하지 않는다. 이들에 대한 비난은 어디서도 볼 수 없다. 반면 이스라엘에게는 은근히 부정적이다. 그는 이스라엘이 야훼에게 문의하지 않고 기브온과 언약 맺은 걸 지적한다.(9:14) 그것이 탐탁지 않아 보인다. 그러나 언약 자체를 비판하지는 않는다. 화자는 기브온 사람이 살아남은 것을 야훼의 뜻으로 본 것 같다. 그런 점에서 화자와 야훼는 뜻이 같다. 그들을 종으로 삼은 절충적 조치에 대해서는 가타부타 판단하지 않는다.

　기브온 사람들은 언제까지 장작 패고 물 긷는 사람으로 살았을까? 여호수아서 9장 27절은 '오늘까지'라고 말했지만 2023년은 아닐 터이다. 이들이 등장하는 에피소드가 하나 더 있다. 다윗 시대에 3년 동안 흉년이 들자 다윗이 야훼에게 원인을 문의하니 야훼가 "사울과 그의 집안이 기브온 사람을 죽여 살인죄를 지은 탓이다."(사무엘하 21:1)라고 대답했다. 그래서 다윗이 기브온 사람에게 물었더니 그들은 사울이 자기들을 학살했으니 사울의 자손 중에서 일곱 남자를 내달라고 청했다. 이후에도 이야기가 이어지는데 우리의 관심사는 아니므로 계속하지 않겠다. 여기서 화자는 기브온 사람을 이렇게 소개한다.

　　기브온 사람은 본래 이스라엘 백성의 자손이 아니라 아모리 사람 가운데서 살아남은 사람들이며 이미 이스라엘 백성이 그들을 살려 주겠다고 맹세하였는데도 사울은 이스라엘과 유다 백성을 편파적으로 사랑한 나머지 할 수 있는 대로 그들을 다 죽이려고 하였다.(사무엘하 21:2)

여호수아서는 기브온 사람이 히위 종족 소속이라고 했는데 여기서는 아모리 사람으로 소개한다. 아모리 사람이 가나안의 일곱 종족을 총칭하는 경우도 있으니 착오라고 할 수는 없다. 중요한 사실은 이스라엘이 기브온 사람들을 살려주겠다고 맹세한 사실을 지적한다는 점이다. 그는 정복전쟁 이야기를 소환한 셈이다. 하지만 아쉽게도 그때 기브온 사람들이 어떤 일에 종사하고 있었는지는 언급하지 않는다.

정복전쟁 이야기에서 기브온 사람 에피소드는 앞선 라합과 아간 이야기와 함께 야훼의 언약백성의 정체성에 대해서 중요한 내용을 담고 있다. 야훼의 언약백성의 정체성을 결정하는 결정적인 요소가 인종이 아니라는 사실 말이다.

기브온 사람들 이야기는 읽는 재미도 있다. 그들은 구약성서에 등장하는 인물들 중에서 거짓말쟁이로는 자기 아버지와 형을 속인 야곱과 쌍벽을 이룬다. 그런 야곱이 이스라엘의 위대한 조상들 중 하나로 꼽히는 것과 기브온 사람들이 속임수로 이스라엘의 일원이 된 것은 여러모로 비슷하다. 그래서 필자는 기브온 사람들에 관한 연구서를 읽으면서 야곱에 관한 글을 읽을 때에 버금가는 즐거움을 누렸다. 필자가 참고한 자료들은 다음과 같다.

Koert van Bekkum, *From Conquest to Coexistence: Ideology and Antiquarian Intent in the Historiography of Israel's Settlement in Canaan*. 2010.

Christoph Berner, "The Gibeonite Deception: Reflections on the Interplay Between Law and Narrative in Josh 9," *Scandinavian Journal of the Old Testament* vol. 31 (2017) 254-274.

Cynthia Edenburg, "Joshua 9 and Deuteronomy, an Intertexual Conundrum: The Chicken or the Egg?" in Conrad Schmid & Raymond F. Person eds., *Deuteronomy in the Pentateuch, Hexateuch and the Deuteronomistic History*. 2012. 115-132.

William Ford, "What About the Gibeonites?" *Tyndale Bulletin* 66.2 (2015) 197-216.

Mahri Leonard-Fleckman, "Stones from Heaven and Celestial Tricks: The Battle at Gibeon in Joshua 10," *The Cathlic Biblical Quarterly* 79 (2017) 385-401.

Peter Jenei, "Strategies of Stranger Inclusion in the Narrative Traditions of Joshua-Judges: The Cases of Rahab's Household, the Kenites and the Gibeonites," *Old Testament Essays* 32/1 (2019) 127-154.

Jacob L. Wright, "Rahab's Valor and the Gibeonites' Cowardice," in John J. Collins, T. M. Lemos, Saul Olyan eds., *Worship, Women, and War: Essays in Honor of Susan Niditch*. 2015. 199-211.

사울 왕에게 내려진 헤렘 명령

사울이 왜?

헤렘은 오경과 여호수아서 밖에서는 거의 등장하지 않는다. 거기다가 전쟁과 관련해서 등장하는 경우는 사무엘상 15장이 독보적이다. 이 장에는 사울 왕이 이끄는 이스라엘 군대와 아말렉 군대 사이에서 벌어진 전쟁 이야기가 서술되어 있다. 가나안 정복 이후에 벌어진 전쟁이지만 헤렘 명령이 주어진 전쟁이므로 보론으로 다룬다.

때는 사울이 왕위에 오르고 얼마 되지 않았을 때다. 야훼는 왕을 달라는 백성의 성화에 못 이겨 사울을 왕으로 선택했다. 당시 사사, 제사장, 예언자를 겸임했던 사무엘은 야훼의 명을 받들어 사울에게 기름을 부어 그를 왕위에 올렸다. 사무엘상에는 그의 왕위 즉위식이 세 번이나 나온다. 하나의 즉위식을 세 번 기록한 게 아니라 별도로 세 번의 즉위식을 가졌다. 왕위 즉위 과정이 간단하지 않았음을 보여준다. 그는 이 과정을 거쳐서 이스라엘의 첫 왕이 됐다.

시대를 막론하고 한 집단의 지도자는 지명(designation), 입증(demon-stration), 그리고 확인(confirmation)이라는 세 과정을 거쳐서 자리에 오른다. 사울도 그랬다. 그는 야훼의 지명을 받고 사무엘의 기름 부음을 받아 왕위에 올랐다. 하지만 그에게 그럴만한 자질과 능력이 있음을 백성들에게 입증해야 했다. 그는 군대를 이끌고 전쟁터에 나가 승리함으로써 왕으로서 능력과 자질을 입증했다. 그 다음에 온 백성들 앞에서 왕위 즉위식을 가졌다. 마지막 확인의 과정까지 마친 것이다.

문제는 그 다음에 일어났다. 그는 정당한 과정을 거쳐 왕이 됐지만 초기부터 야훼의 눈 밖에 나고 말았다. 화자는 그에게 '순종'이라는 자질이 부족하다고 말한다. '순종이 제사보다 낫다.'는 말이 여기서 왔다. 아말렉과의 전쟁은 그의 자질 부족을 보여주는 사건이었는데 여기서 헤렘 명령이 주어진다.

사무엘은 야훼가 세운 왕으로서 사울의 역할을 강조하면서 이스라엘이 출애굽 했을 때 그들 앞길을 가로막은 아말렉을 벌하겠다는 야훼의 메시지를 전한다.

너(사울)는 이제 가서 아말렉을 쳐라. 그들에게 딸린 것은 모두 전멸시켜라. 사정을 보아 주어서는 안 된다. 남자와 여자, 어린아이와 젖먹이, 소 떼와 양 떼, 낙타와 나귀 등 무엇이든 가릴 것 없이 죽여라.(사무엘상 15:3. 이하에서 사무엘상의 인용은 장절만 표기한다)

가나안 정복 이야기에 자주 나오는 표현이 여기도 등장한다. 사울은 야훼에게 아말렉을 헤렘하라는 명령을 받았다. 숨 쉬는 것은 모두 죽이라는 것이다. 사울은 군대를 모아 아말렉 성읍에 다다랐다. 거기에는 아말렉 사람들 외에 겐 사람들도 살고 있었다. 사울은 아말렉 사람들과 그들에게 속한 가축만 헤렘하라고 명령 받았으므로 겐 사람들은 피신시켰다.(15:6) 그들이 피신한 후 사울은 아말렉 사람들을 쳤다.

> 그런 다음에 사울은 하윌라에서부터 이집트의 동쪽에 있는 수르 지역에 이르기까지 아말렉 사람을 쳤다. 아말렉 왕 아각은 사로잡았고 나머지 백성은 모조리 칼로 쳐서 없애 버렸다. 그러나 사울과 그의 군대는 아각뿐만 아니라 양 떼와 소 떼 가운데서도 가장 좋은 것들과 가장 기름진 짐승들과 어린 양들과 좋은 것들은 무엇이든지 모두 아깝게 여겨 진멸하지 않고 다만 쓸모없고 값없는 것들만 골라서 진멸하였다.(15:7-9)

헤렘이 8절에 한 번, 9절에 두 번, 모두 세 번 나온다. 헤렘 대상 아닌 겐 사람들을 피신시킨 것으로 보아 사울은 헤렘 명령을 정확하게 이해하고 있었다. 어떻게 실행해야 하는지, 적용대상이 누군지 정확하게 알고 있었다. 그런데 그는 아각 왕과 질 좋은 가축은 헤렘하지 않았다. 그것을 '아깝게 여겨'서 그랬다는데 그럴까 싶다. 그가 헤렘 명령을 잘못 이해했을까? 겐 사람들을 미리 피신시킨 걸 보면 그것도 아닌 듯하다. 그럼 왜 헤렘 명령을 이행하지 않았을까? 이 이야기에서 궁금한 지점은 바로 여기다.

사울에게 야훼의 헤렘 명령을 전한 이는 사무엘이다. 사울이 아말렉과의 전쟁에서 헤렘 명령에 불복종한 후에 야훼는 사무엘에게 이렇게 말한다.

"사울을 왕으로 세운 것이 후회된다. 그가 나에게서 등을 돌리고 나의 명령을 따르지 않는다." 그래서 사무엘은 괴로운 마음으로 밤새도록 주님께 부르짖었다.(15:11)

야훼는 사울을 왕으로 세운 걸 후회한다고 했다. 후회는 이미 벌어진 상황에 대한 회한의 감정이다. 야훼가 후회했다는 얘기는 자신의 실수를 인정했다는 뜻이다. 사울을 왕으로 세운 것은 야훼의 실수다. 화자는 35절에서도 야훼가 후회했다는 말을 반복한다.("그 다음부터 사무엘은 사울 때문에 마음이 상하여 죽는 날까지 다시는 사울을 만나지 않았고 주님께서도 사울을 이스라엘의 왕으로 세우신 것을 후회하셨다.")

전쟁이 끝난 후 사울은 사무엘을 만났다.

주님께서 주시는 복을 받으시기 바랍니다. 나는 주님의 명령대로 다 하였습니다.(15:13)

사울은 자기가 야훼의 명령을 모두 실행했다고 말한다. 이 말을 어떻게 이해해야 할까? 사울은 진심으로 그렇게 믿었을까, 아니면 아닌 줄 알면서 거짓말했을까? 화자는 후자라고 여기는 듯하다.

그러자 사무엘이 물었다. "나의 귀에 들리는 이 양 떼의 소리와 내가 듣는 소 떼의 소리는 무엇입니까?" 사울이 대답하였다. "그것은 아말렉 사람에게서 빼앗은 것입니다. 우리 군인들이 예언자께서 섬기시는 주 하나님께 제물로 바치려고 양 떼와 소 떼 가운데서 가장 좋은 것들을 남겼다가 끌어왔습니다. 그러나 나머지 것들은 우리가 진멸하였습니다."(15:14-15)

사무엘은 매섭게 꾸짖지 않고 돌려서 물었다. 그러자 사울은 아무렇지도 않다는 듯 노획한 가축들 소리라고 대답했다. 야훼에게 '제물로 바치려고 가장 좋은 것들'을 죽이지 않고 남겨서 끌고 왔단다. 움츠려든 기색이 전혀 없고 당당해 보인다. 순진한 걸까 아니면 뻔뻔한 걸까? 야훼에게 제물로 바치려고 끌고 왔다는 말은 진정일까, 아니면 임기응변으로 둘러댄 말일까?

순종이 제사보다 낫다

사울의 말을 다 듣고 나서 사무엘은 그를 꾸짖었다.

임금님이 스스로를 하찮은 사람이라고 생각하시던 그 무렵에 주님께서 임금님께 기름을 부어 이스라엘의 왕으로 세우셨습니다. 그래서 임금님이 이스라엘 모든 지파의 어른이 되신 것이 아닙니까? 주님께서는 임금님을 전쟁터로 내보내시면서 저 못된 아말렉 사람들

을 진멸하고 그들을 진멸할 때까지 그들과 싸우라고 하셨습니다. 그
런데 어찌하여 주님께 순종하지 아니하고 약탈하는 데만 마음을 쏟
으면서 주님께서 보시는 앞에서 악한 일을 하셨습니까?(15:17-19)

사무엘은 과거 일을 꺼냈다. 야훼가 그에게 가졌던 기대를 떠올려
보라는 것이다. 야훼가 그에게 기대한 것은 순종이었다고 말한다. 사
울은 야훼의 기대를 저버리고 헤렘 명령을 어겼다. 그는 헤렘을 빼
돌렸다. '순종하다' 동사 히브리어 '샤마'는 일차적으로 '귀담아 듣
다'는 뜻이다. 이 이야기의 키워드는 '샤마' 곧 '순종'이다. 사울은 헤
렘 명령에 순종했어야 했다. 그런데 그는 '약탈하는 데만 마음을 쏟
으면서' 전리품을 취하는 악행을 저질렀다. 왜 그랬을까? 정말 전리
품을 챙기려는 욕심 때문이었을까? 다른 이유가 있을까?

사무엘은 왜 그랬냐고 물었다. 그도 사울이 그렇게 행동한 이유가
궁금했을까? 아니면 알면서 꾸중한 걸까?

나는 주님께 순종하였습니다. 주님께서 보내시는 대로 전쟁터로 나
갔고 아말렉 왕 아각도 잡아왔고 아말렉 사람도 진멸하였습니다. 다
만 우리 군인들이 전리품 가운데서 양 떼와 소 떼는 죽이지 않고 길
갈로 끌어왔습니다. 그러나 그것은 예언자께서 섬기시는 주 하나님
께 제물로 바치려고 진멸할 짐승들 가운데서 가장 좋은 것으로 골라
온 것입니다.(15:20-21)

사울은 야훼에게 '순종'했다고 대답했다. 잘못한 게 없다는 얘기

다. 정말 그렇게 생각했을까, 아니면 잡아떼는 걸까? 여기도 헤렘이 20절에 한 번, 21절에 한 번, 모두 두 번 나온다. 그는 아말렉 사람과 짐승들을 헤렘했다고 말한다. 다만 아각 왕만 산 채로 끌고 왔고 헤렘할 짐승들 중 가장 좋은 것을 야훼에게 제물로 바치려고 끌고 왔다고 했다.

그는 헤렘 명령을 실행했다고 말했다. 다만 몇 가지 예외를 뒀을 뿐인데 그것도 좋은 뜻에서 그랬다는 거다. 진심으로 이렇게 생각했을까, 아니면 핑계 댄 걸까? 후자라면 그는 아간보다도 못한 형편없는 자다. 아간은 자기가 패배의 원인제공자로 드러나자 곧바로 이실직고했는데 사울은 변명으로 일관하니 말이다. 그가 핑계를 댔다면 그렇다는 얘기다.

사무엘은 사울이 핑계를 댄다고 판단했다. 화자도 같은 판단을 내린 것으로 보인다. 하지만 사울이 진심이었을 가능성도 없지 않다. 사울의 일생을 보면 그는 어리석었을지는 몰라도 거짓을 일삼은 자는 아니었다. 그가 헤렘을 잘못 이해했을 가능성도 배제할 수 없다.

> 사무엘이 나무랐다. "주님께서 어느 것을 더 좋아하시겠습니까? 주님의 말씀에 순종하는 것이겠습니까? 아니면 번제나 화목제를 드리는 것이겠습니까? 잘 들으십시오. 순종이 제사보다 낫고 말씀을 따르는 것이 숫양의 기름보다 낫습니다. 거역하는 것은 점을 치는 죄와 같고 고집을 부리는 것은 우상을 섬기는 죄와 같습니다. 임금님이 주님의 말씀을 버리셨기 때문에 주님께서도 임금님을 버려 왕이 되지 못하게 하셨습니다."(15:22-23)

기독교인들이 좋아하는 순종이 제사보다 낫다는 유명한 말은 여기서 나왔다. 자신들의 신앙이 제사에 집착하는 유대교 신앙보다 낫다는 신념을 뒷받침하는 말로 여기기 때문이다. 야훼의 명령에 대한 사울의 불순종은 점을 친 것과 같고 우상을 섬긴 것과 같다고 사무엘은 그를 비난한다. 사울은 그래서 야훼에게 버림받아 왕좌를 빼앗길 것이다. 사무엘의 비난이 과하다는 생각은 들지만 사울의 행위를 우상숭배와 비교한 것은 의미가 있다. 헤렘은 배교와 우상숭배를 미연에 방지하기 위한 방편이고 그에 대한 징벌이기 때문이다. 사무엘이 이 점을 의식하고 이렇게 말했는지는 알 수 없다.

> 내가 죄를 지었습니다. 주님의 명령과 예언자께서 하신 말씀을 어겼습니다. 내가 군인들을 두려워하여 그들이 하자는 대로 하였습니다.(15:25)

사울은 그제야 자기가 무슨 짓을 했는지 깨달았을까? 사울은 야훼와 사무엘의 말을 어겼다고 고백했다. 그렇게 행동한 것은 군인들이 두려웠기 때문이란다. 그들이 두려워서 그들이 하자는 대로 했다는 거다. 히브리 원문에는 사울이 군인들의 '목소리를 듣고(샤마)' 그들이 하자는 대로 했다고 쓰여 있다. 여기도 '샤마' 동사가 등장한다.

사울은 야훼와 사무엘의 목소리를 들었어야 했는데 군인들(백성) 목소리를 들었다. 앞에서는 가장 좋은 짐승을 야훼에게 제물로 바치려고 끌고 왔다더니 여기서는 군인들이 두려워서 그들의 목소리를 듣고 그들이 하자는 대로 했다고 말한다. 어느 쪽이 맞나? 야훼에게 바치는 제물인가, 백성들 목소리인가? 둘 다일까? 아니면 둘 다 핑계일까?

사울이 죄를 인정했으니 곧 결론이 날 터이다. 사울은 사무엘에게 동행을 요구한다. 백성들에게 자기 체면을 세워달라는 것이다. 사무엘은 매정하게 이를 거절한다. 야훼가 사울을 버렸으니 이제는 굳이 그럴 필요가 없다는 뜻일까?

> 임금님께서 주님의 말씀을 버리셨기 때문에 주님께서도 이미 임금님을 버리셔서 임금님이 더 이상 이스라엘을 다스리는 왕으로 있을 수 없도록 하셨습니다.(15:26)

이렇게 사울은 야훼에게 버림받았다. 야훼는 사울이 원치도 않았던 왕위에 그를 올려놓고 얼마 되지 않아서 그를 내쳤다. 아말렉 왕 아각을 죽이지 않았고 전리품 중 일부를 빼돌렸다는 것이 그 이유다. 사울 입장에서는 억울한 면이 없지 않겠다. 야훼에게 바칠 제물이라는 말이 사실이라면 말이다. 사울은 사무엘 옷자락을 잡아끌면서 그를 붙잡으려 했지만 실패했다. 사무엘은 결정타를 사울에게 날렸다.

> 주님께서 오늘 이스라엘 나라를 이 옷자락처럼 찢어서 임금님에게서 빼앗아 임금님보다 더 나은 다른 사람에게 주셨습니다. 이스라엘의 영광이신 하나님은 거짓말도 안 하시거니와 뜻을 바꾸지도 않으십니다. 하나님은 사람이 아니십니다. 그러므로 하나님은 뜻을 바꾸

지 않으십니다.(15:28-29)

사울은 이렇게 사정한다. 지푸라기라도 잡는 심정이었을 것이다.

> 내가 죄를 지었습니다. 그러나 나의 백성 이스라엘과 백성의 장로들
> 앞에서 제발 나의 체면을 세워 주시기 바랍니다. 나와 함께 가서서
> 내가 예언자께서 섬기시는 주 하나님께 경배할 수 있도록 하여 주십
> 시오.(15:30)

사울은 한 번 더 죄를 고백했다. 이번에는 어떤 핑계도 대지 않았
다. 다만 장로들과 백성들 앞에서 체면을 세워달라며 사무엘에게 동
행을 청했고 같이 가서 야훼를 경배하자고까지 말했다. 사무엘은 그
것까지 거절할 수는 없었던지 둘이 함께 야훼를 경배한 후 아각 왕
을 죽였다.(15:33) 그 후 사무엘과 사울은 헤어졌고 다시는 만나지 않
았단다. 화자는 야훼가 사울을 왕으로 세운 것을 후회했다는 말로
이야기를 마무리한다.

헤렘의 메시지는 순종

사울의 헤렘 이야기는 누군가의 말을 귀 기울여 듣고 복종(샤마)하
는 이야기다. 사울의 운명은 블레셋과 전투를 벌였을 때 이미 예견
됐다.(사무엘상 13장) 거기서도 초점은 '순종'이다. 사무엘은 자기가 전

쟁터에 도착할 때까지 이레 동안 기다리라고 했지만 사울은 그럴 수 없었다. 제사를 지내야 전투를 시작할 텐데 제사를 주재할 사무엘은 오지 않고 군인들은 전열에서 이탈하고 있었다. 그래도 사울은 이레 동안 기다렸다. 드디어 이레 째 날이 됐지만 여전히 사무엘이 오지 않자 사울은 자신이 주재해서 제사를 지냈다. 그때를 기다렸다는 듯이 사무엘이 나타나서 사울을 꾸짖었다. 야훼의 명령에 순종하지 않았다면서 말이다. 그는 야훼가 사울을 버리고 다른 사람을 왕위에 올릴 것이라고 말했다.(13:13-14) 아말렉과의 헤렘 전쟁은 야훼가 사울을 버렸다는 사실을 확인한 사건이다. 야훼에게 복종(샤마)하는지 여부가 선택될지 버려질지를 결정하는 요인이고 이는 헤렘과 연결되어 있다.

사울은 대부분 야훼의 명령대로 행했다. 사울은 사무엘을 통해 전해진 야훼의 명령에 따라 아말렉을 치려고 군대를 모았다.(15:1, 4) 그는 아말렉 사람들과 가축들을 모두 죽이라는 명령(15:4)대로 그들을 모두 죽였다.(15:8) 다만 아각 왕과 야훼에게 제물로 바칠 짐승 일부를 남겨뒀다.(15:8-9) 그게 문제였다.

이는 사울이 헤렘의 명령을 무시했기 때문일 수도 있지만 잘못 이해했기 때문일 수도 있다. 완결성(completeness)의 원칙이 갖고 있는 무게를 충분히 인식하지 못했을 수 있다. 그도 아각 왕을 끝내 풀어주려 하지는 않았을 것이다. 적군의 왕을 풀어줄 이유는 없다. 야훼에게 바치려고 가축 일부를 데려왔다는 말도 거짓이 아닐 수 있다. 완결성의 원칙에는 어긋나지만 말이다. 하지만 헤렘이 뭔가? 야훼에게 바치는 제물 아닌가. 그러니 사울의 말이 진심이었다면 헤렘 명령을 크게 어기지는 않았다고 볼 수도 있겠다. 라합과 기브온 사람들 경우도 있지 않은가 말이다.

헤렘은 예외를 절대 허용하지 않는 불변의 원칙이 아니었다. 예외는 여리고 성 정복 때부터 있었다. 그때 이미 헤렘 원칙은 깨졌다. 기브온이란 집단 역시 헤렘의 예외가 되어 살아남았다. 사울이 헤렘을 어겨서 왕좌에서 쫓겨났다는 이야기도 왕으로서 그의 정당성을 훼손하려는 평계였을 수 있다. 블레셋과의 전투에서도 잘못은 사무엘에게 있었다고 볼 수 있다. 사울은 사무엘의 지시대로 이레 동안 기다렸으니 말이다. 사무엘은 순종이 제사보다 낫다고 했지만 그 순종이란 것도 어떤 기준으로 평가하느냐에 따라 달라질 수 있다. 게다가 사무엘서는 사울을 끌어내리고 다윗을 끌어올리는 경향을 강하게 갖고 있는 신명기 역사서 중 하나라는 점도 기억할 필요가 있다.

이 장을 쓰는 데 도움을 얻은 자료들은 다음과 같다. 사무엘상에 대한 주석서
들은 열거하지 않겠다.

Bernhard A. Asen, "Annihilate Amalek! Christian Perspective on 1
Samuel 15," in John Renard ed. *Fighting Words: Religion, Violence,
and the Interpretation of Sacred Texts*. 2012, 55-74.

Gili Kugler, "Metaphysical Hatred and Sacred Genocide: The
Questionable Role of Amalek in Biblical Literature," *Journal of
Genocide Research* (2020) 1-16.

Gili Kugler, "Amalek: A Pawn in the Rivalry Between Saul and David's
Legacy."

(www.thetorah.com/article/amalek-a-pawn-in-the-rivalry-between-saul-
and-davids-legacy)

졸저《일그러진 영웅 vs 만들어진 영웅: 사울·다윗 평전》도 참고할 만하다.

10장

헤렘은 정말 가나안 정복전쟁 원칙인가?

헤렘은 예외 없는 원칙

헤렘은 자원해서 야훼에게 바치는 제물이든 가나안 정복전쟁에 적용할 원칙이든 배타성과 완결성이 특징이라고 했다. 레위기와 신명기의 헤렘 규정을 한 번 더 읽어보자.

> 사람이 자기에게 있는 것 가운데서 어떤 것을 주에게 바쳐 그것이 가장 거룩한 것이 되었을 때에는 사람이든 짐승이든 또는 유산으로 물려받은 가문에 속한 밭이든 그것들을 팔거나 무르거나 할 수 없다. 그것들은 이미 주에게 가장 거룩한 것으로 모두 바친 것이기 때문이다. 주에게 바친 사람도 다시 무를 수 없다. 그는 반드시 죽여야 한다.(레위기 27:28-29)

주 당신들의 하나님이 당신들이 들어가 차지할 땅으로 당신들을 이끌어 들이시고 당신들 앞에서 여러 민족 곧 당신들보다 강하고 수가 많은 일곱 민족인 헷 족과 기르가스 족과 아모리 족과 가나안 족과 브리스 족과 히위 족과 여부스 족을 다 쫓아내실 것입니다. 주 당신들의 하나님은 그들을 당신들의 손에 넘겨주셔서 당신들이 그들을 치게 하실 것이니 그 때에 당신들은 그들을 전멸시켜야 합니다. 그들과 어떤 언약도 세우지 말고 그들을 불쌍히 여기지도 마십시오. 그들과 혼인관계를 맺어서도 안 됩니다. 당신들 딸을 그들의 아들과 결혼시키지 말고 당신들 아들을 그들의 딸과 결혼시키지도 마십시오. 그렇게 했다가는 그들의 꾐에 빠져서 당신들의 아들이 주님을 떠나 그들의 신들을 섬기게 될 것이며 그렇게 되면 주님께서 진노하셔서 곧바로 당신들을 멸하실 것입니다. 그러므로 당신들은 그들에게 이렇게 하여야 합니다. 그들의 제단을 허물고 석상을 부수고 아세라 목상을 찍고 우상들을 불사르십시오.(신명기 7:1-5)

그러나 주 당신들의 하나님이 당신들에게 유산으로 주신 땅에 있는 성읍을 점령하였을 때에는 숨 쉬는 것은 하나도 살려 두면 안 됩니다. 곧 헷 사람과 아모리 사람과 가나안 사람과 브리스 사람과 히위 사람과 여부스 사람은 주 당신들의 하나님이 당신들에게 명하신 대로 전멸시켜야 합니다. 그렇지 않으면 그들이 그들의 신을 섬기는 온갖 역겨운 일을 당신들에게 가르쳐서 당신들이 주 당신들의 하나님께 죄를 짓게 할 것입니다.(신명기 20:16-18)

레위기는 사람과 가축과 땅을 열거함으로써, 신명기는 숨 쉬는 것은 하나도 살려두면 안 된다고 하여 완결성 원칙을 강조했다. 레위기는 배타성 원칙은 언급하지 않는다. 레위기의 성격상 당연해서 언급할 필요가 없기 때문이다. 신명기에서는 숨 쉬는 모든 것을 진멸하라는 완결성 원칙이 이스라엘로 하여금 다른 신(들)을 섬기지 않게 하기 위해서임을 분명히 하여 배타성 원칙을 강조한다. 제물이든 대량학살이든 예외는 있을 수 없다.

헤렘은 지켜지지 않은 원칙

이스라엘이 광야유랑을 끝내고 드디어 가나안에 들어갔다. 여리고 성은 처음 만난 성읍이며 첫 전투상대였다. 헤렘 명령을 수행해야 할 첫 번째 경우다. 여호수아가 정탐꾼을 파견했을 때만 해도 이 원칙에 예외가 있으리라고 상상할 수 없었다. 상상할 필요도 이유도 없었다.

정탐꾼이 라합에게 헤렘에 어긋나는 맹세를 했다. 이들이 사창가를 찾아간 걸 두고 정탐할 의지가 없었다느니, 그곳이 온갖 정보가 모이는 곳이라느니, 이들은 정탐하지도 않고 거짓보고 했다느니 하는 논란이 있었지만 이는 중요하지 않다. 중요한 사실은 정탐꾼이 라합 가족을 살려주겠다고 맹세함으로써 첫 정복전쟁부터 헤렘 명령을 어겼다는 점이고 여호수아도 이를 추인했다는 사실이다. 여호수아는 정탐꾼을 비난하지도 벌하지도 않았다. 헤렘 명령을 어겨도 문제없다는 듯이 말이다.

　실제 전투에서는 헤렘 명령이 철저하게 지켜졌다.(6:21) 나중에 그렇지 않았음이 밝혀지지만 전투 치르는 동안은 그런 줄 알았다. 헤렘 명령을 어긴 사실은 다음에 치러진 아이 성 전투에서 패배하는 바람에 알게 됐다. 아간이 범인으로 밝혀졌고 그와 그의 가족과 모든 재산이 죽거나 불태워진 다음에야 이스라엘이 헤렘되는 위기에서 벗어났다. 아간에게는 배교한 성읍에 적용된 것과 같은 처벌이 가해졌다. 아간 때문에 생긴 문제가 해결되자 아이 성을 어렵지 않게 정복했다. 패배의 원인은 헤렘 명령을 어긴 데 있었던 거다.

　그 동안 헤렘에 '원칙'이란 타이틀을 붙여서 불렀지만 헤렘이 거기 어울리는지는 의문이다. 원칙도 어기는 경우가 있기는 하다. 원칙이라고 해서 늘 지켜지지는 않는다. 원칙이 깨졌을 때 회복하는 방법도 있다. 아간의 경우가 그렇다. 이스라엘은 아간의 모든 것을 제거함으로써 정상으로 돌아왔다. 라합은 어떤가? 그녀의 경우에도 헤렘 원칙이 깨졌다. 여리고 성에서 숨 쉬는 것은 모두 죽여야 했는데 라합과 가족은 정탐꾼들의 맹세 덕분에 살아남았다. 정탐꾼은 해서는 안 될 맹세를 했고 여호수아도 맹세 지키는 것을 헤렘 명령 실행보다 우위에 뒀다. 정탐꾼은 그렇다 쳐도 여호수아는 그러지 말았어야 하지 않나? 그는 모세의 후계자요 제2의 모세다. 모세가 명한대로 그가 행했다고 말하는 곳이 한두 군데가 아니다. 헤렘은 야훼가 모세를 통해서 내린 명령이다. 모세의 후계자라면 여호수아는 마땅히 이 명령을 지켰어야 했다.

　왜 이스라엘은 헤렘 명령을 완벽하게 실행하지 않았을까? 왜 예외를 만들었을까? 헤렘은 지켜도 되고 안 지켜도 되는 명령이기 때문일까? 지키면 좋지만 상황에 따라서 안 지켜도 괜찮았나?

이스라엘은 기브온 사람들 때문에도 헤렘 명령을 어겼다. 이스라엘은 그들이 거짓말한다고 의심하면서도 그들과 동맹을 맺었다. 속았다는 사실이 밝혀진 후에도 동맹을 깨지 않았다. 언약은 무슨 일이 있어도 파기할 수 없는 것은 아니다. 언약에는 조건이 따랐다. 당사자 쌍방 중 한 편이 조건을 어기면 언약은 파기됐다. 야훼-이스라엘 사이에 맺어진 언약도 그랬다. 이 언약이 파기될 뻔한 위기가 여러 번 있었다.

이스라엘은 라합에게 한 맹세와 기브온 사람들과 맺은 언약을 파기하지 않았다. 그것을 무슨 일이 있어도 지켜야하는 것처럼 행동했다. 그럴까? 라합에게 한 맹세는 절대 깨서는 안 되는 것이었을까? 기브온과 맺은 언약은 무슨 일이 있어도 파기할 수 없었을까? 맹세와 언약이 헤렘보다 우위를 차지하는 원칙이었을까?

헤렘보다 위에 있는 원칙들

구약성서에는 다양한 신학들(theologies)이 공존한다. 구약성서학(old testament studies)에는 구약성서신학(old testament theology)이라는 분야가 있다. 이름은 단수로 '신학'(theology)이지만 실제로 구약성서에는 복수의 '신학들'(theologies)이 있다. 그래서 근래에는 제목을 '구약성서신학들'(old testament theologies)이라고 붙인 책도 많다.

혜렘도 구약성서에서 하나의 신학(a theology)이다. 좁게는 가나안 정복 이야기 안에 있는 다양한 신학들 중 하나다. 거기에는 혜렘신학 외에도 언약신학, 맹세신학, 인종신학, 경계성 신학 등 다양한 신학들이 있다. 정복 이야기를 신학적으로 이해하려면 이 다양한 신학들 사이의 관계를 규명해야 한다. 거기에는 혜렘신학만 섬처럼 떠있지 않다. 여러 신학들이 얽히고설켜 있다. 혜렘신학 하나를 이해하기 위해서도 그것이 다른 신학들과 어떤 관계로 얽혀 있는지를 알아야한다. 다른 신학들 경우도 마찬가지다.

앞에서 혜렘신학에 예외가 있다는 얘기를 길게 했다. 여호수아서에 나오는 예외는 라합과 기브온 사람, 두 경우다. 아간의 경우는 절차를 거쳐 문제를 해결하고 원상복귀 했지만 혜렘이 훼손됐다는 사실은 없어지지 않는다. 세 경우뿐이니 어쩌다 생긴 일탈로 볼 수도 있다. 하지만 여호수아 1장부터 12장까지 이어지는 가나안 정복 이야기 중에 분량을 따지면 세 이야기가 차지하는 비중이 40%가 넘는다. 작은 일탈이라고 보기에는 분량이 너무 많다. 혜렘 원칙은 예외를 만들기 위해 존재한다고 하면 지나칠까?

혜렘신학과 언약 및 맹세신학과의 관계를 살펴보자. 언약신학과 맹세신학은 별개지만 정복이야기에는 연결되어 있어서 하나의 신학으로 간주한다. 라합과 기브온 사람 이야기는 이들과 이스라엘이 맹세를 통해서 언약을 맺은 이야기다. 편의상 이를 언약신학이라고 부르겠다. 이스라엘은 혜렘신학과 언약신학 둘 중 하나를 택해야 했다. 둘 다 택할 수는 없다. 혜렘신학을 택하면 언약신학을 버려야 하고 언약신학을 택하면 혜렘신학을 버려야 한다. 택한다는 말은 둘 중 하나를 다른 것보다 우위에 둔다는 뜻이다. 헤렘신학을 따르면 라합과 기브온 사람들을 멸절해야 했고 언약신학을 따르면 야훼의 명령을 어기고 그들을 살려줘야 했다.

이스라엘이 택한 신학은 언약신학이다. 이 선택으로 인해 헤렘신학을 어긴다는 사실을 명백히 알았지만 그럼에도 불구하고 이들은 언약신학을 선택했다. 라합의 가족을 이스라엘 '진 밖'에 내다놓았다거나 기브온 사람들을 종으로 삼았다는 사실도 헤렘신학을 버렸다는 사실을 바꾸지 못한다. 이스라엘은 명백히 헤렘신학 대신 언약신학을 택했다.

왜 그랬을까? 왜 헤렘 대신 언약을 택했을까? 언약신학이 헤렘신학보다 높은 위치에 있는 신학이고 더 보편적 가치를 지닌 신학이라고 믿었기 때문이다. 다른 이유는 있을 수 없다. 언약신학이 헤렘신학보다 상위의 신학이라고 믿었기에 그런 선택을 한 것이다.

이 선택을 야훼와 화자는 어떻게 평가했을까? 화자도 야훼도 이 선택을 부정적으로 평가하거나 비난하지 않는다. 이스라엘이 야훼에게 '어떻게 해야 할지 묻지도 않고'(9:14) 기브온 사람들과 언약 맺었다는 서술은 분명 긍정적인 평가는 아니지만 부정적으로만 평가했다고 볼 수도 없다. 비판이라고 해도 소극적인 수준을 넘지 않는다.

세 번째로 인종신학과의 관계다. 왜 가나안 사람들은 헤렘됐어야 할까? 야훼가 이스라엘의 조상들에게 주겠다고 약속한 땅에 살았기 때문이다. 신명기는 그들이 이스라엘을 유혹해서 배교하게 만들까봐 그랬다고 하지만 만일 그들이 가나안 아닌 다른 땅에 살았다면 헤렘될 이유가 없다. 이스라엘의 전투수칙만 봐도 그렇다. 가나안 바깥의 종족들과는 항복하지 않을 때만 싸워서 남자들만 죽이라고 했다.(신명기 20:10-15) 숨 쉬는 것은 모두 죽이라는 헤렘 명령은 가나안 땅에 사는 사람들에게만 주어졌다. 헤렘신학과 인종신학이 동등한 것처럼 보인다.

하지만 라합과 기브온 사람들은 인종으로는 가나안 사람이었지만 헤렘되지 않고 살아남았다. 인종적으로 가나안 사람이라고 해도 누구나 헤렘되어야 했던 것은 아니다. 이는 헤렘신학이 인종신학보다 우위에 있다는 뜻이다. 헤렘신학은 가나안 사람에게만 적용되지만 모든 가나안 사람에게 예외 없이 적용되지는 않는다. 그렇다면 가나안 사람들이 헤렘된 이유가 그 땅에 살았기 때문이란 대답도 틀렸다. 거기 살던 라합과 기브온 사람들은 헤렘되지 않았으니 말이다.

이들은 이스라엘과 함께 사는 것은 허락됐지만 그들과 동일시되는 것은 허락되지 않았다. 공존하되 완전히 동화되는 것은 허락할 수 없다는 것이다. 이는 가나안 사람들을 헤렘해야 하는 이유와 관련 있다. 라합과 기브온 사람들도 가나안 사람들이므로 일정한 거리를 두어야 그들에게 유혹되어 야훼를 버리지 않을 것이다.

정리하면, 가나안 사람들이 헤렘되어야 했던 이유는 그들이 가나안 사람이었기 때문도 아니고 그 땅에 살고 있었기 때문도 아니다. 그들을 헤렘했어야 하는 이유는 그들을 살려뒀다가는 이스라엘을 유혹해서 야훼 신을 버리고 다른 신(들)을 추종하여 배교하게 만들 것이기 때문이다. 곧 야훼-이스라엘의 언약관계가 깨지는 걸 막기 위해서였다. 곧 언약신학이 헤렘신학을 규정하고 지배한다는 뜻이다. 라합과 기브온 사람들은 야훼에 대한 신앙고백을 통해서 언약관계에 편입됐기 때문에 헤렘당하지 않았다. 신앙고백이 이들을 살렸던 것이다.

> 나(라합)는 주님께서 이 땅을 당신들에게 주신 것을 압니다. 우리는 당신들 때문에 공포에 사로잡혀 있고 이 땅의 주민들은 모두 하나같이 당신들 때문에 간담이 서늘했습니다. 당신들이 이집트에서 나올 때에 주님께서 당신들 앞에서 어떻게 홍해의 물을 마르게 하셨으며 또 당신들이 요단 강 동쪽에 있는 아모리 사람의 두 왕 시혼과 옥을 어떻게 전멸시켜서 희생 제물로 바쳤는가 하는 소식을 우리가 들었기 때문입니다. 우리는 그 말을 듣고 간담이 서늘했고 당신들 때문에 정신을 잃고 말았습니다. 위로는 하늘에서 아래로는 땅 위에서 과연 주 당신들의 하나님만이 참 하나님이십니다.(2:9-11)

> 종들(기브온 사람들)은 주 하나님의 명성을 듣고서 아주 먼 곳에서 왔습니다. 우리는 주님께서 이집트에서 하신 모든 일을 들었으며 또 주님께서 요단 강 동쪽 아모리 사람의 두 왕 곧 헤스본 왕 시혼과 아스다롯에 있는 바산 왕 옥에게 하신 일을 모두 들었습니다.(9:9-10)

헤렘신학은 인종과 땅에 구애받지 않는다. 헤렘신학은 인종신학, 땅의 신학보다 우위에 있다. 우위에 있다고 해서 더 좋은 신학이란 뜻은 아니다. 우위에 있는 신학이 하위의 신학을 규정하고 지배한다는 의미일 뿐이다. 더 좋은 신학이 늘 덜 좋은 신학을 규정하는 것은 아니다. 덜 좋은 신학이 더 좋은 신학을 규정하고 지배하는 경우도 얼마든지 있다. 상하가 선악은 아니다. 헤렘신학은 그 자체가 목적이 아니다. 그것은 야훼-이스라엘의 언약관계를 보호하기 위한 방편이다. 언약신학은 헤렘신학을 무효화할 수 있지만 그 반대는 아니다.

가나안 정복 이야기에는 표면적으로는 그 땅에서 숨 쉬는 모든 것을 남김없이 죽이라는 헤렘 명령이 두드러지고 지배적으로 보인다. 하지만 텍스트를 잘 읽어보면 거기에는 다수의 자료들이 섞여 있고 다양한 층위가 존재함을 알게 된다. 다양한 신학이 공존하는 이유도 이와 관련된다. 정복이야기는 사건이 벌어졌던 때 쓰이지 않고 상당히 후대에 쓰였다. 이르게 잡아도 기원전 7세기 후반 요시야 왕 때보다 앞서지 않는다. 바빌론 포로기로 보는 학자들도 많다.

이 이야기는 벌어진 사건을 일어났던 그대로 전하려는 목적이 아니라 후대사람들에게 메시지를 전하기 위해 만들어낸 이야기다. 역사적 사실과 무관한 허구라는 뜻은 아니다. 역사적 사건에 기반을 두고 있지만 당대 사람들에게 특정 메시지를 전하기 위해 쓰인 이야기다. 따라서 이 이야기를 '순진한' 신앙을 내세우며 글자 그대로 사실로 받아들이거나 반대로 리처드 도킨스처럼 터무니없고 우스꽝스러운 허구로 읽는 것은 정당하지도 바람직하지도 않다. 서구 역사, 교회 역사를 보면 오랫동안 이 이야기를 그렇게 읽어왔다. 13장에서는 정복이야기가 역사적으로 어떻게 읽히고 해석되어왔는지를 살펴보겠다. 그 전에 정복전쟁 이야기에서 그냥 지나쳐서는 안 되는 몇 가지 이야기를 짚어보겠다.

이 장에서는 참고자료 거의 없이 필자의 생각을 서술했다. 헤렘에는 윤리적으로도 문제가 많지만 신학적으로도 할 말이 많은 주제다. 필자는 헤렘을 가나안 정복 이야기에 담긴 여러 신학들 중 하나로 보고 여타 신학들과의 관계에 대해 간략히 적었다. 물론 이 관계 하나하나가 독자적인 연구의 주제가 될 수 있지만 이 책의 과제가 헤렘이 등장하는 정복전쟁 이야기를 설명하는 것이므로 헤렘신학과 여타 신학들 사이의 관계를 짧게 한 장 안에 담았다.

필자는 구약성서신학이라는 구약학 분과를 좋아한다. 그래서 적지 않은 책을 읽기도 했고 강의하기도 했다. 그 중 필자에게 가장 큰 영향을 미친 책을 한 권만 꼽으라면 1995년에 나온 롤프 크니림(Rolf Knierim)의 *The Task of the Old Testament Theology: Substance, Method, and Cases*이다. 필자가 이 책에서 받은 영향과 감동은 말로 표현할 수 없다.

11장

그냥 지나쳐서는 안 되는 이야기들(1)

모세의 후계자 여호수아

야훼는 이스라엘의 조상 아브라함(아브람)에게 많은 후손과 땅을 약속했다.

> 롯이 아브람을 떠나간 뒤에 주님께서 아브람에게 말씀하셨다. "너 있는 곳에서 눈을 크게 뜨고 북쪽과 남쪽, 동쪽과 서쪽을 보아라. 네 눈에 보이는 이 모든 땅을 내가 너와 네 자손에게 아주 주겠다. 내가 너의 자손을 땅의 먼지처럼 셀 수 없이 많아지게 하겠다. 누구든지 땅의 먼지를 셀 수 있는 사람이 있다면 너의 자손을 셀 수 있을 것이 다. 내가 이 땅을 너에게 주니 너는 가서 길이로도 걸어 보고 너비로 도 걸어 보아라.(창세기 13:14-17)

이 약속은 아브라함의 자손들에게 반복해서 주어졌다.(창세기 28:13-15 등 여러 곳) 요즘 우리나라처럼 땅이 투기의 대상은 아니었지만 그때도 생존에 가장 필요한 요소였으므로 땅에 대한 약속은 매우 중요했다. 하지만 이 약속은 그들 시대에는 실현되지 않았다. 약속은 모세에 이르러서 실현되기 시작됐다. 그가 이집트에서 노예생활 하던 이스라엘을 이끌고 탈출한 사건이 약속 실현의 시작이었다. 약속을 성취할 주역은 모세다. 그는 이스라엘을 이끌고 약속의 땅 가나안으로 향했다.

하지만 약속의 실현은 한 번 더 지체된다. 시내 산에서 모세의 중재로 야훼-이스라엘 사이에 언약이 체결됐고 언약관계 유지의 근간인 토라도 주어졌지만 이스라엘은 약속의 땅에 들어가지 못하고 사십년 동안 광야에 머물러야 했다. 몇 가지 이유가 주어졌지만 가장 중요한 이유는 이스라엘이 광야생활 중에 저지른 죄 때문이었다. 이들은 몇 주일이면 도착할 가나안 땅에 들어가지 못하고 긴 세월 광야를 유랑했다. 이집트에서 탈출했던 세대는 여호수아와 갈렙을 제외하고 광야에서 다 죽었다.

모세도 광야에서 죽었다. 위대한 지도자가 죽자 누가 그 뒤를 이어 야훼의 약속을 성취할지가 문제였다. 우리는 그가 여호수아였음을 알지만 당시 이스라엘에게는 쉬운 문제가 아니었다. 여호수아가 모세 대신 약속의 성취를 이룰 수 있을지가 초미의 관심사였다.

모세 생전에도 여호수아가 그의 뒤를 이을 것을 암시하는 이야기가 여러 곳에 있다.(출애굽기 17:14; 24:13; 32:17; 33:11; 민수기 11:28; 14:6 등) 그것만으로는 부족했던지 야훼가 직접 그를 모세의 후계자로 지명했다.

모세가 주님께 이렇게 아뢰었다. "모든 사람에게 영을 주시는 주 하나님, 이 회중 위에 한 사람을 임명하여 주시기를 바랍니다. 그가 백성 앞에서 나가기도 하고 백성 앞에서 들어오기도 할 것입니다. 백성을 데리고 나가기도 하고 데리고 들어오기도 할 것입니다. 주님의 회중이 목자 없는 양 떼처럼 되지 않도록 하여 주십시오." 주님께서 모세에게 말씀하셨다. "너는 눈의 아들 여호수아를 데리고 오너라. 그는 영감을 받은 사람이다. 너는 그에게 손을 얹어라. 너는 그를 제사장 엘르아살과 온 회중 앞에 세우고 그들이 보는 앞에서 그를 후계자로 임명하여라. 너는 그에게 네가 가지고 있는 권위를 물려주어서 이스라엘 자손 온 회중이 그에게 복종하게 하여라.... 모세는 주님께서 그에게 명하신 대로 하였다. 모세는 여호수아를 데려다가 제사장 엘르아살과 온 회중 앞에 세우고 주님께서 말씀하신 대로 자기의 손을 여호수아에게 얹어서 그를 후계자로 임명하였다.(민수기 27:15-23)

야훼는 자기의 후계자를 지명해 달라는 모세의 청원을 받아들여 여호수아를 지명했다. 그뿐 아니다. 모세가 백성들 눈앞에서 직접 그를 후계자로 임명하기도 했다.

모세가 여호수아를 불러서 온 이스라엘이 보는 앞에서 그에게 말하였다. "그대는 마음을 강하게 하고 용기를 내시오. 그대는 주님께서 그대의 조상에게 주시기로 맹세하신 땅으로 이 백성과 함께 가서 그들이 그 땅을 유산으로 얻게 하시오. 주님께서 친히 그대 앞에서 가시며 그대와 함께 계시며 그대를 떠나지도 않으시고 버리지도 않으

실 것이니 두려워하지도 말고 겁내지도 마시오."(신명기 31:7-8)

여호수아는 이렇게 모세의 후계자로 지명됐다. 우림과 둠밈도 쓰지 않았고 아간 때처럼 제비뽑기도 하지 않았다. 백성들의 의사도 묻지 않았다. 이렇게 여호수아는 경쟁자 없는 단독후보로 모세의 후계자가 됐다. 이를 거듭 강조한 사실은 그의 역할이 얼마나 중요한지를 보여주는 증거다. 이는 여호수아서 서두에서 야훼의 입으로 한 번 더 확인된다.

나의 종 모세가 죽었으니 이제 너는 이스라엘 자손 곧 모든 백성과 함께 일어나 요단 강을 건너서 내가 그들에게 주는 땅으로 가거라. 내가 모세에게 말한 대로 너희 발바닥이 닿는 곳은 어디든지 내가 너희에게 주겠다. 광야에서부터 레바논까지, 큰 강인 유프라테스 강에서부터 헷 사람의 땅을 지나 서쪽의 지중해까지 모두 너희의 영토가 될 것이다. 네가 사는 날 동안 아무도 너의 앞길을 가로막지 못할 것이다. 내가 모세와 함께 하였던 것과 같이 너와 함께 하며 너를 떠나지 아니하며 버리지 아니하겠다. 굳세고 용감하여라. 내가 이 백성의 조상에게 주기로 맹세한 땅을 이 백성에게 유산으로 물려줄 사람이 바로 너다. 오직 너는 크게 용기를 내어 나의 종 모세가 너에게 지시한 모든 율법을 다 지키고 오른쪽으로나 왼쪽으로 치우치지 않도록 하여라. 그러면 네가 어디를 가든지 성공할 것이다. 이 율법책의 말씀을 늘 읽고 밤낮으로 그것을 공부하여 이 율법 책에 쓰인 대로 모든 것을 성심껏 실천하여라. 그리하면 네가 가는 길이 순조로울 것이며 네가 성공할 것이다. 내가 너에게 굳세고 용감하라고 명하지 않았느냐! 너는 두려워하거나 낙담하지 말아라. 네가 어디로 가든지 너의 주, 나 하나님이 함께 있겠다.(1:2-9)

여호수아의 어깨가 무거워졌다. 그래서 그런지 여호수아가 모세보다 뛰어난 성과를 보인 적도 있다. 두 사람 모두 가나안에 정탐꾼을 보냈다. 모세는 성공적이지 않았지만(민수기 13-14장) 여호수아는 성공적이었다는 얘기(여호수아 2장)도 그 중 하나다. 두 사람은 각각 홍해와 요단 강 물을 갈랐다. 모세의 경우에는 백성들이 두려움에 떨었지만(출애굽기 14:10-23) 여호수아의 경우에 백성들은 서두르지도 두려워하지도 않았다.(여호수아 3-4장) 할례와 관련해서도 비슷하다. 모세는 아내 십보라가 없었다면 죽을 뻔했지만(출애굽기 4:24-26) 여호수아는 평화롭게 할례 예식을 치렀다.(5:2-9) 이런 이야기들은 여호수아가 모세보다 더 나은 지도자임을 은근히 보여준다. 모세가 상대적으로 열악한 광야시대에 활동했다는 사실을 감안해야겠지만 말이다.

지도자로서 여호수아의 역할

모세의 후계자요 제2의 모세인 여호수아의 역할은 야훼-이스라엘의 언약관계를 건강하게 유지하는 일이다. 야훼는 이스라엘의 하나님이 되고 이스라엘은 야훼의 백성이 되는 관계를 잘 유지하는 일이 여호수아가 수행할 과제다. 이 관계가 유지되기 위해서 야훼는 이스라엘이 가나안 땅에 안전하게 정착하는 것을 보장해야 한다. 여호수아서는 이 약속이 성취되는 과정을 적은 책이다. 여기서 야훼의 역할에 비하면 이스라엘의 역할은 미미했다. 가나안 정복전쟁은 야훼가 전쟁에 직접 개입해서 치르는 야훼의 전쟁이었다. 헤렘 명령은 이를 보여주는 상징이다. 전투는 야훼의 명령을 따라 수행됐고 결과는 전적으로 야훼에게 귀속됐다. 그것이 야훼의 전쟁 원칙이다. 헤렘 명령은 이 원칙을 실현하는 중요한 수단이다. 가나안 정복은 야훼의 전쟁 원칙에 따라 수행됐다. 이스라엘은 헤렘 명령에 복종하여 야훼와의 언약관계를 유지해야 한다. 가나안 종족의 문화와 종교에 유혹되어 야훼를 버리면 관계는 파국에 이른다.

여호수아가 해야 할 가장 중요한 임무는 백성들이 계명을 지키게 하는 일이다. 야훼는 땅을 차지하는 일은 이미 성취된 것이나 마찬가지처럼 말한다.(1:2-4) 여호수아의 임무가 계명을 지켜서 언약관계를 돈독히 하는 것이므로 정복전쟁 와중에도 '이 율법책의 말씀을 늘 읽고 밤낮으로 그것을 공부하여 이 율법책에 쓰인 대로 모든 것을 성심껏 실천'(1:8)하라고 했다. 그러면 그가 가는 길이 순조롭고 성공할 것이다. '성공'은 야훼의 약속이 성취되는 것을 가리킨다. 거기에는 땅을 차지하는 일도 포함된다. 가나안 땅 정복은 계명의 실천에 달려있다. 그는 모세의 뒤를 이어 토라의 수호자로 지명됐다 (designation).

다음에는 그가 모세의 후계자로 지명됐음을 입증(demonstration)하는 과정이 뒤따른다. 가나안 정복전쟁(1:10-8:29)은 지도자로서 그의 자격과 역량을 입증하는 과정이었다. 여리고 성에서의 성공과 아이 성에서 난관을 극복하고 이룬 승리를 통해서 그는 모세의 후계자로서 충분한 능력을 갖췄음을 입증했다.

마지막으로 그의 능력과 품성을 확인(confirmation)하는 과정이 이어진다. 에발 산에서 야훼에게 제사를 지내고 토라를 낭독한 예식(8:30-35)이 확인하는 과정이다. 두 차례의 전투를 치른 후 여호수아 주도로 에발 산에서 치른 예식은 야훼-이스라엘의 언약관계가 여전히 돈독하다는 점과 여호수아가 지도자의 자격을 갖췄음을 확인하는 예식이었다. 여기서 여호수아의 모습은 시내 산의 모세를 방불케 한다.

> 그 뒤에 여호수아는 에발 산 위에 주 이스라엘의 하나님을 섬기려고 제단을 쌓았다. 그것은 주님의 종 모세가 이스라엘 자손에게 명령한 대로, 또 모세의 율법 책에 기록된 대로 쇠 연장으로 다듬지 아니한 자연석으로 쌓은 제단이다. 그들은 그 위에서 번제와 화목제를 주님께 드렸다. 거기에서 여호수아는 이스라엘 자손이 보는 앞에서 모세가 쓴 모세의 율법을 그 돌에 새겼다. 온 이스라엘 백성은 장로들과 지도자들과 재판장들과 이방 사람과 본토 사람과 함께 궤의 양쪽에 서서 주님의 언약궤를 멘 레위 사람 제사장을 바라보고 서 있었다. 백성의 절반은 그리심 산을 등지고 서고 절반은 에발 산을 등지고 섰는데 이것은 전에 주님의 종 모세가 이스라엘 백성을 축복하려고 할 때에 명령한 것과 같았다. 그 뒤에 여호수아는 율법 책에 기록된 축복과 저주의 말을 일일이 그대로 낭독하였다. 모세가 명령한 것 가운데서 이스라엘 온 회중과 여자들과 아이들, 그리고 그들 가운데

같이 사는 이방 사람들 앞에서 여호수아가 낭독하지 않은 말씀은 하나도 없었다.(8:30-35)

어떤 구약학자의 말대로 먼 시내 산에서 선포된 계명(출애굽기)이 가나안 입구 모압 광야에서 재차 선포됐고(신명기) 가나안 땅 에발 산에서 한 번 더 선포됐다(여호수아). 시내 산이 우여곡절 끝에 자기 집을 찾아온 것이다. Welcome Home!

이스라엘에서 지도자가 되는 데는 밟아야 할 과정이 있었다. 지명-입증-확인의 과정이 그것이다. 여호수아도 이 과정을 거쳐서 이스라엘의 지도자가 됐다. 사울도 마찬가지다. 야훼는 사무엘을 통해서 그를 왕으로 '지명'했다. 사울은 백성을 이끌고 전쟁에 나가서 승리함으로써 왕의 자질을 갖고 있음을 '입증'했고 이를 백성이 '확인'함으로써 왕이 됐다. 여호수아와 같은 절차를 밟은 셈이다. 다윗도 같은 과정을 거쳤다. 그 후로는 왕위가 세습되었으므로 이 절차를 거치지 않았다. 세습해서 왕이 된 자들은 야훼가 지명하지도 않았고 능력이 입증되지도 않았으며 백성들의 환호 속에서 확인되지도 않았다.

야훼의 군사령관

이스라엘이 본격적으로 가나안 정복에 나서기 직전에 일어난 작은 에피소드가 해석자들을 의아하게 만들었다. 야훼의 군사령관이 여호수아에게 나타난 사건이 그것이다. 이 사건은 5장에서 간략하게 다뤘는데 여기서 좀 더 자세히 살펴보겠다.

> 여호수아가 여리고에 가까이 갔을 때에 눈을 들어서 보니 어떤 사람이 손에 칼을 빼 들고 자기 앞에 서 있었다. 여호수아가 그에게 다가가서 물었다. "너는 우리 편이냐? 우리의 원수 편이냐?" 그가 대답하였다. "아니다. 나는 주님의 군사령관으로 여기에 왔다." 그러자 여호수아는 얼굴을 땅에 대고 절을 한 다음에 그에게 물었다. "사령관님께서 이 부하에게 무슨 말씀을 하시렵니까?" 주님의 군대 사령관이 여호수아에게 말하였다. "네가 서 있는 곳은 거룩한 곳이니 너의 발에서 신을 벗어라." 여호수아가 그대로 하였다.(5:13-15)

맥락 없이 등장한 얘기다. 앞뒤가 맞지 않는 대목도 있고 뜻이 불분명한 대목도 있다. 아직 여호수아와 이스라엘은 여리고 성에 가까이 가지 않았는데 화자는 그가 '여리고에 가까이 갔을 때'라고 말한다. 새번역성경은 그렇게 번역했는데 원문에 사용된 전치사는 '가까이'보다는 '안에'의 뜻으로 더 자주 쓰였다. 그러면 야훼의 군사령관이 여리고 성 '안'에서 여호수아에게 나타난 게 된다. 이는 지리적으로 불가능하다. 다음절은 "여리고 성은 이스라엘 자손을 막으려고 굳게 닫혀 있었고 출입하는 사람이 없었다."(6:1)고 했으니 앞뒤가 안 맞는다. 학자들이 이 에피소드를 현실에서 일어난 사건이 아니라 환상(vision)으로 해석하는 이유가 여기 있다. 환상 속에서는 어디든 갈 수 있으니 말이다.

여호수아는 칼을 빼들고 서 있는 자에게 다가가서 자기편인지 원수 편인지 묻는다. 독자는 그의 정체를 알지만 여호수아는 모른다. 이에 대해 그는 "아니다!"라고 확고하게 답한다. 히브리어로도 부정의 뜻을 강조하려고 문장 맨 앞에 부정어가 사용됐다. 일단 부정한 후에 그가 자기는 야훼의 군사령관이라고 밝힌다. 그제야 여호수아는 사태파악하고 엎드려 절을 하고 나서 무슨 일로 왔냐고 묻는다. 군사령관은 질문에는 답하지 않고 여호수아가 서 있는 곳은 거룩한 곳이니 신발을 벗으라고 말한다. 동문서답이다. 얘기는 여기서 끝난다. 맥락 없이 시작된 얘기가 느닷없이 끝난다.

해석자를 곤혹스럽게 만들 만하다. 맥락에 맞지 않은 얘기가 어울리지 않은 자리에 놓여 있으니 왜 안 그렇겠는가. 이 이야기가 대체 여기에 왜 있을까?

이 이야기를 6장과 연결해서 살펴보자. 이 일이 일어난 곳이 여리고 성이고(5:13) 6장부터는 성을 정복한 이야기가 나온다. "여리고 성은 이스라엘 자손을 막으려고 굳게 닫혀 있었고 출입하는 사람이 없었다."(6:1)라는 말만 없다면 이야기가 자연스럽게 연결된다.

> 주님의 군대 사령관이 여호수아에게 말하였다. "네가 서 있는 곳은 거룩한 곳이니 너의 발에서 신을 벗어라." 여호수아가 그대로 하였다.(5:15) 주님께서 여호수아에게 말씀하셨다. "내가 여리고와 그 왕과 용사들을 너의 손에 붙인다. 너희 가운데서 전투를 할 수 있는 모든 사람은 엿새 동안 그 성 주위를 날마다 한 번씩 돌아라."(6:2-3)

6장 1절만 없으면 흐름이 자연스럽다. 1절이 중간에 삽입됐다고 볼 수 있다. 그럼 1절은 왜 자연스런 흐름을 깨면서 이 자리에 있을까? 학자들은 먼 곳의 성읍과 전쟁할 때의 수칙이 반영되어 있다고 추정한다.

> 당신들이 어떤 성읍에 가까이 가서 공격할 때에는 먼저 그 성읍에 평화를 청하십시오. 만일 그 성읍 백성이 평화 제의를 받아들이고 당신들에게 성문을 열거든 그 성 안에 있는 백성을 당신들의 노비로 삼고 당신들을 섬기게 하십시오. 그들이 당신들의 평화 제의를 거부하고 싸우러 나오거든 당신들은 그 성읍을 포위하고 공격하십시오.(신명기 20:10-12)

성문을 열면 공격하지 말라고 했는데 여리고 성은 성문이 굳게 닫혀 있었다니 여기에 해당되지 않는다. 공격당해 마땅하다는 것이다. 그럴듯한 해석이다. 하지만 기존 텍스트에서 맘대로 특정 구절을 빼거나 넣거나 위치를 이동하는 데 동의하지 않는 학자들도 많다. 아무리 해석이 그럴듯해도 이들까지 설득하기는 어려워 보인다.

이 이야기와 모세의 소명 이야기 사이의 유사성을 놓치기는 어렵다.

> 모세는 미디안 제사장인 그의 장인 이드로의 양 떼를 치는 목자가 되었다. 그가 양 떼를 몰고 광야를 지나서 하나님의 산 호렙으로 갔을 때에 거기에서 주님의 천사가 떨기 가운데서 이는 불꽃으로 그에게 나타났다. 그가 보니 떨기에 불이 붙는데도 그 떨기가 타서 없어

지지 않았다. 모세는 이 놀라운 광경을 좀 더 자세히 보고 어째서 그 떨기가 불에 타지 않는지를 알아보아야 하겠다고 생각하였다. 모세가 그것을 보려고 오는 것을 보시고 하나님이 떨기 가운데서 "모세야, 모세야!" 하고 그를 부르셨다. 모세가 대답하였다. "예, 제가 여기에 있습니다." 하나님이 말씀하셨다. "이리로 가까이 오지 말아라. 네가 서 있는 곳은 거룩한 땅이니 너는 신을 벗어라."(출애굽기 3:1-5)

여리고 성이 모세가 떨기 불꽃을 보려고 다가갔던 호렙 산 어느 곳처럼 거룩한 곳일까? 왜 그곳이 거룩한 땅일까? 땅 자체가 거룩할까, 아니면 거기서 벌어진 사건이 그곳을 거룩하게 만들었을까? 모세는 거기서 야훼를 만나 소명을 받아서 이집트로 갔다. 그곳은 야훼-이스라엘 사이의 언약이 성취되는 출발점이다. 여호수아가 야훼의 군사령관을 만난 곳은 언약의 성취가 실질적으로 이뤄지는 곳이다. 이스라엘은 요단 강을 건너 약속의 땅에 들어와서 할례예식을 행함으로써 이집트에서 받았던 수치를 없앴다. 유월절도 지켰다. 가나안을 정복할 준비를 다 마친 것이다. 이 시점에 야훼의 군사령관이 나타났다. 준비가 완료됐음을 확인하듯이 말이다.

군사령관이 여호수아에게 그곳은 거룩한 땅이므로 신을 벗으라고 했다. 얘기는 거기서 끝이다. 이상하지 않은가? 거룩한 곳이니 신발을 벗고 뭘 어쩌라는 걸까? 군사령관은 더 이상 말하지 않았다. 신발 벗으란 명령이 전부다. 본래는 이어지는 말이 있었지만 생략됐다고 추측들 한다. 어떤 이는 이어지는 얘기 내용이 너무 폭력적이어서 빠졌다고 추측한다. 정복전쟁이 폭력적으로 진행되기에 그런 추측을 한 모양이다. 성서를 해석하려면 어느 정도의 상상과 추측은 불가피하다. 하지만 상상과 추측은 자유지만 거기에는 어느 정도는 개연성이 있어야 한다. 이 경우는 상상력을 발휘할만한 작은 근거도 없다.

그래서 고대중동문화권에 흔했던 전쟁에 나서기 전에 치렀던 예식(ritual)과 비교해서 생략된 부분을 추측한 학자들이 있다. 고대인은 전쟁에 나서기 전에 전쟁예식(warfare ritual)이라는 것을 치렀다. 치르려는 전쟁에 대해서 그들이 믿는 신(들)의 의사를 묻고 재가를 얻어내는 예식이다. 이때 신(들)은 전쟁을 이끌 왕에게 두려워말고 전쟁에 임하라는 격려와 함께 승리를 보장하는 상징적 행위로써 왕에게 무기를 건네줬다. 두려워말라는 격려는 여호수아서에도 여러 번 등장한다.

> 내가 너에게 굳세고 용감하라고 명하지 않았느냐! 너는 두려워하거나 낙담하지 말아라. 네가 어디로 가든지 너의 주, 나 하나님이 함께 있겠다.(1:9)

> 주님께서 여호수아에게 말씀하셨다. "두려워하지 말아라! 겁내지 말아라! 군인들을 다 동원하여 아이 성으로 쳐 올라가거라. 보아라, 내가 아이의 왕과 백성과 성읍과 땅을 다 네 손에 넘겨주었다."(8:1)

> 그 때에 주님께서 여호수아에게 말씀하셨다. "그들을 두려워하지 말아라. 내가 그들을 너의 손에 넘겨주었다. 그들 가운데서 한 사람도

너를 당할 수 없을 것이다."(10:8)

하지만 전쟁예식에 자주 등장하는 무기를 건네주는 얘기가 여호수아서에는 없다. 비슷한 얘기는 있지만 야훼가 무기를 건네주지는 않는다.

> 주님께서 여호수아에게 말씀하셨다. "네가 쥐고 있는 단창을 들어 아이 성 쪽을 가리켜라. 내가 그 성을 네 손에 넘겨준다." 여호수아는 들고 있던 단창을 들어 아이 성 쪽을 가리켰다.(8:18)

> 여호수아는, 아이 성의 모든 주민을 전멸시켜서 희생 제물로 바칠 때까지 단창을 치켜든 그의 손을 내리지 않았다.(8:26)

전쟁예식에서는 칼을 건네주고 야훼의 군사령관은 칼(헤레브)을 들고 있는데 여기서 여호수아는 단창(키돈)을 들고 있다. 야훼에게서 그것을 건네받지 않는다. 그런 점에서 전쟁예식과 다르다. 비슷한 내용이 없는데 무리하게 연결할 필요는 없다. 야훼의 군사령관 얘기와 전쟁예식은 다른 얘기다.

이야기의 초점은 야훼의 군사령관이 이스라엘 편도 아니고 원수 편도 아니라고 대답한 데 있다. 이야기가 갑작스레 끝나는 바람에 대답의 의미를 알 수는 없지만 그래도 독자에게 의미가 있다. 그는 자기가 이스라엘 편도 아니고 가나안 편도 아니라고 말했다. 이를 우리 독자들은 가나안 정복이야기를 읽을 때 이스라엘의 관점만 고집하지 않고 가나안 사람의 입장에도 서보라는 뜻으로 읽을 수 있지 않을까? 소수자의 입장에서 성서를 읽는 독자, 탈식민주의 시각으로 이야기를 읽는 독자에게는 야훼의 군사령관이 누구 편도 아니라는 말은 의미가 있다. 아메리카 원주민들이 가장 받아들이기 어려운 얘기가 이스라엘의 가나안 정복이야기라고 하지 않는가.

위대한 지도자의 뒤를 이은 후계자는 좋은 평가를 받기가 쉽지 않다. 선임자의 그늘이 그만큼 짙기 때문이다. 여호수아에게도 그런 어려움이 있었으리라고 짐작할 수 있다. 그래서 화자는 반복해서 그가 명성을 떨쳤다는 사실을 강조하는지도 모른다. 모세 율법의 전수자요 해석자로서 그의 위치를 강조하는 것도 같은 맥락으로 볼 수 있다. 이 점을 강조한 연구로 다음을 들 수 있다. Nathan Chambers, "Confirming Joshua as the Interpreter of Israel's Torah: The Narrative Role of Joshua 8:30-35," *Bulletin for Biblical Research* 25.2 (2015) 1-14.

에발 산에서 치른 예식은 아이 성 정복을 마무리하고 나서 야훼에게 제물을 바치면서 언약을 갱신하는 의미를 갖는다. 이 예식의 의미와 기능에 대해서는 이 연구가 유용하다. Ed Noort, "The Traditions of Ebal and Gerizim: Theological Positions in the Book of Joshua," eds. M. Verenne and J. Lust, *Deuteronomy and the Deuteronomic Literature: Festschrift C.H. Brekelmans*. 1997

여호수아가 야훼의 군사령관과 조우한 이야기에 대해서는 5장에서 소개한 뢰머의 논문을 다시 소개한다. Thomas Römer, "Joshua's Encounter with the Commander of YHWH's Army (Josh 5:13-15): Literary Construction or Reflection of a Royal Ritual?" in B. Kelle et al. ed. *Warfare, Riraul, and Symbol in Biblical and Modern Contexts*. 2014. 49-63.

12장

그냥 지나쳐서는 안 되는 이야기들(2)

야훼가 가나안 사람들이 고집을 부리게 만들어서 망하게 했다?

가나안 정복이야기가 마무리되는 지점에서 짧지만 의미심장한 구절을 만난다. 이전에 펼쳐진 이야기와는 결이 다른 이야기, 그래서 어쩌면 정복이야기 전체에 변화를 가져올 수도 있는 구절이다. 이상하게 해석자들은 여기에 큰 관심을 기울이지 않는다. 정복 이야기 전체의 판도를 바꿀 수도 있는데 말이다.

여호수아가 이들 원주민을 조금도 불쌍하게 여기지 않고 전멸시켜서 희생 제물로 바친 까닭은 주님께서 그 원주민들이 고집을 부리게 하시고 이스라엘에 대항하여 싸우다가 망하도록 하셨기 때문이다. 그래서 여호수아는 주님께서 모세에게 명령하신 대로 그들을 전멸시킨 것이다.(11:20)

가나안 사람들이 헤렘된 것은 야훼가 그들로 하여금 고집을 부려서 이스라엘과 싸우다 죽게 만들었기 때문이다. 출애굽 이야기에 자주 등장하는 이야기다. 야훼가 이집트 왕 바로의 마음을 굳게 해서 고집 부리게 만들어서 출애굽을 허락하지 않았다는 얘기 말이다.

> 가서 이스라엘의 장로들을 모아 놓고 그들에게 일러라. "주 너희 조상의 하나님 곧 아브라함과 이삭과 야곱의 하나님이 나에게 나타나셔서 말씀하셨다." 하고 말하면서 이렇게 전하여라. "내가 너희의 처지를 생각한다. 너희가 이집트에서 겪는 일을 똑똑히 보았으니 이집트에서 고난 받는 너희를 내가 이끌어 내어 가나안 사람과 헷 사람과 아모리 사람과 브리스 사람과 히위 사람과 여부스 사람이 사는 땅 곧 젖과 꿀이 흐르는 땅으로 올라가기로 작정하였다." 하여라. 그러면 그들이 너의 말을 들을 것이다. 또 너는 이스라엘의 장로들을 데리고 이집트의 임금에게 가서 "히브리 사람의 주 하나님이 우리에게 나타나셨으니 이제 우리가 광야로 사흘 길을 걸어가서 주 우리의 하나님께 제사를 드려야 하니 허락하여 주십시오." 하고 요구하여라. 그러나 내가 이집트의 왕을 강한 손으로 치지 않는 동안에는 그가 너희를 내보내지 않을 것이라는 것을 나는 안다. (출애굽기 3:16-19)

여기에는 야훼가 바로로 하여금 고집 부리게 하지 않고 바로 스스로가 고집 부렸다고 쓰여 있다. 이렇든 저렇든 야훼는 바로가 고집부릴 지 알았으니 모세에게 쓸모없는 짓을 하라고 명령한 셈이다. 바로는 히브리 노예들의 노동 강도를 높이라는 명령으로 이에 대응

했다.(출애굽기 5:4-21)

그래서 야훼는 재앙을 내린다. 물이 피가 되는 재앙(출애굽기 7:14-25)으로 시작해서 집짐승이 죽는 재앙(9:1-7)까지 이어갔지만 바로는 "여전히 고집을 부리고 그 백성을 보내지 않았다."(7:22; 8:15, 19, 32; 9:7) 새번역성경이 '고집을 부리다'로 번역한 히브리어 원문을 직역하면 '심장·마음을 강하게 하다'(7:22; 8:15, 19), '심장·마음을 무겁게 하다'(8:32; 9:7)이다. 이때까지는 바로가 자기의 의지대로 히브리인들을 내보내지 않았다.

여섯 번째부터 열 번째 재앙까지에는 다른 표현이 등장한다. 야훼가 바로의 마음을 굳게 하여 고집을 부리게 했다(9:12, 35; 10:20, 27; 11:10)고 표현한다. 결정의 주체는 바로가 아니다. 그의 마음을 야훼가 마음대로 조종해서 그로 하여금 고집을 부리게 해서 이스라엘을 내보내지 않게 만들었다.

이 이야기는 심각한 신학적 문제를 야기한다. 야훼가 사람에게 부여한 자유의지를 침해하기 때문이다. 야훼는 동생을 살해한 가인에게 죄가 그의 문에 도사리고 앉아서 그를 지배하려 하겠지만 죄를 다스려야 한다고 말했다.(창세기 4:7) 다스려야 한다는 말은 다스릴 수 있음을 전제한다. 다스릴 수 있으니 다스려야 한다고 말하는 것이다. 야훼는 이스라엘 백성에게 생명과 죽음, 둘 중 생명을 택하라고도 했다

> 나는 오늘 하늘과 땅을 증인으로 세우고 생명과 사망, 복과 저주를 당신들 앞에 내놓았습니다. 당신들과 당신들의 자손이 살려거든 생

명을 택하십시오.(신명기 30:19)

    택하라는 말은 택할 수 있음을 전제한다. 인간에게 의지의 자유가 있음을 전제하지 않으면 할 수 없는 말이다. 그런데 야훼는 마치 바로에게는 그것이 없다는 듯 자기 맘대로 그를 조종했다. 신학적으로나 윤리적으로 심각한 문제가 아닐 수 없다.

    오래 전부터 해석자들은 이를 달리 해석해보려고 애써왔다. 야훼의 의지를 순화시키기도 했고 바로가 그런 대우를 받을만한 죄를 지었음을 보여주려 했다. 야훼가 다양한 재앙을 내림으로써 바로가 마음을 바꿀 기회를 여러 번 줬지만 듣지 않았기 때문이라는 주장도 있고, 그가 과거에 저질렀던 악행으로 보아 절대 회개하지 않을 것임을 야훼가 알았기 때문이라는 해석도 있다. 죄는 사람이 자유의지를 가졌기에 저지르는 것이므로 그 자체가 회개를 가로막는다는 이상한 주장도 나왔다. 자유의지를 실현했기 때문에 자유의지를 상실했다는 얘기다. 바로가 자신의 의지대로 행동하지 못한 것은 그가 자유의지를 실행했기 때문이라는 '기발한' 해석이다. 그만큼 이 얘기가 이해하기 힘들다는 뜻이겠다.

    야훼가 바로로 하여금 고집을 부리게 만든 목적이 뭘까? 왜 야훼는 그의 자유의지를 누르면서까지 그로 하여금 고집을 부리게 했을까? 두 가지 목적이 제시된다.

    주님께서 모세에게 말씀하셨다. "보아라, 나는 네가 바로에게 하나님처럼 되게 하고 너의 형 아론이 너의 대언자가 되게 하겠다. 너는 내

가 너에게 명한 것을 너의 형 아론에게 말하여 주고 아론은 그것을
바로에게 말하여 이스라엘 자손을 그 땅에서 내보내 달라고 하여라.
그러나 나는 바로가 고집을 부리게 하여 놓고서 이집트 땅에서 표징
과 이적을 많이 행하겠다. 바로가 너희의 말을 듣지 않을 때에 나는
손을 들어 큰 재앙으로 이집트를 치고 나의 군대요 나의 백성인 이
스라엘 자손을 이집트 땅에서 인도하여 내겠다. 내가 손을 들어 이
집트를 치고 그들 가운데서 이스라엘 자손을 이끌어 낼 때에 이집트
사람들은 내가 주님임을 알게 될 것이다."(출애굽기 7:1-5)

주님께서 모세에게 말씀하셨다. "너는 바로에게 가거라. 그와 그 신
하들이 고집을 부리게 한 것은 나다. 이것은 내가 그들이 보는 앞에
서 나의 온갖 이적을 보여 주려고 그렇게 한 것이다. 그뿐만 아니라
내가 이집트 사람들을 어떻게 벌하였는지를, 그리고 내가 그들에게
어떤 이적을 보여 주었는지를 네가 너의 자손에게도 알리게 하려고
또 내가 주님임을 너희에게 가르치려고 그렇게 한 것이다."(출애굽기
10:1-2)

출애굽기 7장에서는 이집트 사람들이 자신이 야훼임을 알게 하기
위해서 그랬다고 했다. 10장에서는 첫째, 이스라엘 사람들에게 야훼
가 이집트 사람들을 어떻게 벌했는지 알게 하고 둘째, 이스라엘 자
손들이 야훼가 주님임을 알게 하는 것이 목적이라고 했다. 대상은
다르지만 가르치려는 내용은 비슷하다. 자신이 야훼라는 사실을 알
리겠다는 것이다.

정리하면, 신학적이고 윤리적인 딜레마를 감수하면서까지 야훼가 바로를 고집스럽게 만들어 출애굽을 방해한 이유는 교육효과를 얻기 위해서다. 헤렘이 살육 자체가 목적이 아니라 야훼-이스라엘의 언약관계를 유지하기 위한 수단이라는 점과 통한다. 바로의 경우를 거울삼아 이스라엘은 자기 운명이 전적으로 자기 것만이 아니라 궁극적으로는 야훼에게 속한 것임을 알아야 한다. 자유의지와 자율적 권한을 죄를 짓는 데 사용한다면 그것을 상실하는 결과를 낳게 된다는 경고로도 읽힌다. 자유의지가 절대적이지는 않다. 야훼-이스라엘의 언약관계가 상호적이기는 하지만 양자의 지위가 동등하지는 않다. 이스라엘의 운명을 궁극적으로 결정하는 쪽은 야훼다.

그래도 살아남은 자들

정복전쟁에서 헤렘은 숨 쉬는 모든 것을 죽이라는 명령이다. 전리품인 가축의 경우에는 예외가 있지만(8:2) 사람은 그렇지 않다. 예외 없이 남녀노소 모두 죽이게 되어 있다. 살아남은 사람도 있지만 극히 예외적이고 거기에는 라합과 기브온 사람들처럼 '납득할만한' 이유가 있다. 헤렘은 반드시 지켜야 할 원칙으로 여겨졌다.

그런데 '납득할만한' 이유도 없이 살아남은 사람들이 있다. 이들은 마땅히 죽었어야 하는데 살아남았다. 이들이 누구이고 왜 살아남았을까? 정복전쟁 이야기를 마무리하는 지점에 이런 얘기가 나온다.

여호수아는 주님께서 모세에게 말씀하신 대로 모든 땅을 점령하고 그것을 이스라엘 지파의 구분을 따라 유산으로 주었다. 그래서 그 땅에서는 전쟁이 그치고 사람들은 평화를 누리게 되었다.(11:23)

전쟁이 끝났다. 여호수아는 '모든 땅'을 점령해서 이스라엘 지파들에게 나눠줬다. 여호수아서 12장에는 정복지역 왕들의 이름이 길게 나열되어 있다.(12:9-24) 정복이 완결됐음을 보여주려는 의도다. 가나안 주민을 몰살하고 정복을 완성함으로써 평화를 이루었다.

주 당신들의 하나님이 당신들이 들어가 차지할 땅으로 당신들을 이끌어 들이시고 당신들 앞에서 여러 민족 곧 당신들보다 강하고 수가 많은 일곱 민족인 헷 족과 기르가스 족과 아모리 족과 가나안 족과 브리스 족과 히위 족과 여부스 족을 다 쫓아내실 것입니다. 주 당신들의 하나님은 그들을 당신들의 손에 넘겨주셔서 당신들이 그들을 치게 하실 것이니 그 때에 당신들은 그들을 전멸시켜야 합니다. 그들과 어떤 언약도 세우지 말고 그들을 불쌍히 여기지도 마십시오.(신명기 7:1-2)

이 명령이 완전히 실행됐다. 궁극적으로는 야훼가 가나안 정복을 완결한다. 이스라엘은 야훼의 명령에 따라 가나안 사람들을 전멸시킬 것이다. 이 일이 이루어지는 데 시간이 얼마나 걸릴까?

그러나 당신들이 아시는 대로 오늘 주 당신들의 하나님이 맹렬한 불이 되어 당신들 앞에서 건너가시며 몸소 당신들 앞에서 그들을 멸하셔서 그들이 당신들 앞에 무릎을 꿇게 하실 것입니다. 주님께서 당신들에게 말씀하신 대로 그들을 빨리 몰아내고 멸망시키실 것입니다.(신명기 9:3)

'빨리'가 어느 정도인지는 모르지만 일부러 시간을 끌지는 않겠다는 뜻이다. 오래 싸워서 좋을 게 뭐가 있겠나. 전쟁은 속전속결로 치러야 한다는 게 상식이다. 할 수만 있으면 그렇게 해야 한다. 그런데 이와는 반대로 전쟁을 일부러 천천히 치르겠다는 진술이 있다.

내가 나의 위엄을 너희보다 앞에 보내어 너희가 만날 모든 백성을 혼란에 빠뜨리고 너희 모든 원수가 돌아서서 달아나게 하겠다. 내가 말벌을 너희보다 앞질러 보내어 히위 사람과 가나안 사람과 헷 사람을 너희 앞에서 쫓아내겠다. 그러나 나는 땅이 황폐하여지고 들짐승이 많아질까 염려되므로 한 해 안에 그들을 너희 앞에서 다 쫓아내지는 않겠다. 나는 너희가 번성하여 그 땅을 너희의 소유로 차지할 때까지 그들을 너희 앞에서 조금씩 쫓아내겠다.(출애굽기 23:27-30)

전쟁이 '한 해 안'에 끝나지는 않을 것이란다. 그럼 얼마나 걸린다는 말일까? 그것까지는 말하지 않는다. 실제 전쟁을 하다 보면 예상과 달리 일찍 끝날 수도 있고 오래 끌 수도 있다. 계획과 실제가 다를 수 있다. 여기서는 예고를 '빨리'와 '조금씩'이라고 했으니 예고 사이에도 차이가 있다. 정복과 관련된 모든 것이 확실한 줄 알았는데 그렇지도 않다. 예상하는 데서부터 차이가 있으니 말이다. 여기서는 전쟁이 속전속결로 끝난다면 이스라엘 사람들이 거기서 살아남을 수 없기 때문에 천천히 진행될 거라고 했다.

전쟁속도는 그렇다 치고, 예고와는 달리 가나안 사람들이 전멸되지 않았다는 게 놀랍다. 위의 인용에서는 가나안 사람들이 이스라엘이 오기도 전에 달아날 거라고 했는데 그런 일은 일어나지 않았다. 말벌이 전쟁에 등장했다는 얘기도 없다. 말벌 얘기는 먼 훗날 행한 여호수아의 회고사에만 등장한다.(24:12)

이처럼 예고에 일치하지 않은 점도 있고 또 예고대로 이뤄지지 않은 것도 있다. 가나안 사람들을 전멸시키겠다고 했다가 나중에는 쫓아내겠다더니 이제는 다 쫓아내지도 않겠단다. 그랬다가는 땅이 황폐해지고 들짐승이 많아져서 이스라엘이 생존할 수 없기 때문이란다. 앞뒤가 맞지 않는다. 왜 이렇게 맞지 않은 점이 많을까? 최종 편집자가 부주의했기 때문일까?

정복이 '빨리' 이뤄졌다는 서술과 '천천히' 이뤄졌다는 모순 정도는 별 것 아니다. 아직 정복되지 않은 지역이 있다고 서술한 데 비하면 말이다. 그렇다면 평화 선언이 너무 성급했던 게 아닌가? 평화의 시대는 아직 오지 않았다고 했어야 하지 않을까?

여호수아가 늙고 나이가 많아졌다. 주님께서 그에게 말씀하셨다. "너는 늙었고 나이가 많은데 정복하여야 할 땅은 아직도 많이 남아 있다. 남아 있는 땅은 이러하다. 블레셋 사람과 그술 사람의 모든 지역과 이집트의 동쪽에 있는 시홀 시내로부터 북쪽 에그론 경계까지에 이르는 가나안 땅과 가사와 아스돗과 아스글론과 가드와 에그론 등 블레셋의 다섯 왕의 땅과 아위 사람의 땅과 남쪽으로 가나안의 모든 땅과 시돈의 므아라로부터 아모리 사람의 변경 아벡까지, 또 그발 사람의 땅과 동쪽의 레바논 땅 전체와 헤르몬 산 남쪽 바알갓에서 하맛에 이르는 곳까지이다. 그리고 레바논에서부터 미스르봇마임에 이르는 산간지방에 사는 모든 사람 곧 시돈 사람을 내가 이스라엘 자손 앞에서 모두 쫓아낼 터이니 너는 오직 내가 너에게 지시한 대로 그 땅을 이스라엘 자손에게 유산으로 나누어 주어라."(13:1-6)

여호수아가 늙었다니 정복전쟁을 시작했을 때로부터 긴 시간이 흘렀음을 알 수 있다. 그런데 아직도 정복해야 할 땅이 많이 남아 있다. 정복이 완성되고 평화가 왔다는 선언이 무색하다. 정복하지 못한 지역 이름을 길게 나열한다. 정복을 완수할 의지가 있기나 한가 의심스럽다. 인용한 구절 마지막을 보면 정복을 완성할 야훼의 의지가 분명한데도 말이다.

그들은 '왜' 살아남았을까?

땅 분배 후에도 이스라엘은 여전히 전쟁을 치러야 했다.

그러나 유다 자손이 예루살렘 성에 살던 여부스 사람을 쫓아내지 못하였으므로 여부스 사람과 유다 자손이 오늘날까지 예루살렘 성에

함께 살고 있다.(15:63)

그러나 그들이 게셀에 사는 가나안 사람을 쫓아내지 않았으므로 가
나안 사람들이 오늘날까지 에브라임 지파와 함께 살며 종노릇을 하
고 있다.(16:10)

또 '오늘날까지'라는 표현이 나온다. 라합과 기브온 사람들 얘기
에도 같은 표현이 나온다.(6:25; 9:27) 정복전쟁의 의미와 영향이 과거
에 국한되지 않는다는 뜻이다. 정복전쟁 이야기는 늘 현재적이다. 그
래서였을까, 사사시대에도 사정은 달라지지 않았다.

여호수아가 죽은 뒤에 이스라엘 자손이 주님께 여쭈었다. "우리 가
운데 어느 지파가 먼저 올라가서 가나안 사람과 싸워야 합니까?" 주
님께서 대답하셨다. "유다 지파가 먼저 올라가거라. 내가 그 땅을 유
다 지파의 손에 넘겨주었다."(사사기 1:1-2)

사사시대에도 여호수아 시대처럼 전쟁이 진행 중이다. 평화가 이
루어지려면 아직 멀었다. 지파들에게 땅을 분배했지만 전쟁은 끝나
지 않았고 평화는 여전히 멀리 있다. 전쟁이 끝나고 평화가 이루어
졌다는 선언(11:23)은 성급했다.

왜 이렇게 됐을까? 왜 가나안 사람 전부가 몰살당하지 않고 일부
는 살아남았을까? 야훼가 생각을 바꿨나? 없던 계획이 새로 생겼을
까? 다음 구절에서 대답 일부를 엿볼 수 있다.

므낫세 자손이 이 성읍들의 주민을 쫓아내지 못하였으므로 가나안 사람들은 그 땅에서 살기로 마음을 굳혔다. 이스라엘 자손이 강성해진 다음에 가나안 사람에게 노동을 시켰으나 그들을 다 쫓아내지는 않았다.(17:12-13)

므낫세 자손이 가나안 사람들을 쫓아내려 했지만 충분히 강하지 않았기 때문에 그렇게 하지 못했단다. 그래서 생각을 바꿔서 그들에게 노동을 시켰다. 노동력을 이유로 그들을 살려두기로 한 것이다. 세월이 많이 지난 후지만 솔로몬 왕도 같은 조치를 취했다는 기록이 있다.

이스라엘 자손이 아닌 아모리 사람과 헷 사람과 브리스 사람과 히위 사람과 여부스 사람 가운데서 살아남은 백성이 있었다. 솔로몬은 그들을 노예로 삼아서 강제 노역에 동원하였다. 그들은 이스라엘 자손이 다 진멸할 수 없어서 그 땅에 그대로 남겨 둔 백성들이었다. 그래서 그들은 오늘날까지도 노예로 남아 있다.(열왕기상 9:20-21)

노동력이 필요했던 때였으니 그럴 수 있다. 사실 전쟁포로를 몰살하는 행위는 매우 어리석은 짓이다. 헤렘 명령은 그 점에서 비합리적인 명령임에 분명하다.

이렇게 살아남은 사람들이 있었다니 헤렘 명령은 어떻게 된 걸까? 잊어버렸나? 야훼의 명령을 자기들 필요에 따라 어겨도 되나? 이쯤되면 헤렘 명령은 처음부터 반드시 지켜야 하는 명령이 아니었나 싶은 정도다. 아간과 그 가족들만 억울하게 된 것인가?

노동력과는 다른 이유를 드는 구절도 있다.

> 주님의 천사가 길갈에서 보김으로 올라와서 이렇게 말하였다. "나는 너희를 이집트에서 이끌어 내었고 또 너희 조상에게 맹세한 이 땅으로 너희를 들어오게 하였다. 내가 너희에게 말하기를 '나는 너희와 맺은 언약을 영원히 깨뜨리지 않을 것이니 너희는 이 땅의 주민과 언약을 맺지 말고 그들의 단을 헐어야 한다.' 하였다. 그러나 너희는 나의 말에 순종하지 않았다. 너희가 어찌하여 이런 일을 하였느냐? 내가 다시 말하여 둔다. 나는 그들을 너희 앞에서 몰아내지 않겠다. 그들은 결국 너희를 찌르는 가시가 되고 그들의 신들은 너희에게 우상을 숭배할 수밖에 없도록 옭아매는 올무가 될 것이다." 주님의 천사가 온 이스라엘 자손에게 이 말을 하였을 때에 백성들은 큰소리로 울었다. 그래서 그들이 그 장소의 이름을 보김이라 부르고 거기에서 주님께 제사를 드렸다.(사사기 2:1-5)

그러나 사사가 죽으면 백성은 다시 돌아서서 그들의 조상보다 더 타락하여 다른 신들을 따르고 섬기며 그들에게 경배하였다. 그들은 악한 행위와 완악한 행실을 버리지 않았다. 그러므로 주님께서 이스라엘 백성에게 크게 노하셔서 이렇게 말씀하셨다. "이 백성이 내가 그들의 조상과 세운 언약을 어기고 나에게 순종하지 않았다. 그러므로 나도 여호수아가 죽은 뒤에도 남아 있는 민족들 가운데 어느 하나라도 더 이상 몰아내지 않겠다. 이렇게 하여서 이스라엘 백성이 나 주가 가르쳐 준 길을 그들의 조상처럼 충실하게 걸어가는지 가지 않는지를 시험하여 보겠다." 그래서 주님께서는 다른 민족들을 얼른 몰아내지 않고 그 땅에 남아 있게 하셨으며 여호수아에게도 그들을 넘겨주지 않으셨던 것이다. (사사기 2:19-23)

그들을 몰아내지 못한 게 아니라 몰아내지 않았다고 한다. 야훼의 의지의 발현이란 얘기다. '왜'라는 질문에 대한 답으로 보인다. 야훼는 배교한 이스라엘을 징벌하려고 그들을 살려뒀단다. 이스라엘이 앞으로 계명에 충실할지 여부를 테스트할 목적도 있다고 한다. 죄에 대한 징벌과 충성도 테스트는 별개다. 징벌은 과거에 저지른 죄에 대한 처벌이지만 시험은 미래에 어떤 결과가 생길지 미리 알아보려고 하는 행위다. 야훼는 동시에 달성할 수 없는 두 가지 목적을 위해 가나안 주민을 남겨뒀다는 얘기다.

이 설명을 어떻게 이해해야 할까? 정복전쟁을 치르기 전에는 이런 얘기가 없었다. 야훼가 그들 일부를 이런 목적으로 살려두겠다고 말한 적이 없다. 이런 이유로 그들을 남겨뒀다면 이는 자가당착이든지 아니면 야훼가 무능력을 고백한 거나 마찬가지다. 그들을 헤렘하겠다고 했고 이스라엘에게 헤렘하라고 명령해놓고 이제 와서 이스라엘의 배교를 벌하기 위해서나 충성도를 테스트하려고 살려뒀다고 한다면 자가당착 또는 무능력이 아니면 뭐겠는가. 또 하나의 가능성은 왜 이런 결과가 초래됐는지를 합리화하는 설명으로 보는 것이다. 나중에 만들어진 '변명'이란 얘기다.

다른 이유가 또 있다. 한두 가지 설명만으로는 만족스럽지 않다고 봐서 자꾸 다른 이유를 드는 것 같다.

> 가나안 전쟁을 전혀 겪어 본 일이 없는 모든 이스라엘 백성을 시험
> 하시려고 주님께서 그 땅에 남겨 두신 민족들이 있다. 전에 전쟁을
> 겪어 본 일이 없는 이스라엘 자손의 세대들에게 전쟁이 무엇인지 가
> 르쳐 알게 하여 주려고 그들을 남겨 두신 것이다.(사사기 3:1-2)

전쟁 경험이 없는 백성들에게 전쟁이 뭔지 가르치기 위해서 가나
안 사람들을 남겨뒀다고 했다. 예나 지금이나 기성세대는 젊은 세대
의 경험부족을 걱정하니 이치에 맞긴 하다. 전략전술이나 각개전투
방법을 배운다면 몰라도 전쟁의 의미를 반드시 그들에게 배워야 했
을지는 의문이다. 게다가 그들은 이스라엘에게 패배하지 않나. 승
자 아닌 패자에게 뭘 배운다는 말인지 이해하기 어렵다. 이스라엘에
게는 그들 외에도 전쟁 상대가 있었으니 그들이 아니어도 전쟁을 배
울 대상이 없지 않았다.

필자는 성서가 든 이유들 중에 어느 하나에도 공감할 수 없다. 노
동력이 필요했다면 아예 헤렘을 하지 말았어야 한다. 안 그런가? 배
교의 유혹 때문에 그들을 헤렘해야 한다더니 유혹하게 하려고 그들
은 남겨뒀다니, 말이 안 된다. 전쟁이 뭔지 알려주려고 그랬다는 논
리는 더 말할 것도 없다. 패자에게 전쟁을 배워야 한다면 그들은 전
쟁할 자격이 없는 거 아닌가 말이다. 만일 이런 이유들 때문에 그들
을 살려뒀다면 헤렘 명령은 애초에 원칙도 아니었고 지킬 의지도 없
었다고 보는 게 맞겠다.

가나안 정복 이야기는 일종의 '판타지'

이쯤 되면 가나안 정복이야기를 어떻게 이해해야 할지 처음부터 다시 생각하지 않을 수 없다. 이 이야기의 역사성을 다시 물어야 한다. 책 앞부분에서 밝혔듯이 필자는 이스라엘의 가나안 정복은 역사적 사실이 아니라고 믿는다. 이 믿음을 뒷받침하는 근거도 충분히 밝혔다. 그렇지만 이 이야기는 완전히 꾸며낸 이야기도 아니다. 일정 정도 역사적 성격을 갖고 있다. '어느 정도'가 역사적인지는 사람마다 생각이 다르다. 학자들은 대체로 정복 이야기의 장르를 '역사화된 이야기'로 규정한다. 역사적 사건이 포함되어 있는 이야기라는 뜻이다. 이 이야기가 쓰인 목적은 하나님이 역사적 사건을 통해서 어떤 메시지를 전했는지를 후대에 알려주기 위해서다. 필자는 이 의견에 대체로 동의한다. 다만 거기에 한 마디 덧붙이고 싶은 말은 정복 이야기의 성격은 '역사'보다는 '판타지'에 더 가깝다는 것이다. 다른 말로는 '역사를 이상화한 이야기' 또는 '이상을 역사화한 이야기' 쯤 되겠다.

필자는 정복 이야기가 '그때 이랬으면 좋았을 걸…….'이란 느낌으로 쓰였다고 본다. 정복전쟁은 여호수아 시대를 지나 사사시대에도 벌어지고 있었다. 어떤 학자는 솔로몬 왕 시대에 이르러서야 헤렘 명령을 완수하고 가나안 땅을 완전히 정복하는 일이 불가능하다는 사실을 깨달았을 거라고 썼다. 그게 실현될 수 없는 '판타지'임을 그때는 분명히 알았다는 거다. 그래서 이스라엘은 그 시기에 현실적인 조치를 취하기 시작했다. 솔로몬이 가나안 사람들의 노동력을 활용했다는 얘기는 그것의 일환이다. 정복전쟁과 헤렘은 판타지이고 노동력은 현실이었다.

왜 가나안 사람들이 살아남았는지에 대한 다양한 설명은 판타지를 유지하기 위한 방편이었다. 그들이 살아남은 것은 헤렘 원칙에 대한 예외가 아니라 헤렘이라는 판타지가 입을 상처를 최소화하려는 노력이었다. '살아남은 가나안 사람들'도 판타지 속에서만 의미를 갖는 표현이다. 현실에서는 그들이 쫓겨난 적도, 멸절당한 적도 없다. 그들은 이스라엘이 가나안에 들어가기 전부터 오랫동안 거기 살고 있었고 들어간 후에도 여전히 거기 살고 있었을 뿐이다. 그들은 멸절당한 적도 없고 내쫓겼다가 슬금슬금 다시 스며들지도 않았다. 가나안 땅 안에서 이스라엘과 크고작은 전쟁을 치렀을 수는 있지만 생존그 자체가 위협당한 적은 없었다. 이는 고고학 연구 결과일 뿐 아니라 성서의 가나안 정복 이야기를 살펴본 결과이기도 하다.

헤렘은 이스라엘의 판타지이고 '정신승리'다. 정신승리는 '경기나 경합에서 겨루어 패배했으나 자책감에서 벗어나기 위해 자신은 지지 않았다고 정당화하는 것을 이르는 말'이다. 또는 '본인에게 불리하거나 나쁜 상황을 좋은 상황이라고 왜곡해서 정신적 자기 위안을 하는 행위로서 실상은 자신의 망상으로만 이기고 있는 상황'을 의미한다. 이스라엘의 이른바 '정복전쟁'과 헤렘 이야기가 요시야 시대에 쓰였든 바빌론 포로시기에 쓰였든 모두 제국의 지배를 받아 고통당하는 시기에 쓰였다. 그런 고난의 시기를 이겨내는 하나의 방법으로 이들은 정복전쟁과 헤렘이라는 판타지를 만들어내서 정신승리했던 것이다.

위에서도 언급했지만 야훼가 가나안 사람들로 하여금 고집을 부리게 해서 이 스라엘과 싸우게 만들었다는 얘기는 정복 이야기 전체의 흐름을 바꿀 수 있는 중요한 얘기다. 너무 짧게만 언급되는 바람에 주목을 못 받고 있을 뿐이다. 필자는 이 점에 주목해서 정복 이야기를 해석한 연구를 찾아 내지 못했다. 이 주제의 연구는 거의 모두 출애굽 이야기에 집중되어 있다. 그것들 중 필자가 참고한 논문은 다음과 같다.

David Frankel, "Taking Control of the Story: God Hardens Pharaoh's Heart"

(www.thetorah.com/article/taking-control-of-the-story-god-hardens-pharaohs-heart)

David Frankel, "When Pharaoh's Stubbornness Caught God by Surprise"

(www.thetorah.com/article/when-pharaohs-stubbornness-caught-god-by-surprise)

Matthew Mcaffee, "The Heart of Pharaoh in Exodus 4-15," *Bulletin for Biblical Research* 20.3 (2010) 331-354.

Claire Matthews McGinnis, "The Hardening of Pharaoh's Heart in Christian and Jewish Interpretation," *Journal of Theological Interpretation* 6.1 (2012) 43-64.

Shaul Magid, "The Ethical Problem of Hardening Pharaoh's Heart"

(www.thetorah.com/article/taking-control-of-the-story-god-hardens-pharaohs-heart)

Hans-Georg Wünch, "The Strong and the Fat Heart in the Old Testament: Does God Hearten the Heart?" *Old Testament Essays* 30/1 (2017) 165-188.

Daniel M. Zucker, "Weighing Pharaoh's Heavy Heart"

(www.thetorah.com/article/weighing-pharaohs-heavy-heart)

가나안 정복이 미완으로 남은 데 대한 연구로 간결하지만 유용한 논문을 소

개한다.

Mordechai Cogan, "Israel's Incomplete Conquest,"

(www.thetorah.com/article/israels-incomplete-conquest-of-canaan)

13장

헤렘의 해석학-고대 해석자의 해석

정복 이야기의 문학 형식

20세기 구약성서학에 가장 큰 영향력을 행사했다는 폰라트(Gerhard von Rad)는 구약성서를 '역사서'라고 정의했다. 구약성서에는 다른 양식으로 쓰인 문서도 많지만 역사서 성격을 가진 문서가 가장 큰 부분을 차지한다. 그러니 구약성서를 역사서로 성격 규정한 것을 틀렸다고만 할 수는 없다.

구약성서가 역사서라고 했을 때 그 '역사'는 현대적 의미의 그것과 다르다. 과거에 일어난 일을 가급적 그대로 객관적으로 보도하는 것이 현대 역사서의 일차적인 과제다. 구약성서 역사의 서술 목적은 그게 아니다. 구약성서에서 인간의 역사는 궁극적으로 하나님이 자신의 뜻을 구현하는 장이다. 하나님이 역사적 사건을 통해 어떤 뜻을 이루려 하는지를 밝히는 일이 역사 서술의 과제다. 실제로 어떤 일이 일어났느냐 하는 '사실성'이 최고의 기준은 아니다. 구약성서 역사가 꾸며낸 이야기나 허구라는 뜻은 아니다. 역사적 사실성 역시 기준 중 하나지만 유일한 기준도 최고의 기준도 아니란 얘기다. 그래서 학자들은 구약성서를 '역사화 된 이야기' 또는 '역사서 형식을 갖춘 이야기'로 규정한다고 했다.

지난 세기부터 구약성서의 문학양식을 '신화'(myth)로 규정하는 학자들이 늘어났다. 보수 기독교인은 물론이고 보수 성향의 학자들도 이를 비판한다. '신화' 하면 제일 먼저 '허구'(fiction)라는 말이 떠오른다. 꾸며낸 이야기라는 얘기다. 그리스-로마 신화에는 신들이 서로 사랑하고 증오하고 남을 속이고 불륜을 저지르는 등의 행동을 스스럼없이 한다. 이런 신들은 야훼 신과는 성격이 다르므로 신화 자체를 부정적으로 여기는 것도 무리는 아니다.

통속적인 의미의 신화는 그러하지만 학계에서 말하는 신화는 그런 게 아니다. 한국민족문화대백과사전은 신화를 "우주의 기원, 초자연적 존재의 계보, 민족의 시원 등과 관련된 신에 대한 서사적 이야기 또는 설화"라고 정의한다. 브리태니커 사전은 좀 더 자세하다. "신화는 기원이 알려지지 않은 상징적 설화, 적어도 부분적으로는 전통적인 성격을 갖는 상징적 설화로서 표면적으로는 실제 벌어진 사건과 관련이 있고 특별히 종교적 신념과 연결되어 있는 이야기다. 이것은 제의 등의 상징적인 행위 및 상징적인 장소나 성전, 성물 등 물건과는 다르다. 신화는 일반적인 인간 경험과는 동떨어져서 존재하는 특정되지는 않은 시간에 벌어진 비범한 사건이나 상황에 개입된 신들이나 초인들에 대한 이야기다." 이 책에서 신화는 첫째, 한 공동체나 특정한 사건의 기원에 관한 이야기 둘째, 공동체의 문화적 기억과 정체성을 형성하는 이야기 셋째, 허구지만 실제 사건을 반영하는 상징 언어로 구성된 이야기 넷째, 인간사회를 반영하는 신들에 관한 이야기를 가리킨다.

구약성서는 신화적 성격을 갖고 있지만 그리스-로마 신화와는 성격과 같지 않다. 구약성서 전부가 신화도 아니다. 문학양식 상 신화의 성격을 갖고 있는 문서가 구약성서에 있다. 구약성서는 신화적 성격을 갖는 세계관의 틀 안에서 이스라엘이 생각하고 경험하며 느끼고 살아가는 세상이 어떤 것인지를 그들이 믿는 신 야훼와의 관계 속에서 서술한 문서다. 가나안 정복 이야기도 여기 포함된다.

가나안 정복 이야기의 신화적 성격

극단적인 문자주의자를 제외하면 구약성서에 신화적 요소가 있음을 인정한다. '기적'이라고 부르는 사건도 신화적 성격의 이야기다. 성 주위를 돌기만 했는데 성벽이 저절로 무너졌다는 여리고 성 점령 이야기(6장), 하늘에서 큰 우박이 쏟아져 내렸고 해와 달이 하늘에 멈춰 섰다는 이야기(10:11-13)가 여기 속한다. 단편적인 사건뿐 아니라 정복 이야기 전체가 신화적 성격을 갖는다고 할 수 있다. 가나안 땅을 어떻게 이스라엘이 차지하게 됐는지, 어떤 과정을 거쳐서 그 땅에 정착했는지, 가나안 사람들과의 관계에서 그들의 정체성은 무엇이고 그것이 어떻게 형성됐는지 등 기원을 설명하는 이야기이기 때문이다.

여호수아서는 실제로 벌어진 역사적 사건인 것처럼 서술되어 있다. 다른 신화들에 비해 역사적 성격이 상대적으로 강하다. 여기에는 에덴동산에서처럼 뱀이 사람의 말을 하지도 않고 사람들이 수백 년 살았다는 얘기도 없다. 초자연적 요소가 드물다는 점에서는 신화적 성격이 약하다고 볼 수 있다. 여호수아서의 신화를 합리화된 신화 (rationalized myth), 객관화된 신화(objectified myth)라고 부르는 까닭이다. 하지만 여호수아서가 이스라엘의 정체성과 문화적 기억에 관한 이야기라는 점에서는 여전히 신화적이다. 통속적으로 허구란 뜻의 신화가 아니라 문학적 성격 또는 문학양식이 그렇다는 얘기다.

신화의 특징에는 도덕규범에 어긋나는 이야기가 자주 등장하는 점도 있다. 그리스-로마 신화들에 자주 등장하는 신들 간의 불륜이 그 예다. 현대인의 눈에는 이야기 수준을 떨어뜨리는 요소일지 몰라도 신화를 만들고 전승한 집단에게는 그런 요소가 문젯거리가 되지 않았다. 그것 또한 자기들 정체성의 일부라고 생각했고 전하려는 메시지가 거기에 구애받지 않는다고 여겼으니 말이다.

가나안 정복 이야기의 헤렘도 그렇게 볼 수 있다. 헤렘이 윤리규범에는 분명 어긋난다. 이야기의 가치를 훼손하는 것은 사실이다. 하지만 전하려는 메시지가 그것이 아니었기에 우리가 생각하는 것만큼 문젯거리가 되지는 않았다. 현대 기준으로는 대량학살이 어떻게 부차적일 수 있겠나 싶지만 그때 윤리기준이 지금과 같지 않다는 점도 고려해야 한다. 신화의 내용을 액면 그대로 받아들여서 거기에 오늘의 윤리적 잣대를 들이대는 것은 올바른 태도가 아니다.

신화는 다양한 의미가 함축되어 있는 문학양식이기도 하다. 다양하게 해석할 가능성이 열려있다. 시대가 변함에 따라 신화는 다양하게 해석되어왔다. 이를 폴 리꾀르(Paul Ricœur)는 '여분의 의미'(surplus of meaning)라고 불렀다. 가나안 정복 이야기가 후대에 어떻게 이해되고 해석됐는지 살펴보면 이 점을 확인할 수 있다. 그 중에서 몇 가지만 살펴보겠다.

구약성서의 해석학

정복 이야기는 오경과 여호수아서, 그리고 사사기 외에는 구약성서에 거의 등장하지 않는다. 에덴동산 이야기처럼 말이다. 에덴동산 이야기는 유대교와 기독교 밖에도 널리 알려져 있지만 정작 구약성서에는 창세기 2-3장외에는 거의 등장하지 않는다.

어느 문화권에서든 전쟁은 폭력을 동반한다. 한편이 싸우기 전에 항복하는 경우를 제외하면 전쟁은 예외 없이 폭력적으로 치러진다. 그래서 행사된 폭력을 정당화하는 논리가 필요했다. 전쟁이라도 폭력에는 일정한 한계를 둬야 한다고 믿었기 때문이다. 헤렘의 목적을 가나안 사람들이 가져올 배교행위를 미연에 방지하는 데 둔 것 역시 폭력의 정당화 수단으로 볼 수 있다. 그런 목적 때문에 어쩔 수 없이 폭력을 행사할 수밖에 없었다는 식으로 말이다.

고대중동문화권에서 전쟁의 폭력을 정당화하는 방법은 다양했다. 〈에누마 엘리시Enuma Elish〉는 전쟁을 카오스 세력과의 싸움으로 본다. 이 싸움에서 이겨서 그 세력을 물리쳐야 한다는 거다. 적을 악마화 하는 주장은 폭력을 정당화하는 수단 중 하나다. 신에게 명령받아 전쟁을 치르는 왕은 정의의 수호자가 된다.

가나안 정복전쟁을 명시적으로 언급하지는 않지만 이와 비슷한 논리로 전쟁 폭력을 정당화하는 시편들이 있다.

> 주님께서 하늘로부터 천둥소리를 내시며 가장 높으신 분께서 그 목소리를 높이시며 우박을 쏟으시고 벼락을 떨어뜨리셨다. 주님께서 화살을 쏘아서 원수들을 흩으시고 번개를 번쩍이셔서 그들을 혼란에 빠뜨리셨다. 주님께서 꾸짖으실 때에 바다의 밑바닥이 모두 드러나고 주님께서 진노하셔서 콧김을 내뿜으실 때에 땅의 기초도 모두 드러났다. 주님께서 높은 곳에서 손을 내밀어 나를 움켜잡아 주시고 깊은 물에서 나를 건져 주셨다. 주님께서 나보다 더 강한 원수들과 나를 미워하는 자들에게서 나를 건져주셨다.(시편 18:13-17)

시인은 우주적 전쟁을 묘사한다. 사용하는 어휘들이 그렇다. 마지막에 시인은 야훼가 강한 원수들과 자기를 미워하는 자들에게서 자기를 건져줬다고 노래한다. 우주적 차원의 노래가 갑자기 지상에 내려왔다. 시인의 전쟁은 야훼가 우주의 카오스 세력과 싸우는 전쟁의 지상 버전이다. 카오스 세력과의 우주적 전쟁에서 야훼가 승리해야 하듯이 땅에서 치르는 전쟁도 왕이 승리해야 한다. 땅의 전쟁에서의 폭력은 그렇게 정당화된다. 야훼가 우주의 카오스와 싸우는 것처럼 왕은 지상의 카오스와 싸우고 있으니 반드시 이겨야 한다.

주 만군의 하나님, 누가 주님 같은 용사이겠습니까? 오, 주님! 주님의 신실하심이 주님을 둘러싸고 있습니다. 주님은 소용돌이치는 바다를 다스리시며 뛰노는 파도도 진정시키십니다. 주님은 라합을 격파하여 죽이시고 주님의 원수들을 주님의 강한 팔로 흩으셨습니다. 하늘은 주님의 것, 땅도 주님의 것, 세계와 그 안에 가득한 모든 것이 모두 주님께서 기초를 놓으신 것입니다. 자폰 산과 아마누스 산을 주님이 창조하셨으니 다볼 산과 헤르몬 산이 주님의 이름을 크게 찬양합니다.(시편 89:8-12)

라합은 고대중동문화권에서 신화적인 카오스 세력의 상징이다.(이 라합은 여리고 성의 라합과 철자가 다르다) 야훼는 라합과 우주적 전쟁을 벌인다. 적을 물리치고 원수를 제압해야 우주에 질서가 확립된다. 신화적 산들이 야훼 이름을 찬양한다. 여기까지는 신화적 전쟁에서 승리한 야훼를 찬양하는 노래다. 뒤로 가면 달라진다.

오래 전에 주님께서는 환상 가운데 나타나시어 주님의 성도에게 말씀하셨습니다. "내가 용사들 위에 한 젊은 용사를 세우고 백성들 위에 내가 선택한 용사를 높이 세웠다. 나는 내 종 다윗을 찾아서 내 거룩한 기름을 부어 주었다. 내 손이 그를 붙들어 주고 내 팔이 그를 강하게 할 것이다. 원수들이 그를 이겨 내지 못하며 악한 무리가 그를 괴롭히지 못할 것이다. 내가 오히려 그의 대적들을 그의 앞에서 격파하고 그를 미워하는 자들을 쳐부수겠다. 나는 그를 사랑하고 내 약속을 성실하게 지킬 것이며 내가 그에게 승리를 안겨 주겠다. 그의 손은 바다를 치며 그의 오른손은 강을 정복하게 하겠다. 그는 나를 일컬어 '주님은 나의 아버지, 나의 하나님, 내 구원의 반석입니다.' 하고 말할 것이다."(시편 89:19-26)

우주적 차원의 전쟁이 갑자기 지상의 국지전이 된다. 신화적 존재들은 사라지고 지상 존재들이 시야에 들어온다. 다윗과 그의 원수가 그들이다. 야훼는 다윗의 대적을 격파하고 그에게 승리를 안겨준다. 시인은 우주전쟁을 지상전쟁으로 변용한 게 아니다. 지상전쟁을 우주전쟁으로 확장했다. 시인은 다윗이 땅에서 벌이는 전쟁에 카오스 세력을 물리치고 우주적 차원의 질서를 세우는 우주전쟁이라는 거대한 의미를 부여한다.

이상 시편들은 가나안 정복전쟁을 명시적으로 언급하지는 않는다. 하지만 이스라엘이 벌이는 전쟁을 우주의 카오스 세력을 물리치고 우주적 차원의 정의를 세우고 평화를 이룩하는 야훼 전쟁의 지상 대리전으로 표현함으로써 거기서 행사되는 폭력을 정당화한다.

외경과 신약성서의 해석학

구약성서 외경에는 구약성서 자체보다 가나안 정복에 대한 서술이 더 자주 등장하고 해석도 다양하다. 정복 이야기를 철저하게 문자적으로 해석한 경우도 있지만 그보다는 은유적이고 영적으로 해석한 경우가 더 많다.

오만은 주님을 저버리는 데서 시작되고 사람의 마음이 창조주에게서 멀어질 때 생긴다. 오만은 죄의 시작이므로 오만에 사로잡힌 자는 악취를 낸다. 그러므로 주님께서는 이런 자들에게 엄청난 벌을 내리시며 그를 멸망시키신다. 주님께서는 군주들을 그 권좌에서 몰아내시고 그 자리에 온유한 사람들을 앉히신다. 주님께서는 오만한 민족을 뿌리째 뽑아내시고 그 자리에 겸손한 사람들을 심으신다. 주님께서는 그 민족들의 영토를 뒤엎으시고 그들을 송두리째 멸망시키신다. 주님께서는 그 중 몇 민족들을 멸망시키시고 이 땅에서 그들에 대한 기억마저 지워버리신다.(집회서 10:12-17. 이하에서 외경은 공동번역개정판의 인용임)

눈의 아들 여호수아는 전장에서 용감하였고 예언하는 일에 있어서 모세의 후계자였다. 그는 이름 그대로 하느님의 선민들의 위대한 구원자가 되어 반항하는 원수들을 쳐부수고 이스라엘로 하여금 자기 땅을 차지하게 하였다.(집회서 46:1)

가나안 종족은 그들의 오만 때문에 멸망당했다. 이스라엘이 그 땅을 차지한 것은 겸손했기 때문이다. 이런 해석의 근거는 구약성서 어디에도 없다. 〈집회서〉가 어떤 근거로 이렇게 해석하는지 알 수 없다. 46장에는 오만 대 겸손의 대립 같은 것은 없다. 여호수아는 전쟁영웅이다. 집회서가 쓰인 기원전 180년경에는 정복 이야기가 본래 뜻과는 달리 해석됐다고 볼 수 있다. 전쟁 이야기를 겸손이라는 윤리적 교훈에 관한 이야기로 새롭게 해석했다. 새로운 해석의 근거가 뭔지는 말하지 않는다. 더 이상 전쟁이란 주제를 진지하게 다룰 이유가 없도록 시대상황이 달라졌기 때문이라고 추측할 뿐이다.

기원전 2세기경 문서인 〈희년서〉는 창세기를 새롭게 서술한 책이 므로 가나안 종족에 대해 직접적으로 언급하지 않지만 그들이 불법 적으로 가나안에 살고 있다고 전제한다.(희년서 8:10-11) 노아의 아들 중에서 함에게 배당된 땅은 북아프리카인데(9:1) 그가 셈의 땅을 불 법적으로 차지하고 있다.(10:29-34) 아브라함은 자기 후손들에게 그들 과 결혼하지 말라고 경고한다. 심판 날에 멸망당할 자들이기 때문이 다.(20:4) 이 문서에는 야곱의 아들들이 가나안 주민들과 전쟁한 얘기 도 나온다.(34:1-9) 이는 야곱 후손들이 가나안 사람들과 평화롭게 지 냈다는 창세기의 진술과 배치된다. 〈희년서〉 저자가 정복시대 정황 을 과거 족장시대로 소급했기 때문으로 짐작한다.

가나안 정복을 적극적으로 정당화한 문서는 〈솔로몬의 지혜서〉 다. 기원전 1세기 말경에 쓰인 이 책은 가나안 종족이 부패와 타락 때문에 멸절됐다고 말한다.

주님은 주님의 거룩한 땅에 살던 옛 사람들도 미워하셨다. 그들이 하 는 짓은 가증스러웠고 푸닥거리와 우상에게 제사 지내기를 좋아하 였던 것이다. 그들은 어린이들을 무자비하게 학살하고 인육의 향연 에서 창자를 먹으며 피비린내 나는 잔치가 진행되는 가운데 입교 의 식을 시작하였다. 부모들은 저항하지 못하는 제 자식들을 제 손으로 죽였다.(지혜서 12:3-6a)

레위기 18장에 나열된 가나안 사람들의 죄는 성적인 데 초점이 맞춰져 있다. 예외는 자식을 제물로 바치는 행위다.(레위기 18:21) 반면 〈지혜서〉에서 그들의 죄는 인신제사에 집중되어 있다. 피의 축제, 인육의 향연까지 언급된다. 구약성서에는 언급되지 않은 죄목이다. 저자가 내심으로는 당시 만연한 디오니소스 제의를 염두에 뒀다고 보는 학자들이 있다. 현재에 대한 비판을 과거로 소급했다는 얘기다. 이 주장이 옳든 그르든 〈지혜서〉는 가나안 사람들의 부패와 타락을 강하게 비판한다. 그렇지만 자비가 풍성한 야훼는 그들을 이렇게 심판했다.

그래서 주님은 우리 조상들의 손으로 그들을 멸망시키시어 모든 땅 중에서 주님께 가장 귀한 이 땅이 그에 합당한 하느님의 자녀들을 주민으로 받아들이게 하셨다. 그러나 그 악인들도 인간이었기 때문에 주님은 관대하게 처리하시어 당신 군대의 선봉으로 말벌을 보내시고 조금씩 조금씩 멸망하게 하셨다. 주님은 그 악인들을 의인들의 손에 넘겨서 격렬한 전쟁터에서 죽게 내버려두시거나 끔찍한 야수들에게 짓밟혀 죽게 하시거나 단호한 말씀 한마디로 당장에 없애버리실 수도 있었다. 그러나 그들을 조금씩 조금씩 처벌하심으로써 회개할 기회를 주셨다. 물론 주님은 그들이 날 때부터 악인이었고 그들의 품성 자체가 악했으며 그들의 악한 생각을 고치지 못한다는 것을 모르시지는 않았다. 그들은 시초부터 저주받은 종족이었고 그들의 죄를 처벌하시지 않은 것은 어느 누구를 두려워하셔서가 아니었다.(지혜서 12:6b-11)

그들에게도 기회가 있었다. 야훼는 그들이 회개하지 않을 줄 알았지만 그들을 단숨에 없애버리지 않고 점진적으로 멸망시켜 회개의 기회를 줬다. 야훼는 잔인하기만 한 신은 아니다. 누구에게나 기회를 주는 자비로운 신이다. 야훼가 이들을 멸망시킨 것은 믿지 않는 사람들에게 자신의 권능을 보여서 믿게 하기 위해서였고 의인에게 관용을 보임으로써 회개를 촉구하기 위해서다.

> 주님의 힘은 주님의 정의의 원천이며 만물에 대한 주권을 가지고 계시는 주님은 만물에게 관대하시다. 주님은 다만 사람들이 당신의 권능을 믿지 않을 때에만 당신의 힘을 드러내시고 권능을 알고도 주님과 감히 맞서려는 자들을 응징하신다. 이러한 힘을 가지신 주님은 자비로운 심판을 내리시고 우리들을 대단히 너그럽게 다스리신다. 주님께서는 무엇이든지 하시고자 하면 그것을 하실 힘이 언제든지 있으시다. 주님은 이와 같은 관용을 보이심으로써 당신 백성에게 의인은 사람들을 사랑해야 된다는 것을 가르쳐주셨다. 그리고 죄를 지으면 회개할 기회를 주신다는 것을 가르치셔서 당신 자녀들에게 희망을 안겨주셨다.(지혜서 12:16-19)

이상 살펴본 외경은 기원전후 1세기경에 가나안 정복 이야기가 어떻게 해석됐는지 보여준다. 이들은 대량학살의 윤리문제에는 별 관심을 두지 않는다. 어떻게 어린아이들과 여자들과 노인들까지 죽일 수 있냐는 부정적인 질문은 하지 않았다. 제국의 식민지 처지였지만 정복사건을 자신의 정치적 상황에 적용하려는 시도도 하지 않왔다. 디오니소스 제의를 염두에 뒀다는 주장이 옳다면 정치 상황보다는 문화 상황에 더 큰 관심을 가졌다고 추측할 수 있겠다.

위의 문서들보다 약간 늦은 시대의 필로와 요세푸스는 다른 해석을 내놓았다. 성서를 알레고리적으로 해석한 것으로 유명한 필로는 전쟁 폭력을 축소하려고 노력했다. 그는 요단 강 동쪽 전투에서는 군인들만 죽었고 서쪽 가나안 성읍에는 주민들이 없었으므로 죽일 필요도 없었다고 썼다. 이스라엘이 오기도 전에 그들이 먼저 미리 도망쳤다는 것이다. 그는 가나안 사람의 죄를 적극 부각시켜서 이스라엘에게 정당성을 부여하기도 했다. 이스라엘이 야훼의 선민임을 알고 싸우지 않고 항복했다고까지 했다. 해석이 너무 낯설어서 다른 성서를 갖고 있었나 싶은 정도다.

요세푸스도 비슷하다. 그는 다른 종족에 대해 가혹하게 비판하지 않는다. 그가 로마제국에 귀화했기 때문 아닌가 싶다. 그는 이스라엘이 군인만 죽였다고도 썼다. 가끔 생존을 위해 모든 주민을 죽인 것은 어쩔 수 없는 선택이라고 했다. 독자가 로마 사람이었으니 그들의 심기보호 차원에서 그렇게 썼다고 보인다.

드물지만 쿰란 문서에도 정복 이야기가 등장한다. 쿰란 문서는 이스라엘 사람들에게 초점을 맞춘다. 가나안 주민이 멸망당한 것은 이스라엘에게 경고하기 위해서다. 그들처럼 살면 이스라엘도 같은 운명에 처해진다는 거다. 쿰란 문서는 특히 '정결'에 관심을 집중한다. 이들은 다음 구절을 근거로 가나안 주민의 죄는 땅을 더럽힌 데 있다고 본다.

따라서 그들이 사는 땅까지 더럽게 되었다. 그러므로 나는 그 악한 땅을 벌하였고 그 땅은 그 거주자들을 토해 내게 되었다.(레위기 18:25)

너희보다 앞서 그 땅에서 살던 사람들은 이 역겨운 모든 짓을 하여 그 땅을 더럽히고 말았다.(레위기 18:27)

쿰란 문서는 헤렘을 언급하지 않는다. 가나안 사람들을 악의 상징으로 여기지만 야훼가 그들을 헤렘하라고 명령하지 않았다. 헤렘을 전쟁명령이 아니라 도덕적, 신학적 계명으로 인식했기 때문이라고 추측된다. 하지만 이를 확인할 자료는 충분치 않다.

신약성서와 고대 유대교 랍비의 해석

신약성서에는 가나안 정복에 대한 언급이 거의 없다. 위에 인용한 외경과 비슷한 시기인 기원후 1세기 기독교 공동체 교회가 왜 이 문제를 언급하지 않았는지 궁금하다. 사도행전에 스데반과 바울이 짧게 언급한 것과 라합의 믿음에 관한 히브리서와 야고보서의 한 문장이 전부다.

우리 조상들은 이 장막을 물려받아서 하나님께서 우리 조상들 앞에서 쫓아내신 이방 민족들의 땅을 차지할 때에 여호수아와 함께 그것을 그 땅에 가지고 들어왔고 다윗 시대까지 물려주었습니다.(사도행전

7:45)

가나안 땅의 일곱 족속을 멸하셔서 그 땅을 그들에게 유업으로 주시고.(사도행전 13:19)

믿음으로 창녀 라합은 정탐꾼들을 호의로 영접해 주어서 순종하지 않은 사람들과 함께 망하지 아니하였습니다.(히브리서 11:31)

창녀 라합도 정탐꾼들을 접대하여 다른 길로 내보내서 행함으로 의롭게 된 것이 아닙니까?(야고보서 2:25)

히브리서와 야고보서가 그나마 내용이 있다. 라합이 정탐꾼들을 영접하고 순종한 행위를 그녀의 믿음으로 규정한다. 이것이 전부인데 새로운 내용은 아니다. 이에 비하면 유대교 랍비들이 남긴 문서는 훨씬 풍부하고 다채롭다.

랍비들은 가나안 사람들이 회심할 가능성을 열어놓았다. 그들이 우상숭배를 하지 않고 회개하면 라합처럼 그 땅에서 살 수도 있고 이스라엘에 편입될 수도 있다. 이스라엘이 전쟁 없이 땅을 차지했다고 해석하기도 한다. 이스라엘의 가나안 땅 진입 소식을 듣고 그들이 스스로 물러났다는 거다. 그에 대한 보상으로 그 땅에 '가나안'이란 이름이 붙었고 그들은 본래 할당받은 아프리카에서 살게 됐다. 이들이 야훼를 믿었기 때문에 아프리카로 이주가 허락됐다고 주장하기도 했다. 이스라엘이 그들에게 항복하고 그 땅을 떠나라고 권고

했다고 해석하기도 했다. 이는 모세가 시혼에게 사절을 보내서 그 땅을 평화롭게 지나가게 해달라고 요청했던 것(신명기 2:26-29)과 "당신들이 어떤 성읍에 가까이 가서 공격할 때에는 먼저 그 성읍에 평화를 청하십시오."(신명기 20:10)라는 전쟁수칙에 근거해서 재해석한 경우다.

이 해석들은 헤렘 명령과 상응하지 않는다. 헤렘 명령을 이렇게 해석한 것은 그것이 그들의 윤리기준에 맞지 않음을 인식했기 때문이다. 이들은 헤렘의 윤리적 문제를 심각하게 인식했다. 그들의 해석대로라면 이스라엘은 평화 지향 집단이다. 가나안 사람들 중에서 이스라엘의 제안을 받아들이지 않은 집단은 평화를 거부하고 스스로 멸망의 길을 택한 오만하고 고집스런 집단이다. 이들의 죄가 우상숭배에서 오만으로 바뀌었다.

이들은 자기들에게 유리한 쪽으로 정복 이야기를 해석했다. 가나안 사람들에게는 회심해서 그 땅에 남거나 아프리카로 평화롭게 이주할 기회를 줬다. 헤렘된 사람은 그 기회를 차버린 자들이다. 이스라엘이 윤리적, 신학적 책임을 질 일은 없다는 것이 이들의 해석이다.

문자적 해석 vs. 상징적-영적 해석

제도교회는 일찍부터 헤렘의 비윤리성을 인식했다. 헤렘을 문자적으로 해석하지 않고 상징적-영적으로 해석했던 것도 그래서였다. 교부들 중에는 이레네우스가 정복 이야기를 영적으로 해석하기 시작했다. 그것을 정교하게 다듬은 이는 오리겐이다. 오리겐은 성서 전체를 알레고리적으로 해석한 사람으로 유명하다. 그는 가나안 정복 이야기는 죄의 유혹과의 싸움을 은유적으로 표현한 것이라고 봤다. 정복 이야기는 새로운 모세이자 예수의 모형인 여호수아가 신자들을 이끌고 죄의 권세를 극복하고 하나님이 약속한 안식에 들어가는 이야기다. 헤렘은 실제로 사람을 죽이라는 명령이 아니라 하나님에 대한 전적인 헌신을 방해하는 이기적인 자아를 없애라는 명령이다. 이렇게 해석하면 폭력성에서 비롯된 신학적이고 윤리적인 문제를 피할 수 있다. 이런 해석은 종교개혁시대에 이르기까지 정복 이야기의 해석학적 틀이 됐다.

상징적-알레고리적 해석을 부정하고 성서를 글자 그대로 해석해야 한다는 문자적 해석도 오랜 역사를 갖고 있다. 루터는 성서에는 전체가 통일되고 일관되며 하나의 의미를 갖는 해석학적 틀이 존재한다고 주장했다. 여호수아서 해석도 이 틀에 의거해야 한다. 여호수아서 해석의 과제는 성서 전체를 관통하는 원칙과 규범을 그 책에서 찾아내는 것이다. 이 과제를 해결하려면 상징적-알레고리적-은유적 해석이 아니라 문자적 해석을 해야 한다.

개혁교회의 조상 깔뱅은 성서를 문자적으로 해석한 대표자다. 하나님이 가나안 사람들의 학살을 명령했다는 사실은 부정할 수 없다. 그는 자신의 여호수아서 주석서에 "(학살은) 하나님에게 즐거움이었다. 왜 하나님은 그토록 잔인한지 묻지 말고 그분의 결정에 동의하는 것이 마땅하다."라고 썼다. 이스라엘은 가나안 종족에게 끊임없이 공격당했으므로 방어적인 폭력을 행사할 권리를 갖는다. 무슨 일이든 하나님이 했다면 거기에는 그럴만한 이유가 있으므로 폭력이든 대량학살이든 인종청소든 모두 정당하다. 위대한 신학자가 했다고 믿기 어려운 주장이다. 그의 주장은 수세기 후에 벌어진 유럽의 제국주의 팽창과 식민지 쟁탈을 뒷받침하는 논리로 기능했다.

아메리카 대륙을 정복한 유럽 기독교인들은 스스로를 '새로운 이스라엘'이라고 불렀다. 대륙의 원주민들은 '가나안 사람'으로 명명했다. 이들이 대륙을 정복하는 과정에서 남긴 수많은 자료들을 보면 자기들이 새로운 가나안 정복전쟁을 한다고 생각했음을 알 수 있다. 그들의 전쟁은 하나님의 명령을 받아서 '젖과 꿀이 흐르는 약속의 땅'을 차지하는 정당한 전쟁이다. 캡틴 언더힐이란 자가 원주민 학살에 대해 이런 글을 남겼다.

'당신들은 왜 그토록 잔인한가?'라고 물을 수 있다. 기독교인이라면 더 자비와 긍휼을 베풀어야 하지 않은가 라고 말이다. 하지만 성서는 때로 여자와 아이들이 그들 부모에 의해 죽임당할 수도 있다고 말한다. 어느 정도 사정이 달라지긴 했지만 지금은 그 문제로 다툴 때가 아니다. 지금 우리가 하는 행위(원주민 학살)는 성서가 충분히 뒷받침한다.

가나안 사람에 대한 헤렘은 만보 양보해서 그것이 역사적 사건이라고 해도 과거 특정한 한 시점에 벌어진 개별적인 사건이다. 전에도 없었고 후에도 없을 사건이다. 그런데 나중에는 그것이 언제 어디서든 할 수 있는 행위가 됐고 반드시 행해야 하는 규범이 되기까지 했다. 인간 본성의 발현이라고 여기는 자들도 나타났다. 미국 대통령 부시가 중동전쟁을 벌이면서 현대판 가나안 전쟁이라고 불렀던 것이 그 예다. 자기가 무슨 말을 하는 줄이나 알고 했을지 의심스럽다.

　한 역사적 사건에 대한 해석은 시대를 초월한다. 과거 사건에 대한 해석이 현재와 미래에 영향을 주기도 한다. 우리는 3천 년 전 과거에 일어났던 가나안 정복전쟁 이야기가 후대에 어떤 영향을 미쳤는지 살펴봤다. 벌어진 사건들에 비하면 지나치게 간략하게만 살폈지만 지난 세월 정복 이야기가 어떤 해석의 길을 걸었는지 대강 파악할 수는 있었다. 다음 장에서는 기독교에서 이 이야기를 어떻게 해석해왔는지를 살펴보고 마지막 15장에서는 필자가 정복 이야기를 어떻게 이해하고 해석하는지를 말해보겠다.

필자는 이 책의 일차적 과제를 정복 이야기를 전하는 텍스트들을 꼼꼼하게 읽는 것으로 삼았으므로 해석의 역사를 공부하는 데 많은 노력을 기울이지는 않았다. 이 부분을 공부하는 데 도움을 준 자료는 다음과 같다.

Philip Jenkins, *Laying Down the Sword: Why We Can't Ignore the Bible's Violent Verses*. 2011.

가나안이라는 땅과 그것과 관련된 이야기들이 구약성서에서 어떻게 기억되고 있는지를 살펴본 연구로는 나아만의 것이 있다.

Nadav Na'aman, "Memories of Canaan in the Old Testament," *Ugarit-Forschungen* 47 (2016) 129-146.

가나안 정복 이야기를 고대 랍비들이 어떻게 해석했는지를 잘 보여주는 두 편의 논문을 소개한다.

Rivon Krygier, "Did God Command the Extermination of the Canaanites? The Rabbis' Encounter with Genocide."

Arie Versluis, "The Early Reception History of the Command to Exterminate the Canaanites," *Biblical Reception* 3 (2014) 308-329.

아메리카 대륙을 정복한 유럽인들이 그곳 원주민을 어떻게 대했는지, 그리고 자기들이 벌이는 원주민 학살을 가나안 정복전쟁과 비교했다는 사실을 보여주는 논문이 있다.

Bill Templer, "The Political Sacralization of Imperial Genocide: Contexualizing Timothy Dwight's The Conquest of Canaan," *Postcolonial Studies* vol. 9. No. 4. 2006. 358-391.

Rannfrid I. Thelle, "The Biblical Conquest Account and Its Modern Hermeneutical Challenges," *Studies Theologica-Nordic Journal of Theology* 61 (2007) 61-81.

일반적으로 종교의 폭력성과 세속적 폭력에 대한 이론 및 사례를 알고 싶으면 이 책을 참조할 만하다.

Hector Avalos, *Fighting Words: The Origin of Religious Violence*, 2005.

정말 야훼가 다 죽이라고 명령했을까?

14장

기독교의 헤렘 해석학

정복 이야기에 대해 관심 갖게 한 일들

앞에서 살펴봤듯이 헤렘의 윤리적이고 신학적 문제는 오래 전부터 인식되었다. 이에 대해 수많은 해석자들이 다양한 해석을 내놓았다. 크게 보면 그 이야기를 글자 그대로 해석하는 흐름과 은유적-상징적-영적으로 해석하는 흐름으로 대별된다. 전자는 가나안 정복전쟁이 여호수아서가 서술하는 그대로 일어났다고 주장한다. 그 안에 부분적으로 상응하지 않은 점도 있지만 전반적으로는 성서가 서술하는 대로 이스라엘이 가나안 땅을 무력으로 정복했다는 것이다. 후자는 정복전쟁 이야기가 사건을 일어난 그대로 보도한 것이 아니라고 주장한다. 그것은 신앙적, 영적 메시지를 전할 목적으로 쓰인 이야기이므로 메시지를 찾아내는 것이 해석자의 임무라고 본다.

두 경향은 정복 이야기에 담겨 있는 신학적, 윤리적 문제를 대하는 태도도 다르다. 전자는 대량학살도 하나님의 행위이므로 윤리적으로나 신학적으로 문제없다고 본다. 인간의 제한된 지식으로는 하나님의 뜻을 다 헤아리지 못한다. 하나님은 이유와 목적 없이 행하는 분이 아니므로 사람 눈에는 끔찍해 보이지만 거기에는 깊은 뜻이 담겨 있다는 것이다. 후자는 정복 이야기의 윤리적 문제에 민감하게 반응한다. 이야기를 표면적으로만 읽지 말고 깊이 있게 읽어서 거기 담겨 있는 신학적, 윤리적 메시지를 끌어내는 것이 해석자의 과제다. 두 경향은 기본적으로 성서를 보는 시각이 다르므로 여태껏 접점을 찾지 못했고 앞으로도 그럴 것이다.

그 동안 구약성서학계에서 이 주제의 연구가 꾸준히 이루어졌지만 21세기 들어와서 부쩍 관심이 커졌다. 최근에 북미대륙에서 연구 논문과 단행본이 꾸준히 나오고 있다. 2001년에 일어난 9·11 참사가 영향을 끼쳤다고 여겨진다. 9·11 참사와 그 후에 중동에서 벌어진 전쟁에서 행해진 폭력은 가나안 정복전쟁 이야기를 돌아보게 만들었다. 신무신론자들의 종교비판, 특히 구약성서의 폭력성에 대한 비판도 이 주제가 부각되는 데 한몫을 했다. 성서학자들 중에는 신무신론자들의 주장에 일정하게 호응하는 학자도 있지만 그보다는 그들이 구약성서를 피상적으로 읽는다고 비판하는 학자가 더 많다. 좌우간 이를 계기로 구약성서의 폭력성에 대해 진지하게 연구하는 연구자들이 늘어났다.

신무신론자들의 '도발'에 대해 주류 개신교 성서학자들이 나선 것은 시간이 좀 흐른 후였다. 이들은 신무신론자들이 성서를 문자적으로 읽는 것은 잘못이라고 지적하면서 지난 2-3세기 동안 발전시켜온 성서연구 성과에 기초해서 야훼 신과 가나안 정복 이야기를 역사비평적, 문학비평적으로 해석하는 성과를 내놓았다.

19세기 이래로 구약성서라는 고대문서를 보는 시각에 큰 변화가 있었다. 역사비평 방법론이 대표적이다. 이 방법론 안에도 다양한 흐름이 있는데 공통점은 구약성서를 여타 고대문서를 해석할 때 적용하는 것과 같은 방법으로 해석하는 것이다. 구약성서라는 책을 단행본으로 보지 않고 다양한 시대에 다양한 사람들에 의해 쓰였고 오랜 기간 동안 전승되어온 문서모음으로 보게 됐다. 이 방법은 구약성서를 구체적인 시간적, 공간적, 문화적 상황 안에서 일차적으로 당대 사람들을 독자로 삼고 쓰인 문서로 이해한다.

하지만 기독교와 유대교가 구약성서를 경전(scripture)으로 받아들인다는 점에서 다른 고대문서들과 성격이 다르다. 구약성서는 절대적이고 최종적인 종교적 권위를 갖고 있는 하나님의 말씀이다. 구약성서는 신앙고백에 포함된다. 구약성서는 신앙적, 신학적으로뿐 아니라 역사적, 과학적으로도 오류가 없다고 여겨진다. 이것을 믿어야 기독교인으로 인정받았다. 20세기에 들어와서 분위기가 많이 달라졌지만 지금도 성서의 글자 하나하나가 하나님의 영감으로 쓰인 하나님의 말씀이므로 어떤 오류도 없다고 믿는 사람이 많다. 구약성서를 전문적으로 연구하는 학자 중에도 그런 사람들이 있다.

미국에는 기독교 계통의 대학이 많다. 그 중에는 보수적인 교단에서 운영하는 대학도 있다. 하루 24시간 6일 창조론을 믿는 교단에 소속된 대학 생물학과에서는 어떻게 가르칠까? 교단의 공식신학인 창조론을 가르칠까, 아니면 진화론에 입각한 생물학을 가르칠까? 교단 신학을 따른다면 전자여야 하지만 실제는 그렇지 않다. 거기서도 진화론에 입각한 생물학을 가르친다. 교단 신학을 따르면 가르칠 것이 없고 학과를 유지할 수도 없으며 학생들도 오지 않을 테니 말이다. 그렇게 배우면 졸업 후 갈 수 있는 직장이 없다.

　신학대학원은 그렇지 않다. 지금도 역사비평 방법을 '자유주의 신학'이라며 거부하는 신학교와 성서학자들이 있다. 이들은 '주류' 학자들에게 외면을 넘어서서 비판과 조롱을 당하지만 여전히 주장을 굽히지 않는다. 그 반대에는 극단적인 자유주의자들이 있다. 이들 중 일부는 최소주의자(minimalists)라고 부른다. 이들은 가나안 정복 이야기를 순수한 픽션으로 본다. 그 근거는 첫째, 구약성서 외에는 정복 이야기를 입증하는 역사자료가 없다는 점 둘째, 성서의 진술대로 이스라엘이 가나안을 정복했다는 고고학적 증거가 없다는 점이다. 이들에게는 정복 이야기가 신학적, 윤리적 딜레마가 아니다. 실제로 그런 일이 일어나지 않았으니 딜레마일 이유가 없다. 문자주의자도 마찬가지다. 하나님이 행했다면 무조건 옳으니 말이다. 주류 학자에게는 이 이야기가 심각한 신학적, 윤리적인 문젯거리다. 그래서 다양한 방법을 동원해서 어떻게든 이 문제를 해결하려고 노력한다.

하나님이 했다는데 사람이 왜 문제 삼느냐고?

　신무신론자들의 주장을 읽어보면 학자로서의 성실성에 의문이 들 때가 있다. 지난 세월동안 과학만 발전한 게 아니라 신학과 성서학도 발전했는데 그들은 그에 대해서는 무지하거나 무시한다. 성서를 문자적으로만 읽고 표면에 드러난 의미만 따진다는 점에서는 문자주의에 가깝다. 도킨스는 아브라함에게 아들을 번제로 바치라고 명령한 야훼를 아동학대 가해자로 본다. 가나안 사람들을 몰살하라고 명령한 야훼는 피에 굶주린 학살자다. 히틀러, 사담 후세인, 스탈린, 폴포트와 다를 바 없다. 데니얼 데닛에게 야훼는 전쟁에서 한쪽만 편드는 질투심과 분노에 찬 슈퍼맨이다. 크리스토퍼 히친스에게 가나안 사람들은 자기들 신에게 감사할 줄도 모르고 말도 안 듣는 이스라엘 사람들에 의해 비참하게 쫓겨난 사람들이다.

신무신론자들의 조롱은 상식적 기독교인에게는 난센스다. 상식적인 기독교인은 구약성서를 문자적으로 읽지 않는다. 성서시대와 지금은 시간적, 공간적, 문화적으로 다르다는 사실을 인식하고 지금 상황에서는 구약성서의 규정을 글자 그대로 적용해서는 안 된다고 생각한다. 신무신론자들은 이런 변화가 있음을 모르는 것처럼 보인다. 최근 성서학을 적용한 성서해석은 성서의 미개함을 감추려는 '핑계' 쯤으로 여긴다.

성서학자 중에도 신무신론자들처럼 성서를 읽는 사람이 있다. 유진 메릴(Eugene Merrill)이 그 중 하나다. 메릴은 가나안 정복사건을 일회적으로 일어난 사건으로 보지 않는다. 이 사건은 사람이 다 파악할 수 없는 야훼의 거대한 구원계획에 따라 일어났다. 정복과정에서 벌어진 폭력도 단순한 파괴나 폭력행위가 아니라 야훼에게 바치는 제사행위다. 그는 가나안 사람들이 몰살당해야 하는 이유로 신명기 7장, 13장, 20장을 그대로 가져온다. 그들을 그 땅에 그대로 살게 했다면 이스라엘이 그들에게 유혹당해서 배교했을 것이란다. 그래서 가나안 사람들을 멸절시켜야 했다. 가나안 정복에서 행사된 폭력은 야훼가 친히 행했고 이스라엘에게 행하라고 명령했기 때문에 의문의 여지없이 정당하다. 헤렘 명령의 핵심은 야훼 이외의 다른 신을 섬기지 말라는 데 있다. "야훼 전쟁은 본질적으로 야훼의 주권에 도전하는 이 세상 상상의 신들과의 전쟁이다." 메릴이 한 말이다.

정복 이야기의 주인공은 야훼다. 헤렘을 명령한 이도 야훼이고 실행한 이도 야훼이며 성공적으로 완수한 이도 야훼다. 이 모든 행위는 사랑과 자비와 인내의 하나님 야훼의 미덕을 훼손하지 않는다. 하지만 야훼의 거룩함을 해치는 짓은 용납될 수 없다. 정복 이야기의 핵심은 야훼와 이스라엘의 거룩함이다. 이스라엘은 야훼의 거룩함을 간직한 백성이므로 패역한 종족과 구별돼야 한다. 그들은 야훼의 거룩한 구원의지를 구현하는 자들이다. 그래서 정복전쟁은 근원적인 악과 싸우는 우주적 전쟁을 반영하는 지상전이다. 철저하게 적을 섬멸해야 한다. 헤렘도 서슴지 말아야 한다. 메릴의 이런 주장에 충격 받을 사람이 많을 것이다.

메릴은 전쟁과 폭력에 있어서 구약성서와 신약성서 사이에 어느 정도 단절이 있다고 본다. 예수는 한 번도 야훼의 전쟁을 떠올리는 말을 하지 않았다. 바울서신과 계시록에 전쟁 이미지가 많이 나오지만 그것들 대부분은 구약성서 야훼의 전쟁과는 달리 종말적이고 우주적 전쟁, 또는 영적 전쟁이다. 기독교인이 반드시 평화주의자가 될 필요는 없다. 기독교인은 두 개의 시민권을 가졌다. 타락한 세상에서 살기에 때로는 칼을 들어야 한다. 폭력이 필요할 때도 있다. 그는 헤렘에 대해 이렇게 썼다.

> 문제는 인종학살이 본래 선한지 악한지가 아니다. 거룩한 하나님이
> 명령했는지 여부가 중요하다. 인종학살의 목적이 무엇이고 누가 저
> 질렀으며 어떤 상황에서 벌어졌는지가 중요하다. 우리는 인종학살이
> 인간의 인식범위를 넘어서기에 부당하다거나 비도덕적이라고 판단
> 할 수 없는 하나님에 의해서 특정한 상황에서 특정한 사람들에게 행
> 사된 야훼 전쟁의 일환이었다고 주장한다.

학살이 선한지 악한지는 문제가 아니다. 중요한 점은 그것을 하나
님이 실행했는지 여부다. 하나님이 했다면 선하다거나 악하다고 판
단할 수 없다. 사람의 판단범위를 넘어서기 때문이다. 저질러진 학살
을 하나님이 했는지 아닌지를 어떻게 판단할 수 있을까? 성서가 하
나님이 했다고 서술한 학살은 그렇다 쳐도 성서 밖에서 벌어진 학살
과 지금 벌어지는 학살은 뭘 기준으로 판단할 수 있을까? 메릴에게
묻고 싶은 질문이다.

코울스(C. S. Cowles)는 메릴과 결이 다른 주장을 한다. 그는 구약성
서와 신약성서 사이에 넘을 수 없는 벽이 있다고 본다. 어느 정도의
단절이 있다는 메릴의 주장과 다르다. 폭력적인 전쟁의 신인 구약성
서의 야훼와 예수 안에서 성육신한 신약성서의 사랑의 하나님은 전
혀 다르다. 헤렘은 악을 제거하기 위해 행한 '근본적인 외과수술'이
다. 가나안 사람들에 의해 더럽혀진 땅을 정화(purification)하기 위한
불가피한 조치였다.

위에서 말한 것 가운데 어느 하나라도 저지르면 이것은 너희가 스스로를 더럽히는 일이니 그런 일이 없도록 하여라. 내가 너희 앞에서 쫓아낼 민족들이 바로 그런 짓들을 하다가 스스로 자신을 더럽혔다. 따라서 그들이 사는 땅까지 더럽게 되었다. 그러므로 나는 그 악한 땅을 벌하였고 그 땅은 그 거주자들을 토해 내게 되었다. 너희는 모두 내가 세운 규례와 내가 명한 법도를 잘 지켜서 온갖 역겨운 짓 가운데 어느 하나라도 범하지 않도록 하여라. 본토 사람이나 너희와 함께 사는 외국 사람이나 다 마찬가지이다. 너희보다 앞서 그 땅에서 살던 사람들은 이 역겨운 모든 짓을 하여 그 땅을 더럽히고 말았다. 너희가 그 땅을 더럽히면 마치 너희보다 앞서 그 땅에 살던 민족을 그 땅이 토해 냈듯이 너희를 토해 낼 것이다.(레위기 18:24-28)

헤렘 명령은 하나님이 행하지 않았다면 분명 비인도적인 학살이다. 하지만 삶과 죽음이 하나님의 손에 달려 있으므로 하나님이 누군가를 멸망시켰다면 그것에 대해서 왈가왈부할 수 없다. 이런 점에서는 코울스의 주장도 메릴의 그것과 다르지 않다.

신약성서는 그렇지 않다. 하나님이 예수에 의해 규정되는 것이지 그 반대는 아니다. 예수는 하나님에 대해 필요충분하고 균형 잡힌 이해를 가능케 하는 렌즈다. 예수는 구약성서를 받아들였지만 그 안의 모든 내용을 지지하지는 않았다. "이웃을 네 몸처럼 사랑하라."는 계명은 대량학살에 대한 심판이다. 예수가 전례 없이 독특한 계명을 준 것은 하나님을 전혀 다른 방식으로 인식했기 때문이다. 예수의 하나님은 죄인을 멸시하지도, 악인을 멸하지도 않는다. 그의 사랑은 모든 사람을 온전히 포용하고 생명을 고양한다. 이 예수가 구약성서를 이해하는 열쇠다. 이 예수가 선포한 복음이 구약성서와 야훼를 판단하는 기준이다.

> 하나님께서 '새 언약'이라고 말씀하심으로써 첫 번째 언약을 낡은 것으로 만드셨습니다. 낡고 오래된 것은 곧 사라집니다.(히브리서 8:13)

구약성서를 문자적으로 읽으면 안 된다. 구약성서는 알레고리적-영적으로 읽어야 한다. 가나안 정복 이야기는 가나안 사람들을 몰살하는 전쟁이 아니라 영적 전쟁의 은유적 표현이다. 악을 물리치고 약속의 땅에 들어가려면 하나님을 전적으로 신뢰해야 한다. 우리가 영적인 전투를 벌일 때 하나님도 우리를 위해 싸우고 있다. 코울스의 주장이다.

그는 점진적 계시(progressive revelation)를 통해서 사람은 하나님을 알게 된다고 주장한다. 하나님은 당신 백성이 이해할 수 있도록 점진적으로 자신을 계시했다. 구약성서는 그 시대 사람들이 하나님을 어떻게 인식하고 이해했는지 보여주는 기록이다. 그 인식은 완전하지 않다. 모세와 여호수아도 가나안 정복에 대한 하나님의 뜻을 오해했을 수 있다.

그렇다면 구약성서 어디가 진실한 하나님의 계시일까? 코울스는 그리스도 중심적(Christocenrtic) 해석으로 이 문제를 풀 수 있다고 주장한다. 예수는 안식일법과 정결법 등 율법의 많은 부분을 폐기하거나 재해석했다. 기독교인은 옛 언약이 아니라 새 언약 아래 살고 있다. 그리스도 중심적 해석은 가나안 정복 이야기에도 적용할 수 있다. 하나님에 대한 진실한 계시는 "먹물로 쓴 것이 아니라 살아 계신 하나님의 영으로 쓴 것이요 돌판에 쓴 것이 아니라 가슴 판에 쓴 것"(고린도후서 3:3)이다.

구약성서의 야훼는 하나님의 최종적인 모습이 아니다. 예수는 야훼의 참된 모습을 완전하게 계시했다. "그리스도 중심적일 때만 하나님 중심적이 된다. 하나님의 형상인 그리스도 영광의 복음을 통하지 않고서는 하나님을 알 수 없다. 우리의 신학은 그리스도 규범적(Christonormative)이 되어야 한다." 이 신학이 구약성서와 신약성서 사이의 벽을 넘게 해준다.

코울스처럼 구약성서를 이른바 그리스도 중심적으로 해석하는 학자는 매우 흔하다. 이들은 가나안 정복 이야기를 그 자체로는 해석할 수 없다고 믿는다. 예수 그리스도를 끌어들이지 않으면 이해할 수도, 해석할 수도, 적용할 수도 없다고 믿는다. 그리스도 중심적 해석은 정복 이야기에 국한되지 않는다. 구약성서 전체를 그렇게 해석해야 한다고 주장하는 학자들도 흔하다. 구약성서를 신약성서가 없으면 의미가 없거나 진정한 의미를 갖지 않는 불완전한 계시로 보는 듯하다. 그렇다면 대체 이들은 왜 구약성서를 읽고 연구하는 걸까? 왜 구약성서학자가 됐을까?

대량학살의 윤리문제

　가나안 정복 이야기의 윤리적 문제를 본격적으로 파고든 학자로 폴 코판(Paul Copan)을 들 수 있다. 기독교 윤리학자인 그는 이 주제로 여러 편의 논문을 썼고 야훼의 도덕성 문제를 다룬 단행본도 출판했다.

　그는 "성서는 대량학살을 용납하는가?"(Does the Bible Condone Genocide?)라는 논문에서 레이몬드 브래들리(Raymond Bradley)의 주장을 조목조목 반박하면서 다음 질문에 답한다. 첫째로 하나님은 무죄한 사람들을 죽이라고 명령했는가? 브래들리가 보기에는 이스라엘이 하나님의 명령대로 가나안 사람을 살육한 행위는 비도덕적이다. 죽어야 할 정도로 무거운 죄를 저지르지 않은 사람들을 남녀노소 막론하고 의도적으로 무자비하게 살해한 행위는 윤리적으로 정당화할 수 없다.

　코판은 브래들리의 주장을 이렇게 반박한다. 첫째, 이 명령은 특정한 상황에서 특정한 사람에게 특정한 사람들을 죽이라고 한 일회적 명령이다. 언제 어디서나 행해야 하는 일반적인 명령이 아니다. 둘째, 가나안 사람들은 무죄한 사람들이 아니다. 그들은 악했기 때문에 쫓겨났다.(신명기 9:4-5) 셋째, 성서에는 가나안 사람들을 멸절하라는 명령과 내쫓으라는 명령이 둘 다 있다. 초점은 후자에 있다. 가나안 사람들은 이스라엘이 그 땅을 정복한 후에도 여전히 남아 있었다. 하나님은 가나안의 종교를 박멸하라고 명령했지 사람들을 멸절하라고 명령하지 않았다. 넷째, 가나안 정복 이야기에는 고대중동문화권에서 사용된 과장된 표현(hyperbole)이 많이 나온다. 이를 문자적으로 해석해서는 안 된다. 여호수아서는 현대적 의미의 역사서가 아니라 신학적 성격을 갖고 있는 문서다.

코판은 정복 이야기에서 다음과 같은 윤리적 결론을 끄집어낸다. 성서의 권위를 인정하는 사람은 하나님이 가나안 사람들을 남녀노소 불문하고 모두 죽이라고 명령하지 않았다고 믿는다. 성서 이야기는 겉보기보다 다양하고 미묘한 의미를 갖고 있다. 하나님은 가나안 사람들을 죽이라고 명령하지 않았다. 오랫동안 악행을 일삼아온 가나안 사람들을 내쫓고 자격을 갖춘 이스라엘에게 땅을 차지하라고 명령했을 뿐이다.

코판의 주장에 대한 모리스톤(Wesley Morriston)의 비판에는 눈여겨볼 지점이 있다. 만일 미국 대통령이 하나님의 명령을 받아서 이란을 공격해서 이란 국민을 멸절하겠다고 선언한다면 사람들은 그것을 잔인한 행위라며 도덕적으로 비난할 것이다. 헤렘 명령에는 왜 다른 기준을 적용해야 하느냐는 것이다. 모리스톤은 첫째, 성서에서 헤렘 명령을 정당화할만한 도덕적 이유를 찾을 수 있다거나 둘째, 그때와 지금은 도덕적 감수성이 달라서 그때는 헤렘이 용납됐다거나 셋째, 여자들과 어린아이들이 죽은 것은 더 큰 정의를 이루기 위한 전쟁에서 발생하는 부수적 피해(collateral damage)라는 코판의 주장을 비판한다. 그는 첫째, 가나안 사람들이 도덕적으로 부패해서 멸망당했다면 라합은 도덕적으로 순수해서 살아남았냐고 묻고 둘째, 라합은 동족을 배신하고 자신에게 유리한 선택을 했기에 살아남았으며 셋째, 여자들과 어린아이들이 죽은 것은 부수적 피해가 아니라 미리 계획된 살인이었다며 코판의 주장을 비판한다. 어린아이들을 살려뒀다가 훗날 위협이 될 것을 염려해서 죽였으므로 문제없다는 코판의 주장에는 필자도 아연실색했다.

구약성서의 문제를 신약성서가 바로잡았다

한국에도 널리 알려진 크리스토퍼 라이트(Christopher Wright)는 정복 이야기의 해석을 "구약성서의 문제를 신약성서가 바로잡았다."라는 한 문장으로 요약한다. 그는 이 문제를 포함해서 구약성서가 전하는 비도덕적인 이야기의 문제들을 해결하려고 구약성서와 신약성서를 싸움 붙이면 안 된다고 주장한다. 구약성서와 신약성서는 서로 대립하거나 상반되지 않는다. 구약성서의 하나님은 심판의 하나님만이 아니라 사랑의 하나님이기도 하다. 신약성서에도 하나님의 진노에 관한 메시지와 이야기들이 포함되어 있다. 신약성서는 구약성서를 배척하지 않고 받아들인다.

헤렘을 하나님의 명령으로 받아들인 이스라엘이 틀렸다는 주장에 그는 동의하지 않는다. 이스라엘이 하나님의 명령을 오해한 경우가 있지만 이 경우는 그렇지 않다. 가나안 정복은 예측됐고 명령됐으며 하나님의 뜻이 이루어진 일로 받아들여졌다. 가나안 정복은 하나님의 원대한 계획안에 확고히 자리 잡고 있다. 라이트는 정복전쟁을 영적인 전쟁의 알레고리로 보는 해석에도 동의하지 않는다. 영적으로 해석할 여지가 없지는 않지만 가나안 정복을 알레고리적인 이스라엘이 영적인 가나안 종족을 헤렘했다고 볼 수는 없다.

라이트는 기존 해석을 비판한 다음 자신의 해석을 전개한다. 그는 여호수아서가 고대중동지역 전쟁 문화의 수사법을 사용했음을 인정한다. 헤렘도 그렇게 사용된 수사법 중 하나다. 헤렘은 이스라엘에만 있었던 관습도 아니고 문자적으로 해석해야 하는 규정도 아니다. 과장됨 표현도 고대중동문화권의 관습을 따랐을 뿐이다. 헤렘이 이스라엘의 모든 전쟁에 보편적으로 적용되지도 않았다. 가나안 정복을 비롯한 몇 번의 전쟁에만 적용된 특수한 명령이다.

정복 이야기는 하나님의 주권적 정의라는 틀로 해석해야 한다. 헤렘을 포함해서 가나안 종족에게 가한 이스라엘의 행위는 압제가 아니다. 그것은 이스라엘이라는 대리자를 통한 하나님의 정당한 징벌이었다. 가나안의 문화와 종교가 악했기 때문이다. 그는 "너의 자손은 사 대째가 되어서야 이 땅으로 돌아올 것이다. 아모리 사람들의 죄가 아직 벌을 받을 만큼 이르지는 않았기 때문이다."(창세기 15:16)를 인용하며 그들에 대한 하나님의 심판은 정당했다고 주장한다.

성경 자체의 증언을 진지하게 받아들이려는 사람들은 정복이 악한 사회에 내리는 하나님의 징벌 행위이며 이스라엘은 인간적인 대리자로 사용된 것이라는 일관된 성경의 확언을 진지하게 받아들여야지, 이 성경의 확언을 이스라엘 스스로가 행한 침략이라는 독을 제거하기 위해 이기적으로 사용한 해독제로 여기고 무시해서는 안 된다. 징벌은 폭력의 도덕적 맥락을 바꾼다.

그렇지만 가나안 정복이 이스라엘의 의로움을 입증하지는 않는다. "전쟁의 시기에 생기는 가장 강력한 유혹 중 하나는 적을 악마로 묘사하면서 자기편의 의로움을 드러내놓고 광고하는 것이다." 이스라엘의 승리가 곧 그들은 의롭고 가나안 사람들은 악하다는 의미는 아니다. 야훼는 이스라엘에게도 똑같이 행할 것이고 오히려 더 높은 도덕적 기준이 적용될 것이라고 경고했다. 야훼는 다른 종족들의 역사도 섭리한다. 라이트는 신명기 2장 10-12절, 18-23절을 예로 들면서 다른 종족들의 영토전쟁에도 야훼가 개입했다고 말한다. 이스라엘의 가나안 정복이 야훼가 영토전쟁에 개입한 유일한 경우는 아니라는 얘기다.

라이트는 하나님의 궁극적인 계획은 모든 종족이 구원받는 것이라고 주장한다. 정복과 폭력의 이야기만이 아니라 구원과 평화의 이야기에도 주의를 기울여야 한다. 야훼의 궁극적인 목표는 모든 종족이 복을 받아 구원과 평화에 이르는 것이다. 그러면 가나안 사람들의 헤렘은 어떻게 봐야 할까? 라이트는 모든 종족에게 복을 주려는 하나님의 궁극적인 목적은 역사 속에서 특정 종족에 대한 심판을 부정하지 않는다고 주장한다. 여리고성이 멸절됐을 때 라합과 그의 가족이 구원받은 일을 비롯해서 수많은 비이스라엘 사람들이 이스라엘 안으로 받아들여진 데서 보듯이 구원의 문은 모두에게 열려 있다.

라이트는 가나안 정복 이야기를 자신의 구원 이야기의 일부로 받아들인다면서 이렇게 썼다.

나는 연루된 폭력과 고난을 개탄할지도 모른다. 비록 그것이 정당한 심판행위였다는 성경의 견해를 받아들이면서도 말이다. 뭔가 다른 길이 있으면 좋았을 것이라고 바랄지도 모르겠다. 그러나 어느 지점에서 나는 내 질문, 비평, 불평에서 물러서야만 하고 이 문제에 대한 성경 자체의 말을 받아들인다. 성경이 내게 모호하지 않게 말하는 바에 의하면 세상의 구원을 위한 유일한 소망을 구성한 더 큰 내러티브가 있는데 정복은 그 안에서 일어난 하나님의 행위라는 것이다.

그는 가나안 정복을 십자가의 빛 아래 뒀을 때 정복에서는 심판받아 마땅한 사회가 심판을 받았지만 십자가에서는 인간의 악함에 대한 심판을 하나님이 자신에게 지웠음을 알게 됐다고 한다. 그는 가나안 정복 이야기에서 하나님의 주권에 대한 성서의 가르침에 겸손하게 순종할 것과 그리스도의 십자가 신비를 성찰하라는 메시지를 끌어낸다.

여호수아 망상

《여호수아 망상》(The Joshua Delusion)을 쓴 더글라스 얼(Douglas Earl)에 따르면 가나안 정복 이야기를 제대로 읽으려면 기독교 정경의 맥락 안에서 읽어야 한다. 정경적 접근방법(canonical approach)을 채택해야 한다는 얘기다. 정복 이야기는 계속해서 역동적으로 발전해왔다. 이 이야기를 예수 그리스도와 관련시켜서 읽으면 새로운 의미가 부각된다. 모든 텍스트는 다양한 의미를 담고 있다. 텍스트 해석은 그러한 다양성 속에서 상황에 적합한 의미를 찾아내는 작업이다. 정복 이야기의 기독교적 해석은 그 텍스트가 쓰인 상황에서 의미했던 바와 기독교적 정경의 맥락 안에서 현재 의미하는 바를 연관 짓는 작업이다. 과거에 그 이야기가 의미했던 바(what it meant)가 무엇인지를 규명하는 데 그치지 않고 변화된 상황에서, 그리고 기독교적 맥락에서 그것이 의미하는 바(what it means)가 무엇인지를 찾아내는 데까지 나아가야 한다.

> 하지만 우리가 직면한 가장 큰 도전은 여호수아서가 '그 자신의 목소리로' 계속해서 우리에게 말하게 하는 방법을 어떻게 찾아내느냐 하는 것이다. 신약성서를 통해서 구약성서를 읽는다고 할 때 신약성서로부터 알게 된 것을 구약성서에 주입하는 것을 가리킨다. 달리 말하면 신약성서에서 찾아내서 동의하는 내용을 구약성서에서 발견할 때 우리는 거기에 만족한다. 하지만 그것은 구약성서를 읽고 활용하는 방법이 아니라 단순히 옛것의 옷을 입은 새것을 주장하는 것이다.

야훼의 언약백성으로서 이스라엘의 정체성은 인종이 아니라 언약에의 충실성에 달려 있다. 폭력과 헤렘은 정복 이야기의 진정한 관심사가 아니다. 헤렘은 정체성을 결정짓는 요소가 아니다. 가나안 사람들이 헤렘된 것은 인종적 정체성 때문이 아니다. 기브온 사람들 이야기에 헤렘이 등장하지 않는 것도 그 때문이다.

언약의 외부인이 내부자가 되는 데 초점을 맞춘 라합 이야기는 기독교적 맥락에서 회심과 전향의 모델이다. 기독교적 맥락에서 여호수아서는 타자에 대한 개방성을 의미한다. 라합 이야기는 인종적 정체성에 고착되어 있던 이스라엘의 회심과 전향을 촉구하는 이야기다. 여호수아 망상(the Joshua delusion)은 야훼의 군사령관이 마땅히 자기편이어야 한다는 믿음을 가리킨다.

얼은 정복전쟁 이야기에 대한 은유적-영적 해석을 반대하지 않는다. 헤렘은 실제 벌어졌던 사건이 아니라 하나님의 명령에 대한 순종을 시험하려고 사용한 상징적-신화적 표현이다. 기독교적 입장에서 보면 여호수아서는 지리적-인종적 정체성을 넘어서서 하나님의 부름에 어떻게 응답하느냐를 기준으로 새롭게 정체성을 세움으로써 복음서를 준비하는 역할을 한다.

학살은 학살이라고 불러야 한다!

에릭 사이버트(Eric Seibert)는 가나안 정복 이야기가 오랫동안 제국주의와 그에 동반된 전쟁, 살인 등을 정당화하는 역할을 해왔음을 지적한다. 이 점에서 정복 이야기는 심각한 신학적 문제를 안고 있다. 우선적으로 인정해야 할 사실은 가나안 정복 이야기가 대량학살이 저질러졌다고 말한다는 것이다. 학살은 학살이라고 불러야 한다. 학살을 학살 아니라고 호도하는 모든 해석은 옳지 않다. 사람이 행했든 하나님이 심판의 일환으로 행했든 학살이 행해졌다는 사실은 변하지 않는다. 여자들과 아이들 같은 비전투원들이 살해되지 않았다는 주장은 성서가 전하는 정복 이야기와는 맞지 않는다.

가나안 정복전쟁이 역사적 사실인지 여부는 그 이야기를 해석하는 데 중요하지 않다. 보수적인 학자들을 제외하고 대부분 성서학자들과 고고학자들은 그 전쟁이 벌어지지 않았다고 생각한다. 하지만 중요한 점은 하나님의 계시로 받아들여지는 구약성서가 정복전쟁이 벌어졌다고 서술한다는 사실이다.

> 문제는 이 이야기(정복 전쟁 이야기)가 사실인지 꾸며낸 이야기인지 여부가 아니다. 사실이든 꾸며낸 이야기든 이 제의적 파괴(ritual destruction)의 이야기가 추앙되고 있다는 점이 문제다(제임스 바 James Barr).

사이버트는 역사적 질문에 우리가 어떻게 답하는지가 무의미하지는 않지만 중요한 점은 그것이 하나님에 대한 우리의 생각에 영향을 미친다는 점이라고 주장한다. 하나님이 실제로 헤렘을 직접 행하지도 명령하지도 않았다면 도덕적으로 문제가 있어 보이는 하나님 모습을 그대로 받아들이지 않아도 될 여지가 열리기 때문이다.

사이버트는 가나안 정복 이야기를 비판적으로 읽을 수 있는 몇 가지 방법을 제시한다. 첫째로 정복 이야기 안에도 내적인 모순과 폭력행위에 대한 비판적인 목소리가 존재한다. 둘째로 가나안 사람의 입장에서 이야기를 읽어보기를 권한다.

> 가나안 사람의 시각으로 읽으면 정복 이야기의 폭력성을 문제 삼지 않을 수 없고 이스라엘 침공의 정당성을 의심할 수밖에 없다. 그들 입장에서 이스라엘은 자기들 땅을 차지하려고 들어온 적대적인 침입자이고 평화적으로 문제를 해결할 의지 없이 자기들을 한 사람도

남기지 않고 몰살하려는 자들이다.

그는 정복 이야기를 변방인의 눈으로 읽으라고 권하기도 한다.

아메리카 원주민, 남아공의 흑인, 그리고 팔레스타인 사람 등 억압의
피해자들은 자기들을 하나님에게서 원주민들을 인종 청소하라고 명
령받은 이스라엘보다 정복당하고 살육당한 가나안 사람들과 동일시
할 수밖에 없지 않았을까?(마이클 프라이어 Michael Fryer)

정복 이야기는 가나안 사람을 신뢰할 수 없는 사람, 우상숭배나 하
는 무가치한 사람, 이스라엘이 배교하도록 유혹하는 악인으로 묘사
한다. 아메리카 원주민들은 그들 자신이 겪은 역사적 경험과 가나안
사람들의 그것이 비슷하다고 생각한다. 또한 백인들에 의해서 이들
은 자신들의 의사와 무관하게 가나안 사람들과 동일시되기도 했다.
　사이버트는 하나님의 명령을 따라 행해진 폭력을 해체(deconstruct)
하는 시도에 공감한다. 랜들 라우서(Randal Rauser)는 성서의 명백한
진술에도 불구하고 하나님이 가나안 사람들을 대량학살 하라는 명
령을 내리지 않았다고 주장한다. 인간의 건전한 양식과 존엄성에 의
거해서, 또 대량학살 같은 범죄는 당한 사람뿐 아니라 저지른 사람
의 영혼도 파괴하는 막중한 피해를 주기 때문에 하나님이 그런 명령
을 내렸을 리 없다는 것이다. 라우서는 가나안 정복 이야기가 나와
타자를 분리하고(divide) 타자를 악마화하며(demonize) 그들을 파멸시
키는(destroy), 학살을 정당화하는 전형적인 유형대로 서술되어 있다

는 점도 지적하면서 이 사실이 실제로는 그런 행위가 저질러지지 않았음을 반증한다고 본다. 그는 '대량학살의 비용'(cost of genocide)이라는 용어를 사용해서 만일 하나님이 학살을 명령했다면 이후로 그걸 빌미로 계속 같은 일이 일어날 텐데 그런 명령을 했겠냐고 묻기도 한다. 이런 이유로 그는 하나님이 실제로 학살 명령을 내리지 않았다고 확신한다. 하나님의 명령을 빼고 정복 이야기를 읽으면 정복 전쟁은 정당화될 수 없다. 학살이 정당화되는 것은 하나님이 그 행위를 했고 스스로 정당화했다고 믿기 때문이다.

> 구약성서에서 하나님이 명령한 폭력이란 명제를 해체하기만 하면 그것이 '선한 폭력'(virtuous violence)이라는 주장을 효과적으로 비판할 수 있고 따라서 구약성서에서 가장 골치 아픈 유산을 극복할 가장 좋은 전략이 될 수 있다.(랜들 라우서)

라우서는 성서학자가 아니므로 그의 주장에는 성서학적으로 다룰 내용은 없다. 하지만 그의 주장은 성서학자들이 지나치게 성서구절에만 얽매여서 기본적인 상식과 일반적인 윤리적 판단을 등한시하는 경향에 대해서 적절하게 주의를 환기시켜 준다.

사이버트는 구약성서가 학살을 정당화하는 논리, 곧 패역한 가나안 사람들의 악한 문화적, 종교적 관습으로부터 이스라엘을 지키기 위해 학살이 불가피했다는 논리도 비판적으로 평가해야 한다고 주장한다. 건강을 위해 암 덩어리를 도려내듯 이스라엘 신앙의 순수성을 수호하기 위해서 가나안 사람들을 멸절해야 한다는 주장은 비판

받아 마땅하다. 더 큰 선을 이루기 위한 폭력이라는 주장, 곧 월터 윙크(Walter Wink)가 '구원하는 폭력의 신화'(myth of redemptive violence)라고 부른 주장도 정당화해서는 안 된다.

사이버트는 학살을 정당화하는 성서의 논리에 동의하지 않는다. 가나안 사람들은 학살당해야 할 정도로 극악무도하지 않았다. 이스라엘의 영적 정결성을 지키기 위해서 그들을 죽여야 했다는 주장은 라합과 기브온 사람들을 살려둔 조치와 맞지 않는다. 라합과 기브온 사람들이 이스라엘의 영적 정결을 해치지 않는다는 보장이 어디 있는가. 존재 자체가 땅의 정결을 해친다는 기브온 사람들에게 야훼의 성소 일을 맡긴 것은 더더욱 말이 안 된다. 성서가 제시하는 가나안 사람들 학살의 이유가 학살 그 자체의 비도덕성을 무효로 만들 수는 없다.

학살을 정당화하는 주장은 더 이상 하지 말아야 한다. 사이버트는 학살을 정당화할 수는 없지만 그것이 불의한 자들에 대한 정당한 심판이며 하나님의 더 큰 구원계획의 일부라는 라이트의 주장에도 반대한다. 헤렘을 정당하다고 여기는 학자 중에도 그것이 현재 벌어지는 폭력을 정당화하는 수단이 되어서는 안 된다고 주장하는 사람이 있지만 사이버트는 그것만으로 충분치 않다고 주장한다. 과거의 학살을 정당화하면 현재의 학살 역시 정당화할 가능성이 있다는 것이다.

가나안 사람들에 대한 학살은, 성서가 하나님이 그 학살을 명령했다고 말하기 때문에 정당한 것으로 여겨진다. 그런 사람은 어떻게든 성서에서 이유를 찾아내서 하나님을 변호해야 한다고 믿는다. 이것은 그들 스스로 만들어낸 해석학적 속박이다. 성서를 그런 시각으로 볼 필요가 없다. 성서의 하나님은 사람이 변호해야만 하는 신이 아니다. 오히려 학살을 비판하고 그 이유를 찾는 것이 해석자의 과제다. 헤렘 이야기를 윤리적으로 책임 있게 읽으려면 그것을 정당화하지 말고 비판해야 한다. 명백한 악을 선으로 해석하는 것보다 더 위험한 것은 없다. 이것이 사이버트의 주장이다.

> 성서가 우리의 도덕적 비전에 도전하고 그것을 심화한다면 그것은 바람직한 일이지만 그것이 선악에 대한 우리의 가장 기본적인 개념을 저버리게 한다면 그것은 매우 잘못된 일이다. 많은 성서 해석자들이 성서의 학살 이야기를 지속적으로 정당화하는 현실을 보면 성서학과 윤리가 얼마나 심각하게 분리되어 있는지 알 수 있다.(데렉 플러드 Derek Flood)

사이버트는 가나안 정복 이야기를 바르게 읽는다면 첫째, 종교적으로 정당화된 폭력이 갖고 있는 위험성을 경고할 수 있고 둘째, 정치가들이 자기들의 목적을 달성하려고 종교를 이용하는 행위를 비판할 수 있으며 셋째, 그 이야기를 비폭력적으로 읽음으로써 식민주의의 가해자와 피해자가 건설적으로 대화할 수 있게 도울 수 있으며 넷째, 기독교인들이 정체성을 성찰할 수 있게 도와줄 수 있다고 믿는다.

이상에서 최근에 가나안 정복 이야기를 다룬 몇몇 학자들의 주장을 살펴봤다. 물론 이들이 이 주제에 대한 기독교 학계를 대표하지는 않지만 흐름을 파악하는 데는 도움이 될 것으로 생각한다.

이 장을 쓰는 데는 2장과 3장에 제시한 자료들이 큰 도움이 됐다. 논문 몇 편을 추가한다.

Paul Copan, "Is Yahweh a Moral Monster? The New Atheists and the Old Testament Ethics," *Philosophia Christi* vol. 10 No. 1 (2008) 7-37.

Paul Copan, "Yahweh Wars and the Canaanites: Divinely-Mandated Genocide or Corporate Capital Punishment," *Philosophia Christi* vol. 11 No. 1 (2009) 73-90.

Paul Copan, "Does the Bible Condone Genocide," in Steven B. Cowan, Terry L. Wilder eds. *In Defense of the Bible: A Comprehensive Apologetics for the Authority of Scripture.* 2013.

Wesley Morriston, "Did God Command Genocide? A Challenge to the Biblical Inerrantist," *Philosophia Christi.* vol. 11 No. 1 (2009) 7-26.

15장

가나안 정복 이야기를 이렇게 읽는다

조금만 더 침착하게 읽어보자

필자는 '여는 글'을 '가나안 교인' 얘기로 시작했다. '가나안 교인'은 자신을 기독교인이라고 생각하지만 제도교회에 출석하지는 않는 사람을 가리키는 말로서 '안나가'를 거꾸로 읽어서 만들어진 이름이다. '가나안 교인'이 그런 뜻에서 교회에 '안나가'는 사람을 가리키듯이 3,200년 전에 그 땅에 살던 '가나안 종족'도 그 땅에서 '안나가'려고 애썼던 사람이 아닐까 싶어 쓴웃음이 나온다. 조상 대대로 살던 땅에서 강제로 내쫓는데 그걸 좋아할 사람이 어디 있겠나.

인류 역사에서 땅을 둘러싼 분쟁은 셀 수 없이 많았다. 옛날에는 땅이 생존 기반이자 가장 중요한 생산수단이었으므로 땅을 둘러싼 분쟁은 곧 생존을 위한 투쟁이었다. '가나안'은 시나이 반도와 아나톨리아 사이에 위치한 해안지역이지만 구약성서에서는 그 중에서 요단 강 서쪽 지역을 가리키는 말이다. 현재는 레바논, 이스라엘, 팔레스타인, 요르단 북부, 시리아 서부 일부가 이 지역을 차지하고 있다.

지금도 세계의 이목을 끄는 분쟁지역인 이곳은 약 3,200년 전에도 그랬다. 이집트와 메소포타미아를 연결하는 요충지이기에 분쟁이 잦았다. 이스라엘의 가나안 정복전쟁 (가나안 종족 입장에서는 이스라엘의 가나안 침략전쟁)도 그런 분쟁들 중 하나다.

수천 년 전에 중동 한 작은 지역에서 벌어진 영토분쟁에 특별히 주의를 기울일 이유는 없다. 그 시대에 이집트와 메소포타미아에는 거대한 제국이 자리 잡고 있었다. 이스라엘과 가나안 종족들 간에 분쟁은 제국끼리 벌인 대규모 전쟁이 아닌 소규모 국지전에 불과했다. 그 지역 정세에 중요한 영향을 미치는 전쟁도 아니었다. 그런데 이 국지전이 후대에 미친 영향은 어떤 대규모 전쟁보다 크고 지속적이다. 그 이야기가 유대교와 기독교의 경전인 구약성서 안에 들어와 있고 두 종교가 인류의 문화에 지대한 영향을 끼치기 때문이다.

작은 분쟁도 원인을 파고들면 단순하지 않은 경우가 많다. 다양한 요소들이 복잡하게 얽혀서 분쟁을 일으킨다. 그런데 구약성서가 제시하는 이스라엘과 가나안 종족들 간의 분쟁의 원인은 매우 단순하다. 하나의 이유로 갑자기 분쟁이 발생했다는 것이다. 역사적으로 보면 그럴 가능성은 매우 낮다. 분쟁에는 역사적, 지정학적, 지리적, 문화적인 원인들이 얽혀 있는 경우가 대부분이기 때문에 구약성서에 제시된 원인이 역사적 사실이라고 보기 어렵다.

구약성서는 기원전 1,200년경에 가나안 지역에서 벌어진 전쟁의 원인을 이렇게 말한다. 가나안 영토분쟁은 야훼라는 신을 믿는 이스라엘이라는 집단이 외부에서 가나안 땅에 들어온 것이 계기가 되어 일어났다. 이들은 오랫동안 거기서 살아온 일곱 종족들을 각개격파 식으로 싸워 이겨서 그 땅을 차지했고 거기 정착했다.

여기까지는 인류역사에서 벌어진 수많은 영토분쟁의 모습과 다르지 않다. 고대인들은 이런 일이 신(들)의 의지에 따라 벌어졌다고 믿었다. 그러니 이스라엘이 야훼 신이 그 땅을 주겠다고 약속했고 결국 그 약속이 실현됐다고 믿었던 것도 유별나지 않다. 그때는 다들 그렇게 믿었다.

유별난 점은 땅을 정복하는 방법이었다. 이스라엘은 그 땅에 살고 있던 종족들에게 첫째, 같이 살자고 협상하지도 않았고 둘째, 조용히 그 땅에서 나가달라고 하지도 않았으며 셋째, 싸워서 진 쪽이 종이 되는 일반적인 전쟁의 관습을 따르지도 않았다. 야훼 신은 이들에게 그 땅에 살고 있는 숨 쉬는 모든 것들을 다 죽이라고 명령했다. 이것이 그 땅을 정복하는 방법이다. 이스라엘은 이 명령대로 실행했다. 성서에 그렇게 쓰여 있다.

이스라엘의 가나안 정복 이야기는 유대교와 기독교를 막론하고 오랫동안 해석자들을 곤혹스럽게 만들었다. 두 가지 문제 때문이다.

첫째는 윤리적 정당성의 문제다. 전쟁이라고 해도 그렇지 숨 쉬는 모든 것들을 다 죽이라고 명령하는 신을 신이라고 할 수 없으며, 또 신이 명령한다고 해서 그대로 실행하는 집단을 신의 백성이라고 할 수는 없다는 것이다. 물론 그 옛날에는 그렇지 않았다고 생각할 수도 있다. 신도 그럴 수 있고 신의 백성 또한 그럴 수 있다고 말이다. 하지만 당시에도 신이 그런 명령을 내린 예는 찾아보기 어렵다. 윤리적인 이유 때문인지 실리 때문인지는 따져봐야겠지만 신이 헤렘 명령을 내린 예는 메샤 비문과 몇몇 경우 빼고는 찾아볼 수 없다. 패자를 모두 죽이라는 명령은 가용 가능한 노동력을 낭비하는 어리석은 명령이기 때문이다. 배교의 위험 때문에 그런 명령을 내린 경우는 가나안 정복 전쟁 외에는 없다.

둘째는 역사적인 문제다. 이스라엘의 가나안 정복 이야기에 신화적인 요소가 있음은 주지의 사실이다. 성벽 주위를 돌기만 했는데 성벽이 무너졌다는 이야기나 하늘에서 우박 덩어리가 떨어지고 해와 달이 멈춰 섰다는 이야기 등 기적사건이 여기에 속한다. 그 당시 사람들은 이를 사실로 믿었을 수 있지만 현대인들은 믿기 어렵다. 지금도 전쟁터에서 그런 일이 일어나리라고 믿고 기대하는 사람이 얼마나 되겠는가.

또한 숨 쉬는 것들은 모두 죽이라는 명령도 현실에서 실현가능하지 않다. 그 잔인함은 논외로 하더라도 현실성이 없다. 언급하기도 끔찍한 히로시마와 나가사키 원폭투하 때도 숨 쉬는 것들이 모두 죽지는 않았다. 대량살상무기도 없던 시절에 치러진 전쟁에서 무슨 수로 숨 쉬는 것을 모두 죽일 수 있겠는가. 명령 자체가 현실성이 없는 과장된 표현으로 보는 학자들이 많다는 얘기를 14장에서 했다. 과장된 표현도 신화에서 자주 사용된다.

이런 문제들 때문에 가나안 정복 이야기는 오랫동안 학자들을 괴롭혀왔다. 글자 그대로 받아들이자니 위의 두 가지 문제가 걸리고, 글자 그대로 받아들이지 않으려니 경전으로서 구약성서의 권위를 해친다고 생각했기 때문이다.

결국 구약성서를 어떤 책으로 보는가에 달려 있다

결국 가나안 정복 이야기를 어떻게 이해할 것인지는 구약성서를 어떤 성격의 책으로 볼지, 이 문서가 어떻게 쓰였다고 볼 것인지에 달려 있다. 구약성서를 일반적인 고대문서들 중 하나로만 본다면 아무 문제도 없다. 현대인이 받아들일 수 없는 내용은 현대인이 공유하지 않는 고대의 세계관과 가치관이 반영된 것으로 보면 그만이다. 그런 내용은 '그때는 그랬지만 지금은 아니다.'라며 무가치하다고 판단하거나 제한된 가치만 부여하면 그뿐이다.

하지만 구약성서는 단순히 고대문서가 아니라 유대교와 기독교가 내세우는 종교적 가치를 담은 경전이다. 거기에 영원불변의 절대 가치를 두는 신자들도 적지 않다. 구약성서를 글자 그대로 믿는 문자주의자가 아닐지라도 그 책이 하나님의 영감으로 쓰인 하나님의 계시라고 믿는 신자들이 대부분이다. 그런 신자들도 그 동안 역사에서 벌어진 대량학살과 인종말살을 범죄라고 생각한다. 히틀러나 폴포트, 스탈린 등이 저지른 학살의 범죄를 긍정적으로 보지는 않는다. 구약성서에 쓰인 그대로라면 이스라엘의 가나안 정복전쟁은 이들이 저지른 학살과 다르지 않거나 더 폭력적이다. 그래서 가나안 정복 이야기를 어떻게 이해할지가 문제가 되는 것이다.

필자는 '구약성서는 어떤 책인가?' 제목의 1장에서 구약성서가 어떻게 쓰였는지에 대한 필자의 견해를 밝혔다. 거기서도 말했지만 구약성서를 받아쓰기의 산물로 받아들일지, 아니면 하나님과 사람의 공동작품으로 받아들일지는 선택의 문제다. 필자는 벤저민 서머의

'참여적 계시'(participatory revelation) 개념을 빌려와서 후자를 선택했다고 밝혔다. 이런 전제로 필자가 이스라엘의 가나안 정복 이야기를 어떻게 이해하는지를 서술해보겠다.

가나안 정복 이야기는 하나님과 사람의 공동작품

필자는 1장에서 계시는 하나님이 불러주는 대로 사람이 받는 것이 아니라 주는 쪽과 받는 쪽의 공동작품이라고 썼다. 계시에는 인간적인 요소가 들어 있다. 계시를 받는 사람은 받아 적기만 하는 수동적인 존재가 아니다. 계시를 주는 쪽도 받는 쪽 사정은 아랑곳하지 않고 주고 싶은 것을 맘대로 주지 않는다. 주는 하나님의 뜻에 대한 받는 사람의 반응과 해석이 계시에 포함되어 있다. 이 반응과 해석이 다시 주는 쪽으로 전해져서 소통이 이루어지는 것이다.

계시에서 신적 요소와 인간적 요소는 화학적으로 결합되어 있어서 나눌 수 없다. 구약성서가 "하나님이 이렇게 말씀하셨다."고 선언한 다음에 나오는 말, 곧 앞뒤에 인용부호가 붙어 있는 말도 하나님이 말한 그대로 사람이 받아 적은 것이 아니다. 거기에도 인간적 요소가 들어 있다. 성서에서 순도 100% 하나님의 말을 골라내는 일은 불가능하다.

여호수아서의 가나안 정복 이야기에도 구약성서의 다른 이야기들처럼 야훼가 이스라엘을 통해 이루려는 계획과 거기에 대한 이스라엘의 인식과 해석이 담겨 있다. 곧 신적인 요소와 인간적인 요소가 모두 들어 있다. 여기서도 계시는 사람에 의해 이해되고 해석된 하나님의 뜻과 계획이다.

가나안 정복 이야기를 글자 그대로 받아들이는 사람은 필자의 생각에 동의하지 않을 것이다. 대화하고 토론할 이유나 필요도 없다고 느낄 것이다. 필자도 마찬가지다. 그들과는 대화가 안 된다는 것을 필자는 경험으로 알고 있다. 하나님이 명령했으므로 가나안 정복 이야기에 신학적으로나 윤리적으로 아무 문제도 없다고 생각하는 사람, 거기에는 사람이 이해할 수 없는 하나님의 원대한 계획이 있다고 믿는 사람들과는 대화나 토론이 불가능하다. 이들 중에는 하나님에게는 사람이 이해할 수 없는 원대한 계획이 있었고 가나안 정복에서 벌어진 대량학살도 그 계획에 들어 있었다고 주장하는 사람들이 있다. 일곱 종족을 학살하면서까지 이루려는 하나님의 원대한 계획의 내용이 뭔지도 의문이지만 그런 계획이 있다는 사실을 어떻게 알았을지도 궁금하다. 원대한 계획의 존재는 알지만 그 내용은 모른다? 계획의 내용을 모르는데 계획의 존재는 어떻게 알았을까? 그리고 내용도 모르는 계획의 존재는 알아서 뭐 하나? 필자 생각에 이런 주장은 야훼가 행했다고 서술된 대량학살을 변호하고 옹호하려는 무리수에 불과하다. 성서해석의 역사에 이런 주장을 한 사람이 그토록 많다는 사실이 놀라울 뿐이다.

이스라엘은 야훼 하나님의 헤렘 명령에 그런 원대한 계획이 있다고 믿지 않았다. 그런 믿음이 있었다는 증거가 없다. 그들은 이 명령이 야훼-이스라엘 사이의 언약을 건강하게 유지하기 위해서 실행되어야 한다고 믿었지만 그것이 사람은 이해할 수 없는 하나님의 원대한 계획의 일부라고 믿지는 않았다. 그 이상도 이하도 아니었다.

여분의 의미

필자는 가나안 정복 전쟁을 은유적-영적으로 해석하는 데 동의하지 않는다. 필자는 이 방법이 틀렸다고 생각하지 않지만 그렇다고 옳다고 생각하지도 않는다. 이 방법은 필자가 택하는 방법이 아닐 뿐이다. 정복 이야기에는 신화적 요소가 들어 있지만 그것이 은유적-영적 해석을 필연적으로 요구하지는 않는다. 은유적-영적 해석에는 정복전쟁 이야기에 담겨 있는 폭력성을 완화하려는 의도가 들어 있지만 그것이 전부는 아니다. 이 이야기에서 신앙적 교훈을 찾아내려는 의도가 더 강하게 작용한다고 생각한다. 그럴 수 있다. 그것 역시 성서해석의 한 방법이다. 하지만 이 방법이 정복 이야기에서 신앙적 교훈을 찾아내는 유일한 방법이라고 여긴다면 필자는 거기에는 동의할 수 없다. 신앙적 교훈은 억지로 찾아내려고 노력한다고 해서 찾아지는 것이 아니라 스스로 드러나는 것이다.

폴 리꾀르는 신화에는 여분의 의미(surplus meaning)가 있다고 말했다. 하나의 신화에는 하나의 의미만 있는 게 아니라는 뜻이다. 이는 신화에만 해당되는 얘기가 아니다. 성서도 마찬가지로 하나의 이야기에 많은 여분의 의미들이 들어있다. 하나의 방법으로 찾아낸 의미가 유일한 의미라고 할 수는 없다. 물론 다양한 의미들이 다 동등한 가치를 갖지는 않는다. 그 중에도 경중이 있고 위상이 있다. 이 책 10

장에서 필자는 가나안 정복 이야기에는 다양한 신학들이 공존하면서 위상을 다투고 있다고 썼다. 정복 이야기에 담겨 있는 다양한 의미들도 마찬가지다. 그것들도 공존하면서 경중과 우위를 다툰다. 해석자의 과제는 그들이 맺고 있는 관계의 성격과 위상을 정리하는 일이다.

또한 필자는 그리스도론적 해석 또는 그리스도 중심적 해석을 따르지 않는다. 가나안 정복 이야기의 의미와 메시지가 그로부터 1,200년 쯤 지나서 이 세상에 온 예수에게서 비로소 밝혀진다고는 생각하지 않기 때문이다. 그리스도 중심적 해석은 교회가 오랫동안 발전시켜온 성서해석방법이다. 이 방법이 유용한 경우도 있다. 하지만 필자에게 이런 접근방법은 가나안 정복전쟁 이야기에 드러난 폭력성을 예수를 끌어들여 완화하려는 시도로 보인다. 예수가 이해하는 예수의 하나님이 그런 폭력적인 신이 아니라면 가나안 정복 이야기는 예수와 무관한 이야기일까? 없는 셈 쳐도 되나? 예수의 하나님은 헤렘을 명령하지 않았다거나 그런 하나님은 예수의 하나님이 아니라는 주장에는 일리가 있다. 하지만 헤렘을 명령한 하나님은 하나님이 아니라거나 틀렸다는 주장에는 동의하지 않는다. 물론 필자는 지금 하나님이 그런 명령을 하지 않는다고 믿는다. 누군가가 하나님에게 그런 명령을 들었다고 주장해도 그 주장을 신뢰하지 않는다. 하지만 그때도 그랬을 것이란 주장에는 근거가 없다. 분명한 사실은, 이스라엘은 야훼 하나님이 자기들에게 그렇게 명령했다고 믿었다는 것이다. 물론 여기에도 혼란이 있다는 얘기는 헤렘이 등장하는 텍스트를 다루는 장에서 이미 했다. 그럼 가나안 정복 이야기를 어떻게 이해해야 할까?

가나안 정복 이야기는 일종의 '판타지'

이스라엘의 가나안 정복 이야기가 '판타지'(fantasy)라고 말하면 놀라고 거부감 느낄 독자가 있을 것이다. 하지만 조금만 인내하고 읽어주길 바란다. 필자가 말하는 판타지는 문학 장르 가운데 하나다.

판타지는 정의하기 쉽지 않은 말이다. 쓰이는 영역에 따라 의미도 조금씩 다르다. 문학에서 판타지는 '문학의 보편적 특성중 하나를 일컫는 용어'로서 '모방과 함께 문학을 이루는 근본 본성의 하나'라고 여겨지며 '현실을 모방한 것이 아닌 상상력이 작용하는 모든 것'으로 정의된다. 지나치게 범위가 넓은 정의로 보인다. 심리학에서 판타지는 '의식적, 무의식적이건 마치 이야기처럼 전개되는 정신작용을 일컫는 용어'를 가리키고 음악에서는 '형식에 구애되지 않고 악상이 떠오르는 대로 자유롭게 작곡하는 기법을 일컫는 용어'다. 이처럼 판타지는 영역에 따라 조금씩 다른 의미를 갖는다.

필자가 가나안 정복 이야기를 판타지로 보는 이유는 이렇다. 첫째, 신화적 요소들을 갖고 있다. 둘째, 이스라엘의 가나안 정착시기를 연구하는 학자들에 따르면 이스라엘은 외부에서 가나안으로 들어온 집단이 아니라 가나안 안이나 그 가까운 주변에 살던 집단으로서 그들의 제의, 종교, 문화는 가나안에 기원을 두고 있다. '성서적 이스라엘'과 '성서적 가나안'이라는 정체성은 역사적 실재가 아니라 이념

적이고 신학적인 실재이고 정복전쟁도 마찬가지로 역사적 사건이 아니라 신학적 개념이다. 셋째, 학자들이 정복 이야기가 쓰였다고 보는 요시야 왕 시대나 바빌론 포로시대는 모두 신학적 판타지가 필요했던 시대다. 요시야 왕 시대는 개혁을 이루기 위해서 가나안 정복이라는 성공신화가 필요했다. 바빌론 포로시대에는 식민지배로부터 자유 또는 식민지 삶의 고달픔을 위로할 정신승리가 필요했다. 넷째, 라합과 기브온 사람들 이야기는 새롭게 만들어야 할 이스라엘의 정체성이 인종(ethnicity)이 아니라 신앙고백과 이념에 기반을 두어야 함을 보여준다. 이것 역시 현실과는 거리가 있는 판타지다. 다섯째, 정복전쟁 이야기는 개인과 집단의 생존에 필수적인 물질적 요소를 배제한 채 정신적, 신학적 요소들을 일방적으로 강조한다. 필자는 이런 점들 때문에 가나안 정복전쟁 이야기를 '판타지'로 규정한 것이다.

그들은 그런 명령을 받았다고 믿었다

이스라엘은 야훼에게서 가나안 종족들을 헤렘하라는 명령을 받았다고 믿었다. 그들에게 헤렘 명령은 야훼가 자신의 뜻을 드러낸 계시였다. 이 계시는 위에서 서술한 대로 참여적 계시, 곧 하나님과 사람의 공동작품이다. 헤렘 명령에는 인간적 요소, 곧 하나님의 뜻, 의지, 계획에 대한 이스라엘의 해석과 반응이 포함되어 있다는 얘기다. 그들은 이 명령을 실행함으로써 둘 사이의 언약관계를 지키는 것이 야훼의 뜻이라고 믿었다. 이것이 판타지였지만 판타지가 아니었더라도 이들은 그것을 야훼의 뜻의 실행으로 믿었을 것이다.

이스라엘은 헤렘 명령을 받았다고 믿었고 그렇게 실행했다고 믿었다. 정복 이야기가 판타지라면 그 명령을 실행했어야 한다고 믿었다. 그들은 이 명령을 거짓이라거나 잘못된 명령으로 여기지 않았다. 그런 명령을 내리는 야훼의 폭력성과 비윤리성을 비판하지도 않았다. 그러니 그때 이스라엘이 야훼를 잘못 알았기 때문에 시키지도 않은 폭력을 행사했다는 주장은 옳지 않다. 그들은 적어도 한 때(요시야 왕 시대 또는 바빌론 포로시대)는 판타지로라도 가나안을 정복하고 주민들을 헤렘했어야 했다고 생각했다. 그것이 개혁운동의 동력이 될 것으로 믿었든지(요시야 왕 시대) 아니면 팍팍한 식민지 삶에 필요한 정체성 보존의지나 정신승리였든지(바빌론 포로시대) 어쨌든 그런 판타지가 필요했던 것이다.

그 시대 이스라엘이 가졌던 헤렘에 대한 생각을 후대에는 다르게 평가할 수 있다. 진화론적으로 해석할 수도 있고 문화상대주의적으로 해석할 수도 있다. 정경 안의 정경 접근을 할 수도 있고 통전적으로 접근할 수도 있다. 어떤 방식으로 접근하고 해석하든 그것은 헤렘 명령을 받았던 당대, 또는 그것을 판타지로 만들어낸 당대의 해석은 아니다. 당대 사람들은 자기들이 그 명령을 받았다고 믿었고 그 명령의 목적은 야훼와의 언약관계를 건강하게 유지하게 위해서였다고 믿었다. 그리고 완수하지는 못했지만 헤렘의 목적을 이루려면 가나안에서 숨 쉬는 것은 하나도 남기지 말고 다 죽였어야 했다고 믿었다.

필자는 여호수아서가 전하는 이스라엘의 가나안 정복 이야기를 그 이야기를 쓴 사람들(성서 저자들)이 어떻게 생각하고 그렇게 썼는지를 아는 것과 그 이야기를 지금 우리가 어떻게 읽어야 할 것인지를 선택하는 것은 구별해야 한다고 생각한다. 해석자가 일차적으로 해야 할 일은 그들이 그 이야기를 어떻게 이해했는지를 규명하는 일이다. 곧 '그때 어떤 의미였는지'(what it meant)를 규명하는 일이 해석자의 과제라는 얘기다. '지금 어떤 의미인지'(what it means)를 찾아내는 일은 그 다음에 할 일이다. 둘을 헛갈리면 곤란하다.

그 동안 정복 이야기를 이해하려는 수많은 학자들의 노력은 소중한 결과를 낳았다. 필자가 이 주제를 공부하는 데 큰 도움이 됐다. 하지만 이들 연구 대부분이 구약성서가 어떤 성격의 책이며 어떻게 쓰였는지에 대해 분명한 입장을 갖고 쓰였다면 위에 언급한 해석자의 두 가지 과제를 혼동하지 않았을 것이라는 아쉬움이 남는다.

이 장은 주로 필자의 생각을 서술했으므로 도움 받은 자료가 많지 않다. 다만 가나안 정복전쟁을 신식민주의의 시각으로 바라보는 방법과 제노사이드에 대해 참고한 자료 몇 편을 소개한다.

T. M. Lemos, "Dispossessing Nations: Population Growth, Scarcity, and Genocide in Ancient Israel and Twentieth-Century Rwanda," in Saul M. Olyan ed. *Ritual Violence in the Hebrew Bible*. 2016. 27-65.

William S. Morrow, "The Paradox of Deuteronomy 13: A Post-Colonial Reading," in Reinhard Achenbach & Martin Arneth eds., *"Gerichtkeit und Recht zu Üben" (Gen 18:10): Festschrift für Eckart Otto zum 65.Geburstag*. 2009. 227-239.

Pekka Pirtänen, "Settler Colonialism in Ancient Israel," in Edward Cavanagh & Lorenzo Veracini eds. *The Routledge Handbook of the History of Settler Colonialsm*, 2020. 25-36.

오늘의 헤렘

이스라엘의 가나안 종족 대량학살의 윤리성이 문제 될 때 이를 옹호하는 주장 가운데 하나는, 그것이 구약성서 안에서도 특정 집단에 의해 특정 시기에 특정한 장소에서 특정 집단에게 행해진 일회적 사건이라는 주장이다. 이스라엘이 전쟁할 때마다 헤렘하지는 않았다. 맞는 말이다. 가나안 정복전쟁 후에 헤렘 명령은 사울 왕 시대에 아말렉과의 전투에서 딱 한 번 더 주어졌다(보론 참조). 게다가 가나안 종족들에 대해서든 아말렉에 대해서든 이 명령이 그대로 실행되지도 않았다. 예외가 있었다는 얘기다. 이 예외에 중요한 내용이 담겨 있다는 얘기는 6장과 9장에서 했다.

하지만 13장과 14장에서 살펴봤듯이 가나안 정복전쟁 이야기는 서구역사에서 그 후로도 끊임없이 되살아났다. 유럽이 아시아, 아프리카, 아메리카 대륙을 식민지로 만들던 시대에 이 이야기는 그들의 침략을 정당화하는 역할을 했다. 특히 아메리카 원주민들을 학살했을 때 가나안 정복 이야기는 가장 효과적인 정당화 도구로 쓰였다.

20세기에 들어와서도 세계 곳곳에서 제노사이드 범죄가 저질러졌다. 사망자가 1백만 명 이상인 것도 여러 번 있었다. 가장 널리 알려진 학살이 나치에 의한 유대인 학살이지만 그 외에도 많다. 1940년대에 일본에 의해 저질러진 난징 학살을 비롯한 아시아에서의 학살, 1930년대에 소련의 스탈린이 저지른 우크라이나 학살, 1970년대 나이지리아 내전 때 벌어진 학살, 1970년대 말 캄보디아 크레르 루즈에 의한 킬링필드, 1990년대 르완다 학살, 1920년대 튀르키예에 의한 아르메니아인 학살 등 헤아릴 수 없이 많은 집단학살이 있었다. 이성과 합리를 내세우는 자칭 '만물의 영장' 인간에 의해 저질러진 비이성적, 비합리적이고 수치스러운 비극이다.

우리나라에서도 대량학살이 벌어졌다. 대표적인 것이 한국전쟁 중에 벌어진 보도연맹 사건이다. 이때 학살당한 민간인 숫자가 얼마나 되는지도 밝혀지지 않았다. 제주 4·3 사건 때는 사망자가 2만 5천 명에서 3만 명 사이로 추정한다. 이밖에도 많은 학살사건이 우리나라에서도 일어났다. 제노사이드는 남의 일이 아니다.

이 모든 학살이 신의 명령에 의해 일어났다고 주장하지는 않지만 누군가의 명령에 의해 저질러진 것은 부인할 수 없는 사실이다. 헤렘을 명령하는 개인과 집단은 지금도 존재한다. 헤렘은 지금도 저질러지고 있다. 과거형이 아니라 현재형이다.

땅, 땅, 땅

결국 이스라엘과 가나안 종족 간의 전쟁은 땅을 두고 벌인 전쟁이다. 땅은 사람의 생존을 좌우하는 자원이었다. 고대의 전쟁은 결국 땅과 사람을 두고 벌어졌다. 이긴 쪽은 땅과 사람을 차지하고 진 쪽은 땅과 사람을 잃었다. 거기에 생존이 걸려 있었다. 사람 숫자는 어느 정도는 인위적으로 증가시킬 수 있지만 땅은 그렇지 않았다. 생산에 활용할 수 있는 땅은 제한되어 있다. 땅을 두고 분쟁이 벌어지는 이유다.

그 옛날에 땅 주인을 입증하는 문서가 있었을 리 없다. 지금 그 땅에 어느 집단이 살고 있느냐 하는 것과 그 집단이 얼마나 오랫동안 거기 살았냐 하는 것이 땅 주인을 결정했다. 개인 간에는 그때도 법적 소유권이나 점유권 개념이 있었지만 종족 간에는 그런 게 없었다. 국민국가가 탄생하기 훨씬 전이니 말이다.

가나안 땅을 두고 두 집단이 벌인 전쟁은 땅에 대한 법적인 소유권이 아니라 실질적 거주권을 두고 다툰 분쟁이었다. 그런 의미에서 오래 전에 자기들 신이 자기들에게 그 땅을 주겠다고 약속했다는 주장은 그 땅에 살고 있는 사람들에게는 난센스였다. 물론 이스라엘이 가나안 사람들에게 그렇게 주장했다는 기록은 없지만 말이다.

가나안 사람들을 헤렘하라고 했던 이유는 그들과 같이 산다면 그들에게 유혹당해 야훼 신을 버릴 것이기 때문이라고 했다. 가나안 종족들의 문화적 수준이 매우 저열하기 때문에 그들과 함께 살면 이스라엘도 그 수준으로 전락할 거라는 주장이다. 그들을 헤렘해야 하는 이유가 이것이다.

당시 이스라엘은 그렇게 생각했다. 구약성서가 그랬다고 말한다. 하지만 정말 그랬을까 하는 의문도 가져봄직하다. 르완다에서 후투족과 투치족이 싸웠을 때 후투족은 투치족을 바퀴벌레라고 불렀다. "투치족은 바퀴벌레다. 바퀴벌레 같은 투치 놈들은 한 명도 남기지 말고 다 죽여라!" 1994년 4월 6일 이후에 르완다의 한 라디오 방송에서 연일 내보낸 구호방송이다. 전쟁을 벌일 때 상대방을 악마화하거나 저급한 부류로 낙인찍는 일은 흔했다. 그런 의미에서 구약성서가 가나안 종족을 저급한 집단으로 낙인찍은 것도 비판적으로 읽을 만하다.

천 년이 지나면 같은 땅의 임자가 팔백 명이라는 우스개가 있단다. 법적 소유권 개념이 분명한 현대에는 적용할 수 없는 말이지만 그래도 한 번쯤 의미를 생각해볼 가치가 있다고 본다. 그와 함께 땅은 궁극적으로 하나님 것이라는 레위기의 희년법도 되새겨볼 필요가 있다.

> 땅은 나의 것이다. 너희는 다만 나그네이며 나에게 와서 사는 임시 거주자일 뿐이다.(레위기 25:23)

기독교의 무감각증

기독교는 평화의 종교라고 말한다. 예수는 산상수훈에서 평화를 위해 일하는 사람은 복되다고 했고 하나님과 이웃을 사랑하는 것이 율법의 전부라고 가르쳤으며 원수를 사랑하라고까지 가르쳤다. 기독교에는 오래 전부터 평화주의의 전통이 있다.

하지만 반대의 경우도 드물지 않다. 기독교에는 예수의 명령이라며 하나님의 이름으로 침략전쟁을 저지른 어두운 역사가 있다. 근대 이전에만 그랬던 것이 아니다. 최근에도 하나님에게 영감 받았다고 주장하며 대규모 전쟁을 벌인 경우가 있었다. 침대 옆에 성서와 유명 목사의 설교집을 두고 읽는다는 자가 증거를 조작해서 다른 나라를 침략하기도 했다.

특정 개인에게만 해당되는 이야기가 아니다. 많은 기독교인들, 특히 보수적인 기독교인들은 '성경대로'를 외치며 혐오와 차별을 용인하거나 심지어 조장하고 있다. 전쟁에 대해서도 평화주의에 반하는 입장을 갖고 있는 교인이 많다.

사정이 이렇게 된 것은 기독교인들이 성서, 특히 구약성서를 잘못 이해하기 때문이다. 구약성서 중에서 특히 가나안 정복전쟁 이야기가 전쟁과 평화에 대한 기독교인의 생각에 부정적인 영향을 미쳐왔고 지금도 여전히 그렇다. 이 이야기를 올바르게 읽는 일은 그래서 절실하다.

여호수아서에 쓰인 이스라엘의 가나안 정복전쟁 이야기는 역사적 사실이 아니다. 물론 그렇다고 해서 영향력이 줄어들지는 않는다. 이 이야기가 구약성서 안에 들어 있기 때문에 구약성서를 경전으로 갖고 있는 기독교인과 유대교인의 신앙과 삶에 지속적으로 영향을 미쳐왔고 지금도 그러하며 앞으로도 그럴 것이다. 이 이야기를 올바르게 이해하는 일은 그래서 매우 중요하다.

정복전쟁이 그때 옳았으니 지금도 옳다는 생각은 버려야 한다. 하나님이 한 일이니까 무조건 옳다는 생각도 버려야 한다. 전쟁은 죄악이다. 학살은 더 말할 것도 없다. 모든 학살은 심각한 범죄다. 그무엇으로도 정당화될 수 없다. 이스라엘의 가나안 정복전쟁과 거기서 벌어진 헤렘을 전쟁과 학살을 정당화하는 데 쓰는 것 역시 죄악이다. 오늘날 우리가 하나님과 함께 만들어나갈 '참여적 계시'는 전쟁이 아니라 평화다. 지금은 기독교인들이 전쟁범죄에 대한 불감증에서 깨어나 평화를 향한 의지를 굳건히 세워야 할 때다.

참고
문헌

주석서

R. G. Boling, *Joshua*. Anchor Bible Commentary 6. 1982

L. Daniel Hawk, *Joshua*. Berit Olam. 2000.

L. Daniel Hawk, *Joshua in 3-D*. 2010.

J. Gordon McConville & Stephen N. Williams, *Joshua*. The Two Horizons Old Testament Commentary. 2010.

R. D. Nelson, *Joshua*. Old Testament Library. 1997.

J. Alberto Soggin, *Joshua*. Old Testament Library. 1972.

단행본

Hector Avalos, *Fighting Words: The Origin of Religious Violence*. 2005.

Manfred T, Baruch, *Abusing the Bible*. 2009.

Koert van Bekkum, *From Conquest to Coexistence: Ideology and Antiquarian Intent in the Historiography of Israel's Settlement in Canaan*. 2010.

Michael Bergmann, Michael J. Murray, and Michael C. Rea eds., *Divine Evil? The Moral Character of the God of Abraham*. 2011.

David R. Blumenthal, *Facing the Abusing God: A Theology of Protest*. 1993.

Athalya Brenner & Gale A. Yee eds. *Joshua and Judges*. 2013.

Walter Brueggemann, *Divine Presence Amid Violence: Contextualizing the Book of Joshua*. 2009.

Amy C. Cottrill, *Uncovering Violence: Reading Biblical Narratives As an Ethical Project*. 2021.

M. Daniel Carroll R and J. Blair Wilgus eds., *Wrestling with the Violence of*

God: Soundings in the Old Testament. 2015.

John J. Collins, *Does the Bible Justify Violence?* 2004.

Paul Copan, *Is God a Moral Monster? Making Sense of the Old Testament God*. 2011.

Paul Copan and William Lane Craig eds., *New Essays in Christian Apologetics*. 2012.

Robert C. Craigie, *The Problem of War in the Old Testament*. 1978.

Jerome F. D. Creach, *Violence in Scripture*. 2013.

John Dominic Crossan, *How to Read the Bible and Still Be a Christian: Is God Violent? An Exploration from Genesis to Revelation*. 2016.

Eryl W. Davies, *The Immoral Bible: Approaches to Biblical Ethics*. 2010.

Thomas B. Dozeman, *God at War: Power in the Exodus Tradition*. 1996.

Stanley N. Gundry ed. *Show Them No Mercy: Four Views on God and Canaanite Genocide*. 2003.

L. Daniel Hawk, *Every Promise Fulfilled: Contesting Plots in Joshua*. 1991.

L. Daniel Hawk, *The Violence of the Biblical God: Canonical Narrative and Christian Faith*. 2019.

Richard S. Hess and Elmer A. Martens eds., *War in the Bible and Terrorism in the Twenty-First Century*. 2008.

Herbert Hirsch, *Genocide and the Politics of Memory: Studying Death to Preserve Life*. 1995.

Philip Jenkins, *Laying Down the Sword: Why We Can't Ignore the Bible's Violent Verses*. 2011.

Mark Juergensmeyer, *Terror in the Mind of God: The Global Rise of Religious Violence*. 2000.

Shawn Kelley, *Genocide, the Bible, and Biblical Scholarship*. 2016.

Rolf Knierim, *The Task of the Old Testament Theology: Substance, Method, and Cases*. 1995.

Gil Kugler, *When God Wanted to Destroy the Chosen People*. 2019.

David T. Lamb, *God Behaving Badly*. 2022.

Bruce Lincoln, *Holy Terror: Thinking about Religion after September 11*. 2006.

Millard C. Lind, Y*ahweh Is a Warrior: The Theology of Warfare in Ancient Israel*. 1980.

William Lyons, *Between History and Theology: The Problem of HEREM in Modern Evangelical Biblical Scholarship*. 2003.

Claude F. Mariottini, *Divine Violence and the Character of God*. 2022

Brian McLaren, *A New Kind of Christianity: Ten Questions That Are Transforming the Faith*. 2011.

Gordon Mitchell. *Together in the Land: A Reading of the Book of Joshua*. 1993.

Jack Nelson-Pallmeyer, *Is Religion Killing Us? Violence in the Bible and the Quran*. 2003.

Susan Niditch. *War in the Hebrew Bible: A Study in Ethics of Violence*. 1993.

Oliver O'Donovan, *The Just War Revisited*. 2003.

Ian Provan, *Seriously Dangerous Religion: What the Old Testament Really Says and Why It Matters*. 2004.

Gerhard von Rad, *Holy War in Ancient Israel*. 1991.

Adele Reinhartz, *"Why Ask My Name?" Anonymity and Identity in Biblical Narrative*. 1988.

John Renard, ed. *Fighting Words: Religion, Violence, and the Interpretation of Sacred Texts*. 2012.

Thomas Römer, *Dark God: Cruelty, Sex, and Violence in the Old Testament*. 2013.

Eric A. Seibert, *Disturbing Divine Behavior: Troubling Old Testament Images of God*. 2009.

Eric A. Seibert, *The Violence of Scripture: Overcoming The Old Testament's Troubling Legacy*. 2012.

Kenton L. Sparks, *Ethnicity and Identity in Ancient Israel: Prolegomena to the Study of Ethnic Sentiments and Their Expression in the Hebrew Bible*.

1998.

Kenton L. Sparks, *Sacred Word Broken Word: Biblical Authority & the Dark Side of Scripture*. 2012.

Frank Anthony Spina, *The Faith of the Outsider: Exclusion and Inclusion in the Biblical Story*. 2005.

Philip D. Stern, *The Biblical Herem: A Window on Israel's Religious Experience*. 1991.

Adrian Thatcher, *The Savage Text: The Use and Abuse of the Bible*. 2008.

Charles Trimm, *The Destruction of the Canaanites: God, Genocide, and Biblical Interpretation*. 2022.

Heath A. Thomas, Jeremy Evans, and Paul Copan, eds. *Holy War in the Bible: Christian Morality and an Old Testament Problem*. 2013.

Charlie Trimm, *The Destruction of the Canaanites: God, Genocide, and Biblical Interpretation*. 2022.

John H Walton & J. Harvey Walton, *The Lost World of the Israelite Conquest: Covenant, Retribution, and the Fate of the Canaanites*. 2017.

Christopher J. H. Wright, *The God I Don't Understand: Reflections on Tough Questions of Faith*. 2008

Jacob L. Wright, War. *Memory, and National Identity in the Hebrew Bible*. 2020.

Jeremy Young, *The Violence of God & The War on Terror*. 2008

논문

Bernhard A. Asen, "Annihilate Amalek! Christian Perspective on 1 Samuel 15," in John Renard ed. *Fighting Words: Religion, Violence, and the Interpretation of Sacred Texts*. 2012. 55-74.

Elie Assis, "The Choice to Serve God and Assist His People: Rahab and Yael," *Biblica* vol. 85. No. 1 (2004) 82-90.

Don C. Benjamin, "A Story of Rahab as Host, Not Harlot (Josh 2:1-24+6:22-25)," in *Exploration of Knowledge* 12 (1993) 55-77.

Joshua Bergman, "The Making of the Sin of Achan (Joshua 7)," *Biblical Interpretation* 22.2 (2014) 115-131.

Christoph Berner, "The Gibeonite Deception: Reflections on the Interplay Between Law and Narrative in Josh 9," *Scandinavian Journal of the Old Testament* vol. 31 (2017) 254-274.

Nathan Chambers, "Confirming Joshua as the Interpreter of Israel's Torah: The Narrative Role of Joshua 8:30-35," *Bulletin for Biblical Research* 25.2 (2015) 1-14.

Mordechai Cogan, "Deuteronomy's Herem Law: Protecting Israel at the Cost of Its Humanity" (www.thetorah.com/article/deuteronomys-herem-law-protecting-israel-at-the-cost-of-its-humanity)

Mordechai Cogan, "Israel's Incomplete Conquest,"
(www.thetorah.com/article/israels-incomplete-conquest-of-canaan)

John J. Collins, "The Zeal of Phinehas: The Bible and the Legitimation of Violence," *Journal of Biblical Literature* 122/1 (2003) 3-21.

Paul Copan, "Is Yahweh a Moral Monster? The New Atheists and the Old Testament Ethics," *Philosophia Christi* vol. 10 No. 1 (2008) 7-37.

Paul Copan, "Yahweh Wars and the Canaanites: Divinely-Mandated Genocide or Corporate Capital Punishment," *Philosophia Christi* vol. 11 No. 1 (2009) 73-90.

Paul Copan, "Does the Bible Condone Genocide?" in Steven B. Cowan, Terry L. Wilder eds. *In Defense of the Bible: A Comprehensive Apologetics for the Authority of Scripture.* 2013.

Ovidis Creanga, "War-herem and the Erasure of Memory in Deuteronomy 7 and 20," in Parush R. Parushev, Ovidiu Creanga, Brian Brock eds., *Ethical Thinking at the Crossroads of European Reasoning.* 2007. 141-155.

C. L. Crouch, "Justifying War Crimes in the Bible and the Ancient Near East."
(www.thetorah.com/article/justifying-war-crimes-in-the-bible-and-the-

ancient-near-east)

Héréne M. Dallaire, "Taking the Land by Force: Divine Violence in Joshua," in M. Daniel Carroll & J. Wilgus eds., *Wresting with the Violent God*. 2015. 47-67.

Eryl W. Davies, "The Morally Dubious Passages of the Hebrew Bible: An Examination of Some Proposed Solutions," *Currents in Biblical Research* vol. 3.2 (2005) 197-228.

Anthony S. Daw, "Covenant and Community: A New Proposal for Understanding the Relationship Between Achan and Israel in Joshua 7," A Paper Presented at the 2019 Southwest Regional Meeting of the Evangelical Theological Society.

Thomas B. Dozeman, "The *yam-sûp* in the Exodus and the Crossing of the Jordan River," *The Catholic Biblical Quarterly* vol. 58 No. 3 (1996) 407-416.

Kyle C. Dunham, "Yahweh War and Herem: The Role of Covenant, Land, and Purity in the Conquest of Canaan," *Detroit Baptist Seminary Journal* 21 (2016) 7-30.

Cynthia Edenburg, "Paradigm, Illustrative Narrative or Midrash: The Case of Josh 7-8 and Deuteronomic/istic Law," in C. Berner and H. Samuel eds., *The Reception of Biblical War Legislation in Narrative Context* (2015) 123-137.

Cynthia Edenburg, "Joshua 9 and Deuteronomy, an Intertexual Conundrum: The Chicken or the Egg?" in Conrad Schmid & Raymond F. Person eds., *Deuteronomy in the Pentateuch, Hexateuch and the Deuteronomistic History*. 2012. 115-132.

Carl S. Ehrlich, "Anything You Can Do, I Can Do Better-Joshua as Moses." (www.thetorah.com/article/anything-you-can-do-i-can-do-better-joshua-as-moses)

Laura Feldt, "Destruction, Death, and Drama: Narratives of Religiocide in the Hebrew Bible," *Numen* 68 (2021) 132-156.

William Ford, "What About the Gibeonites?" *Tyndale Bulletin* 66.2 (2015) 197–216.

David Frankel, "Why Didn't the Israelites Circumcise in the Wilderness?" (www.thetorah.com/article/why-didnt-the-israelites-circumcise-in-the-wilderness)

David Frankel, "Joshua Circumcises Israel in Response to Egypt's Scorn" (www.thetorah.com/article/joshua-circumcises-israel-in-response-to-egypts-scorn)

David Frankel, "Taking Control of the Story: God Hardens Pharaoh's Heart" (www.thetorah.com/article/taking-control-of-the-story-god-hardens-pharaohs-heart)

David Frankel, "When Pharaoh's Stubbornness Caught God by Surprise" (www.thetorah.com/article/when-pharaohs-stubbornness-caught-god-by-surprise)

Terence E. Fretheim, "God and Violence in the Old Testament," *Word & World* vol. 24, Number 1 (2004) 18–28.

Mark R. Glanville, "Herem as Israelite Identity Formation: Canaanite Destruction and the Stranger," *The Catholic Biblical Quarterly* 83 (2021) 547–570.

Mark R. Glanville, "Ethical Reading Unethical Texts Ethically: A Fresh Reading of Herem in Deuteronomy and Joshua," presented at SBL Annual Meeting, Dec. 7th 2020.

Shira Golani, "Were Rahab's Sisters Saved?" (www.thetorah.com/article/were-rahabs-sisters-saved)

Rachel Havrelock, "The Scout Story: A Guiding Reading" (www.thetorah.com/article/the-scout-story-a-guided-reading)

L. Daniel Hawk, "The Truth about Conquest: Joshua as History, Narrative, and Scripture," *Interpretation* 66 (2) 129–140.

Steven Leonard Jacobs, "Rethinking Amalek in This 21st Century," *Religion*

(2017) 3-15.

Peter Jenei, "Strategies of Stranger Inclusion in the Narrative Traditions of Joshua-Judges: The Cases of Rahab's Household, the Kenites and the Gibeonites," *Old Testament Essays* 32/1 (2019) 127-154.

Zvi Koenigsberg, "Israel Enters the Land in Worship or War?" (www.thetorah.com/article/israel-enters-the-land-in-worship-or-war)

Péter Jenei, "Strategies of Stranger Inclusion in the Narrative Traditions of Joshua-Judges: The Cases of Rahab's Household, the Kenites and the Gibeonites" *Old Testament Essays* 32 (2019) 127-154.

Ekaterina E. Koslova, "What Is in a Name? Rahab, the Canaanite, and the Rhetoric of Liberation in the Hebrew Bible," *Open Theology* 6 (2020) 572-586.

Haim (Howard) Kreisel, "What Is Prophecy?" (www.thetorah.com/article/what-is-prophecy)

Gili Kugler, "Metaphysical Hatred and Sacred Genocide: The Questionable Role of Amalek in Biblical Literature," *Journal of Genocide Research* (2020) 1-16.

Gili Kugler, "Amalek: A Pawn in the Rivalry Between Saul and David's Legacy." (www.thetorah.com/article/amalek-a-pawn-in-the-rivalry-between-saul-and-davids-legacy)

T. M. Lemos, "Dispossessing Nations: Population Growth, Scarcity, and Genocide in Ancient Israel and Twentieth-Century Rwanda," in Saul M. Olyan ed. *Ritual Violence in the Hebrew Bible*. 2016. 27-65.

Mahri Leonard-Fleckman, "Stones from Heaven and Celestial Tricks: The Battle at Gibeon in Joshua 10," *The Catholic Biblical Quarterly* 79 (2017) 385-401.

Ingrid E. Lilly, "What About War and Violence in the Old Testament," in Tripp York, Justin Bronson Barringer, Shane Clairborne, Stanley Hauerwas eds. *A Faith Not Worth Fighting For*. 2012. 125-139.

Ekaterina E. Loslova, "What Is in a Name? Rahab, the Canaanite, and the Rhetoric of Liberation in the Hebrew Bible," *Open Theology* 6 (2020) 572-586.

Nicholas P. Lunn, "The Deliverance of Rahab (Joshua 2, 6) as the Gentile Exodus," *Tyndale Bulletin* 65.2 (2014) 11-19.

Shaul Magid, "The Ethical Problem of Hardening Pharaoh's Heart" (www.thetorah.com/article/taking-control-of-the-story-god-hardens-pharaohs-heart)

Matthew Mcaffee, "The Heart of Pharaoh in Exodus 4-15," *Bulletin for Biblical Research* 20.3 (2010) 331-354.

Claire Matthews McGinnis, "The Hardening of Pharaoh's Heart in Christian and Jewish Interpretation," *Journal of Theological Interpretation* 6.1 (2012) 43-64.

Claudia D'Amico Monascal, "'Tie This Bond of Scarlet Cord.' The Color Red and Identity in the Biblical Stories of Rahab and Jezebel," *Miscelanea de Estudios Arabes y Hebraicos* vol. 67 (2018) 9-25.

Lauren A. S. Monroe, "Israelite, Moabite and Sabaean War-herem Tradition and the Forging of National Identity: Reconsidering the Sabaean Text RES 3945 in the Light of Biblical and Maobite Evidence," *Vetus Testamentum* 57 (2007) 318-341.

Wes Morrison, "Ethical Criticism of the Bible: The Case of Divinely Mandated Genocide," *Sophia* vol. 51 (1) 117-135.

Wesley Morriston, "Did God Command Genocide? A Challenge to the Biblical Inerrantist," *Philosophia Christi* vol. 11 No. 1 (2009) 7-26.

William S. Morrow, "The Paradox of Deuteronomy 13: A Post-Colonial Reading," in Reinhard Achenbach & Martin Arneth eds., *"Gerichtkeit und Recht zu Üben" (Gen 18:10): Festschrift für Eckart Otto zum 65. Geburstag.* 2009. 227-239.

Nadav Na'aman, "Memories of Canaan in the Old Testament," *Ugarit-Forschungen* 47 (2016) 129-146.

Ed Noort, "The Traditions of Ebal and Gerizim: Theological Positions in the Book of Joshua," M. Verenne and J. Lust eds., *Deuteronomy and the Deuteronomic Literature: Festschrift C.H. Brekelmans.* 1997.

Tzvi Novick, "Land or Torah: What Binds Israel as a Nation?" (www.thetorah.com/article/land-or-torah-what-binds-israel-as-a-nation)

Pekka Pirtänen, "Reading Genesis-Joshua as a Settler Colonial Document" Script of a Presentation at Oxford Old Testament Seminar 24th February 2014.

Pekka Pirtänen, "Settler Colonialism in Ancient Israel," in Edward Cavanagh & Lorenzo Veracini eds. *The Routledge Handbook of the History of Settler Colonialsm*, 2020. 25-36.

Amy Cooper Robertson, "Rahab the Faithful Harlot," (www.thetorah.com/article/rahab-the-faithful-harlot)

Christopher A. Rollston, "Who Wrote the Torah According to Torah?" (www.thetorah.com/article/who-wrote-the-torah-according-to-the-torah)

Thomas Römer, "Joshua's Encounter with the Commander of YHWH's Army (Josh 5:13-15): Literary Construction or Reflection of a Royal Ritual," in B. Kelle et al. ed., *Warfare, Ritual, and Symbol in Biblical and Modern Contexts.* 2014. 49-63.

Erin Runions, "From Disgust to Humor: Rahab's Queer Affect," *Postscript* 4.1 (2008) 41-69.

Hacham Issac S. D. Sassoon, "Obliterating Cherem" (www.thetorah.com/article/obliterating-cherem)

Baruch J. Schwartz, "The Lord Spoke to Moses-Does God Speak?" (www.thetorah.com/article/the-lord-spoke-to-moses-does-god-speak)

Eric A. Seibert, "Recent Research on Divine Violence in the Old Testament (with Special Attention to Christian Theological Perspectives), *Currents in Biblical Research* vol. 15.1 (2016) 8-40.

Carolyn Sharp, "'Are You for Us, or For Our Adversaries': A Feminist and Postcolonial Interrogation" *Interpretation* 66 (2) (2012) 141-153.

W. Derek Suderman, "Wresting with Violent Depictions of God: A Response to Eric Seibert's Disturbing Divine Behavior," *Directions* 40/2 (2011) 151-162.

Ada Taggar-Cohen, "War at the Command of the Gods."
(www.thetorah.com/article/war-at-the-command-of-the-gods)

Bill Templer, "The Political Sacralization of Imperial Genocide: Contexualizing Timothy Dwight's The Conquest of Canaan," *Postcolonial Studies* vol. 9. No. 4. (2006) 358-391.

Rannfrid I. Thelle, "The Biblical Conquest Account and Its Modern Hermeneutical Challenges," *Studies Theologica-Nordic Journal of Theology* 61 (2007) 61-81.

Debora Tonelli, "From Divine Violence to Religious Violence: A Socio-Political Interpretation of Exodus 15," in Fernanda Alfieri and Takashi Jinno eds. *Christianity and Violence in the Middle Ages and Early Modern Period: Perspectives from Europe and Japan.* 2021. 19-33.

Arie Versluis, "The Early Reception History of the Command to Exterminate the Canaanites," *Biblical Reception* 3 (2014) 308-329.

Arie Versluis, "Devotion and/or Destruction?: The Meaning and Function of Herem in the Old Testament," *Zeitschrift für alttestamentliche Wissenschaft* 128 (2) 2016. 233-246.

Nili Wazana, "Rahab, the Unlikely Foreign Woman of Jericho (Joshua 2)," in A. Berlejung and M. Grohmann eds., *Foreign Women-Women in Foreign Lands.* 2019. 39-61.

Jacob Wright, "The Backstory of the Spy Account"
(www.thetorah.com/article/the-backstory-of-the-spy-account)

Jacob L. Wright, "Rahab's Valor and the Gibeonites' Cowardice," in John J. Collins, T. M. Lemos, Saul M. Olyan, eds., *Worship, Women, and War: Essays in Honor of Susan Niditch.* 2015. 199-211.

Hans-Georg Wünch, "The Strong and the Fat Heart in the Old Testament: Does God Hearten the Heart?" *Old Testament Essays* 30/1 (2017) 165-

188.

Markus Zehnder, "The Annihilation of the Canaanites: Reassessing the Brutality of the Biblical Witnesses," in Markus Zehnder and Hallvard Hagelia eds., *Encountering Violence in the Bible*. 2013. 263-290.

David J. Zucker, "Judaism's First Converts: A Pagan Priest and a Prostitute," (www.thetorah.com/article/judaisms-first-converts-a-pagan-priest-and-a-prostitute)

Daniel M. Zucker, "Weighing Pharaoh's Heavy Heart" (www.thetorah.com/article/weighing-pharaohs-heavy-heart)

김동혁, "헤렘을 어떻게 이해할 것인가?" 〈구약논단〉 27/3 (2021) 131-154.

김상래, "아이 성 정복 실패가 진정 아간 때문 만인가?: 여호수아 7장 2-5절에 대한 비평적 분석을 중심으로" 〈구약논단〉 18/4 (2012) 72-94.

방기민, "회복의 읽기를 통한 여호수아 헤렘 본문의 윤리적 해석" 〈구약논단〉 27/1 (2021) 61-96.

장석정, "신명기 7:1-5에 나타난 헤렘(herem) 명령 다시 보기" 〈신학사상〉 189 (2020) 47-75

리처드 도킨스, 이한음 옮김 《만들어진 신》 2007.